温州人经济研究丛书
Wenzhounese Economy
Research Series

温州大学浙江省温州人经济研究中心
Research Institute for Wenzhounese Economy, Wenzhou Universtiy

温州市世界温州人研究中心
Research Institute for World Wenzhounese, Wenzhou Universtiy

徐剑光◎著

# 温州产业区重构：
# 空间、演化与网络

*Restructuring Industrial District
in Wenzhou: Space, Evolution
and Networks*

ZHEJIANG UNIVERSITY PRESS
浙江大学出版社

图书在版编目（CIP）数据

温州产业区重构：空间、演化与网络 / 徐剑光著.
—杭州：浙江大学出版社，2016.10
ISBN 978-7-308-16110-7

Ⅰ.①温…　Ⅱ.①徐…　Ⅲ.①区域产业结构—研究—
温州市　Ⅳ.①F127.553

中国版本图书馆 CIP 数据核字（2016）第 181908 号

**温州产业区重构：空间、演化与网络**

徐剑光　著

| | |
|---|---|
| 丛书策划 | 樊晓燕（fxy@zju.edu.cn） |
| 责任编辑 | 杨利军 |
| 文字编辑 | 陈　翮 |
| 责任校对 | 沈巧华 |
| 封面设计 | 续设计 |
| 出版发行 | 浙江大学出版社 |
| | （杭州市天目山路 148 号　邮政编码 310007） |
| | （网址：http://www.zjupress.com） |
| 排　　版 | 杭州中大图文设计有限公司 |
| 印　　刷 | 杭州日报报业集团盛元印务有限公司 |
| 开　　本 | 710mm×1000mm　1/16 |
| 印　　张 | 17.5 |
| 字　　数 | 285 千 |
| 版 印 次 | 2016 年 10 月第 1 版　2016 年 10 月第 1 次印刷 |
| 书　　号 | ISBN 978-7-308-16110-7 |
| 定　　价 | 52.00 元 |

# 总　序

改革开放以来,温州人创造和演绎了史诗般的经济发展奇迹,但"三少一差"①的内部环境决定了温州经济发展从起步阶段起就带有强烈的"外向型"发展特色。从改革开放之初的十万购销员全国范围内跑市场,到今天两百多万温州人在世界市场上竞逐风流,都是对温州"外向型"经济特色的良好诠释。长期的"外向型"经济发展模式,使广受赞誉的温州经济发展带有明显的"去地域化"特征,而表现为一种世界范围内的"温州人经济",这也是"温州模式"这个概念饱受争议和质疑的一个主要原因。在经济全球化和世界一体化蓬勃发展的今天,跨国公司、国际投资等已经使世界经济表现为我中有你、你中有我的交相融合态势,在此地生产、经营的经济单元,其投资主体、产品去向、主要利润等,可能会完全归属于遥远的彼地,反之亦然。这种交融态势使当今世界经济发展的"地域性"特色正在被逐渐淡化——或者我们也可以说正在被逐渐强化——而表现为一种强烈的"区域人经济"色彩,这是世界经济发展的必然趋势和历史规律,"温州人经济"正是这种经济规律的典型体现。在此背景下,研究拥有强烈"区域人经济"特色的"温州人经济",对经济学的理论发展,对浙江、中国乃至世界经济发展实践,都有重要意义。

## 一、温州经济的崛起

温州素有"七山二水一分田"之说,市内山川秀美,水色旖旎,风景怡人,但本土经济资源,尤其是土地资源供给严重不足,陆上交通条件比较滞后,历史上经济并不发达。为了改变贫穷落后的面貌,勤劳勇敢的温州人很早就开始出海、去外地做买卖、弹棉花、搞家庭手工业,因而具有悠久的侨史、商品经济史和手工业发展史。早在晋朝,温州的东瓯缥瓷就开始出口海外。

---

①　所谓"三少一差",即人均耕地少、国家投资少、资源利用少,交通条件差。

唐代时，温州的织布、造纸、酿酒等手工业开始兴起。及至南宋，温州的经济文化发展达到了相当高的历史水平，其造船产业一度占当时全国的五分之一。温州贡纸堪称东南一绝，瓯漆亦有相当高的商业声誉。由于地处沿海，寻求海外发展也是温州早期经济发展的一个重要特色，早在12、13世纪，温州就开始与南洋等地通商。清光绪二年，温州被辟为对外通商口岸，很多温州人从此走向世界，这为温州留下了丰富的侨民资源。据统计，到20世纪80年代，温州有6万多华侨，侨民遍布40多个国家，侨民每年带回来的侨汇收入约占整个浙江省侨汇收入的十分之三。[①] 温州还有优秀的历史文化传统，著名的永嘉学派及其事功学术在中国文学史及经济史上都有重要地位。

然而，资源、交通禀赋等的先天不足，严重限制了温州的经济发展，到新中国成立之初，温州的经济社会发展落后于全国平均水平。由于地处东南沿海，与台湾隔海相望，特殊的地理位置使温州在新中国成立后的很长一段时间里被作为对台备战的海防前线，国家对温州的经济投入因而一直不足。据统计，在新中国成立后的前30年间，国家对温州的总投入只有6.55亿元人民币。在外部投入和内部资源双重不足的情形下，温州人大胆发挥自己的创新精神和创业精神，努力改变自己的生活。早在全国合作化运动高潮期的1956年，温州永嘉县燎原社就开始了"包产到户"的尝试，在本地实行"个人专管地段责任制"、"产量责任制到户"，但受当时国内政治环境的影响，遭到了上级的严厉批评，改革之花最终未能结出应有的成果。

可能是出于急于摆脱贫穷的渴望，也可能是由于早期开埠通商的"后遗症"，还可能是因为有诸多在资本主义国家经商的侨民的影响，更可能是受永嘉学派事功学术和义利思想的影响，温州有商品生产和商品经济的传统。早期的商品经济发展自不待言，即便是在新中国成立后计划经济走向极致的年代，富于创造精神和商品经济思想的温州人也从未中断过创办民办企业、发展商品生产的尝试。党的十一届三中全会为温州注入了强大的动力和活力，富于创业精神和商品经济意识的温州人终于解除了长期套在身上的枷锁，他们开始在温州大地、祖国各地乃至世界施展自己的市场才能。商业流通经济的快速发展带动了温州农村家庭工业企业的高速成长。"小商品，大市场"的经济发展模式使温州经济快速崛起。

① 胡兆量.温州模式的特征与地理背景[J].经济地理,1987(1):19-24.

**二、"温州模式"的争议与"衰落"**

1985 年 5 月 12 日,《解放日报》刊发了题为"乡镇企业看苏南,家庭工业看浙南,温州三十三万人从事家庭工业"的文章,并同时刊发评论员文章"温州的启示","温州模式"的概念被正式提出。文章发表后,"温州模式"受到了学界和实务界的广泛关注,也引发了较大争议。

首先是关于"温州模式"姓"资"还是姓"社"问题的争议。姓"资"姓"社"、姓"公"姓"私"的争议可以说伴随了我国改革开放的整个历史进程,至今仍不时出现,而对"温州模式"姓"资"姓"社"的争议更是由来已久,争论激烈。早在 1956 年,温州永嘉实行的"包产到户"就被质疑为"富裕中农的资本主义主张"而遭到批判。改革开放后,随着温州经济的持续发展,关于"温州模式"姓"资"姓"社"的争议再起波澜,直到 1992 年邓小平南方谈话之后才渐趋平息。

其次是关于温州模式生命力和发展趋势的争议,这也许更为关键。不同学者对"温州模式"的生命力和发展趋势的认识和判断并不相同。有学者认为"温州模式"的产业集中度、企业组织形式、市场有序度、产业结构层次、产业技术水平、产品竞争力、经济示范效应、经济开放程度等都较低;也有学者认为,"温州模式"的外向型发展不足、引进外资较少、资本外流现象严重、人格化交易、内生资源不足、区位条件等决定了温州模式必然会走向衰落,"'温州模式'正日暮途穷"。对于各种质疑和唱衰"温州模式"的声音,很多学者持不同意见。张曙光认为断言温州产业结构发生"代际锁定"还言之过早,温州引进资本少、对外投资多,说明温州的外向型经济发展并不缓慢;朱康对认为,单纯将重工业化程度视作衡量地区经济发展先进性程度的主要标准并用以指导地方经济发展的做法并不科学,温州人大规模对外投资正是"温州模式"向全国进行输出和扩张的体现;马津龙则指出,在全球化的条件下,温州没必要也不可能阻止温州企业合理地跨地区甚至跨国发展,一些大企业基于发展的需要,将研发中心外迁而将加工组装中心留在温州,只要有利于企业发展,温州应大力支持;张仁寿认为,虽然存在发展中的问题,但温州经济发展的主流是正常的、健康的,断言"温州经济衰落"是没有根据的。

与学界各种争论声音相持不下不同,近年来温州的发展实践似乎一边倒地"证实"了"温州模式"衰落论的正确性。自 1998 年开始,随着全国改革开放的进一步深入发展，温州经济增速逐渐放缓。2002年，在浙江省内的经济排名中，温州增速掉到了全省第七；到2003年上半年，温州各项主要经济指标在浙江省内排名倒数第二，而当年七、八月份的排名甚至连续两月全省倒数第一。事实上，自1997年以来，温州经济增长速度要低于1979年到1997年的平均增长速度，1998年之后的平均增长速度要低于后者3个百分点。到2008年，根据温州市经贸委对15521家中小企业的调查统计，处于停工、半停工和倒闭的企业达1259家，占被调查对象总数的8.1%。2012年，在浙江省的主要经济指标排名中，温州大多数指标都处于浙江省的倒数之列，其中人均GDP、GDP增幅、财政总收入等9项指标全省倒数第一，另有四项指标全省倒数第二。此外，自2011年开始的"跑路"风波一直持续到2014年上半年依然没有完全停息，这和2011年开始的企业倒闭潮一起，似乎进一步验证了传统的"温州模式"的局限性及"温州模式"衰落的断言。

### 三、"温州模式""衰落"的原因

应当承认，内地各大省市的观念滞后、行动缓慢、信息不畅、观望态度等综合因素也是成就"温州模式"在改革开放之初短时间迅速崛起、持续高速发展的重要原因。当温州人已经在全国乃至世界市场内打拼角逐的时候，内地部分省市还没有摆脱传统计划经济观念的束缚，还处在懵懂、观望、怀疑、甚至阶级斗争和姓"资"还是姓"社"的疑虑之中。然而，改革开放的持续深入发展，尤其是1992年邓小平的南方谈话，坚定了全国人民对改革开放的信心，释放了全国各地的改革热情，内地各省市开始"幡然醒悟"，逐步加大了改革开放的步伐。这意味着国家政策红利、生产要素、人才、技术、市场等的分配开始向全国分化，全国范围内的市场竞争逐渐加剧。为了保护和促进本地经济发展，内地部分省市政府甚至出台极具地方保护色彩的地方政策。经多年积累，各地后发的市场竞争力逐渐显现，在全国范围内对温州人形成了"围追堵截"之势，争夺温州的资金、人才等生产要素和产品市场。在此背景下，温州经济增速有所下降具有历史必然性。

温州地处浙南，没有地域优势、区位优势和交通优势，并非政治中心，亦非交通枢纽，与上海、广州、宁波、苏州等地相比，既没有便利的海上交通条件，也没有便利的公路、铁路交通条件，没有充足的先天资源禀赋条件，更缺少经济发展腹地市场的纵深支持，这些都极大地限制了温州经济发展的竞争力。随着全国范围内改革开放力度的加大，新兴市场经济主体的不断加入、地缘、区位、交通、要素资源等条件的先天不足,使温州在面对新兴经济体的竞争时处于落后地位,导致经济增速下降,这有其客观必然性。而温州早期经济增速快,经济基数和发展体量大,在比较地区增长速度时,后发地区显然更具比较优势。此外,先发优势导致温州的土地价格、住房价格、人力成本、生活水平等都要远远高于内地很多后发城市,其生产、生活和运输成本等要大大高于内地,这些既降低了温州本地企业的竞争力,也使温州区域经济发展的"软环境"相对不足,再加上内地各大城市纷纷加大招商引资力度,开出温州无法给出的优惠条件,亦对温州经济的发展形成巨大冲击。

另一方面,近年来,温州逐步加大对污染严重的小微企业的整治力度,关、停、并、转了大量小微企业,这种近乎"自残"的行为,其目的首先是治理日益严重的环境污染,其次是为了促进产业转型升级。但在经济发展外部条件恶化和竞争力加大的现实情境下,这在客观上导致了温州区域经济发展速度的下滑,间接助推了外地经济发展速度的提升——很多被关停的小微企业转移到兄弟城市和中西部地区上马再生产。这些客观因素都加大了温州企业和资本的外流速度,使作为先发地区的温州在发展指标的比较上处于不利地位。

此外,温州经济自改革开放伊始就是一种"外向型"经济,长期以来,企业外贸出口是经济发展的重要动力之一,这决定了温州经济受外部经济形势,尤其是世界经济形势的影响较大。正因如此,2008 年的全球金融风波和以美国为主的西方发达国家随之启动的贸易保护政策等,对温州区域经济的影响要比对国内其他地区的影响更大,这是导致 2008 年温州经济增速大幅下滑的直接原因之一,也是近年温州区域经济持续低迷不振,整体经济发展弱于省内、国内部分后发城市的重要原因。

忽视以上多种因素,将温州经济增速的暂时放缓归罪于"温州模式",认为温州经济出现的暂时性波动就是"温州模式"的衰落,显然是"明足以察秋毫之末,而不见舆薪"的选择性无视,不符合马克思主义辩证法和辩证唯物主义基本原理。

## 四、温州人经济的兴起与研究意义

早在改革开放前,勤劳勇敢的温州人就外出谋生,他们或远渡重洋,或内地经商。据不完全统计,目前在外温商约 245 万,他们不仅在国内发展,而且早已走向国外,在 131 个国家或地区的众多产业中竞逐风流,"温州人经济"已经在世界范围内生根开花,在世界范围内兴起。正因如此,张仁寿早在 2004 年就提出,与温州经济相比,温州人经济的总量和发展速度一直在持续高速增长,评价温州经济增长情况必需综合考量温州人经济发展的总体状况。温州人走出一市一地的有限空间,在更为广阔的天地里抢滩市场,获得发展,这既是经济发展的客观规律,也是温州本地经济发展的必然要求和历史趋势,更是温州人在对经济发展本质、经济发展规律和历史趋势深刻认识和历史把握。在外温商销售的产品、使用的原材料、聘用的管理人员、资金来源、信息服务等,都与温州有千丝万缕的联系,对温州区域经济发展有重要促进作用,是温州区域经济发展不可缺少的延伸力量和重要组成部分。

温州经济发展中有一个独特而重要的元素——温州商会。分布于世界各地的温州商会有利于温商之间以及温商和温州本土之间良好信任和网络关系的形成,既是凝聚所在地温商、促进所在地温商互帮互助的交流沟通平台,也是促进和加强分布于世界各地的温商之间、在外温商和温州本土之间交流融合的推进器,更是凝聚温商精神、形成温州人经济网络的重要纽带。温州商会的极大发展,加强了在外温州人之间以及在外温州人经济和温州区域经济之间的联系,使他们凝结成了独特的"温州人经济",并使其在世界范围内悄然崛起。

马克思主义认为,任何一种有生命力的新事物的诞生都是一个持续发展的变化过程,作为一种经济发展实践的"温州人经济"自然也不例外。改革开放初期,温州人用自己的勤劳和智慧,锐意进取,大胆创新,打造了辉煌的"温州模式",但随着国际国内经济形势的持续发展,今天的国际、国内经济发展环境已经发生了翻天覆地的变化,"温州模式"自然也要适应经济发展形势的需要,不断自我调整和改革完善,使自己更具生命力。实践证明,在从"温州模式"到"温州人经济"的转型发展中,勤劳智慧的温州人已经在全球范围内取得了经济发展的巨大成功,再次彰显了"温州模式"和温州人精神的巨大创造力和生命力。在此背景下,提出"温州人经济"概念,开展温州人经济研究,阐明温州人经济的发生发展规律,探讨温州人经济和温州区域经济之间的逻辑关系,为温州人经济发展献计献策,对增强内外温州人经济联系,促进内外温州人互动,助推温州人经济和温州区域经济快速、健康、持续发展,有重要理论和现实意义,对经济全球化和世界一体化趋势下的浙江经济发展和中国经济发展都有重要的前瞻意义。

为了进一步加强对"温州人经济"的理论研究,厘清"温州人经济"相关重大理论和实践问题,促进温州人经济的科学发展,温州大学于2010年组织学校的研究资源,成立了温州大学浙江省温州人经济研究中心,并被批准为浙江省哲学社会科学重点研究基地。自正式获批成立以来,我们在"温州人经济"研究领域拓荒垦殖,一路前行,取得了一定的研究成果。但"温州人经济"研究领域的众多理论和实践问题,以及"温州人经济"研究本身所具有的重大理论和实践意义,决定了"温州人经济"研究需要国内外专家学者的共同关心和关注。为此,我们计划推出"温州人经济研究系列丛书"以求教于大方之家,也希望借此引起学界同仁对"温州人经济"的研究兴趣,吸引更多专家学者投入"温州人经济"的研究之中。

"温州人经济研究系列丛书"第1辑于2014年12月始由浙江大学出版社正式出版。由于时间仓促,学术水平有限,丛书难免存在诸多疏漏和错失之处,敬请专家学者、读者不吝批评指正。丛书出版得到浙江大学出版社樊晓燕编审的大力帮助,在此表示衷心感谢!

温州大学浙江省温州人经济研究中心

2014 年 11 月 16 日

# 前　言

自马歇尔产业区被重新发现,产业空间集聚的各种优点被大量关注,而集聚的负面效应却被忽视。产业区具有结构上的不稳定性,变化是其本质,本书关注的是"产业区重构"。对于产业区重构问题的研究,最早源于西方对集聚优势的质疑和对衰退产业区的解释,包括非均衡发展理论、集群(产业区)生命周期理论、制度变迁理论、演化经济地理理论、技术学习及创新理论、全球化背景下的地方发展理论等。产业区重构的解释角度可谓多元而复杂,从欧美老工业区到新兴工业化国家的产业区,衰退与重构"剧目"不断上演,其中也包括中国沿海地区、东北地区的一些产业区。本书在理论梳理的基础上,聚焦中国民营经济的发源地、中国工业化先行地区——温州,用温州的案例来多角度探讨产业区重构现象。所谓的多角度,包括空间、时间、网络三个维度,分别探讨温州产业区重构的空间尺度、演化过程和嵌入全球生产网络的特征。20世纪末开始,温州经济进入结构调整阶段,温州大量的制造业产业区正在经历重构;而已有的实践已经证明,中国地方经济发展遇到的问题往往会在温州先行显现,研究温州产业区重构问题对于转型期的中国区域经济发展具有现实意义。

本书力求揭开温州产业区重构的神秘面纱,就像当年各路人马争相来这片神奇的土地以探究"温州模式"一样。温州的产业区重构,一部分可以用西方产业区重构理论解释,但也有一些属于中国乃至温州特有的现象。

从空间上看,温州产业区重构是一个多尺度的空间过程,区域内的空间重构呈现出企业从发源地向更高层级区域扩展的路线图。空间重构以企业迁移为主要表现,迁移的主要目的地(包括国内与境外)、迁移时间轴线,以及迁移的机构、行业结构等都表现出显著的分化特征。可以说,温州产业区空间重构是劳动空间分工演进的结果,产业区的继续分工演进放大尺度到国内甚至全球范围。温州产业区寻求低成本的空间扩散、生产网络转换、学习空间的重构是值得关注的三种空间重构模式。

从演化过程来看，产业区重构可以理解为对地区负锁定的一个"响应集合"，是产业区生命周期的一个特定阶段。产业区重构主导机制的核心是"易于变化"，如产业区适应力、弹性等。本书着重讨论了温州水头皮革产业区的重构案例，其展现了适应性重构的过程机制与构建弹性产业区的重要性。通过与瑶溪合成革产业区的比较，还可以发现区域适应力和产业区弹性是解释"哪些产业区可以成功应对冲击、保持活力"的关键；而制度、相关多样性和行业特性是弹性差异的主要来源。

从生产组织网络来看，地方产业区的重构无法置身于全球价值链和全球生产网络之外。温州汽车零部件产业区是典型的"社群市场"，通过售后服务市场起家；其重构的主要模式是从售后服务市场走向全球整车配套市场，实质是地方产业区在新的国际劳动分工背景下，摆脱相对封闭的本地生产网络，谋求对全球汽车生产网络的镶嵌，以获取更多价值。本书通过社会网络分析及结构洞分析发现，全球汽车跨国公司的触角延伸至本地网络后，温州汽车零部件企业生产网络的"群体权力"增强，但同时容易陷入强关系锁定。而且，产业区重构过程中出现了生产网络分异，本地大企业在融入GPN过程中，逐渐脱离了本地网络，它们的"技术看门人"角色并不明显。

另外，本书的分析（不论从哪种角度），均涉及关系、制度、演化，以及知识与技术学习这些产业区发展的重要因素。其中，创新（无论是技术的、制度的，还是市场模式的）是产业区重构的重要驱动力。

党的十八大和十八届三中全会以来，中国产业经济进入结构调整关键阶段，供给侧结构性改革、"中国制造2025"、"大众创业、万众创新"等重大战略被强力推进。在以顶层设计与基层试验的结合为主要特征的改革深化与转型发展大潮中，温州产业区重构案例显得更有探路意义，本书的研究期望为温州、浙江乃至中国的转型发展提供有益的探索。

# 目　录

# 图目录

# 表目录

# 第一章 导 论

"温州模式"讲述了一个地方产业区形成的成功故事,而 21 世纪以来的
"剧情反转",让更多学者开始关注温州面临的转型问题。本书试图用多学
科的方法,将温州产业区有关衰退、升级、迁移、更新、制度变迁、融入全球化
等零散化的概念收敛于产业区重构分析框架下,沿空间、时间演化和网络三
条轴线,通过案例研究来探查温州产业区重构问题,以及重构现象背后的机
制与原理。

## 第一节 研究背景

### 一、现实背景

改革开放以来,中国进入了由计划经济向市场经济转型的过程,这一过
程伴随着分权化、市场化及全球化(Wei,2000),同时也形成了经济活动的空
间集聚,产生了中国沿海第一批专业化的产业区。在社会基本制度相同的
前提下,不同区域的经济体制改革方式与经济发展模式呈现多样化格局,即
"一制多式"(于光远,1992),其中影响最大的是"珠江模式"、"苏南模式"和
"温州模式";而"温州模式"又因其独有的高度自发性特征,引起广泛关注。

"温州模式"是一个经济制度变迁的成功模式,讲述了一个地方产业区
形成的成功故事。传统的"温州模式"类似于最初的马歇尔产业区(the
classical Marshallian industrial district,MID),即利用外部规模经济获得竞
争优势的小企业在区域上集聚;"温州模式"实际上代表了一种成功的区域
发展路径:以小规模制造和以市场导向的灵活生产、内生化增长为特征的家
庭企业为中心,并辅以本地分销网络、多年的本地资本积累和地方"厚制度"
等条件(Wei,2007)。

21 世纪以来,温州出现了增长乏力,对温州的关注也从学习经验转向诊断问题,这引发了国内(特别是浙江)学术界自 2003 年开始,对"温州模式"困境及其是否过时展开大讨论①,并延续至今。温州地方政府也认识到这一事实。浙江省委书记夏宝龙在 2013 年视察温州时说:"杭甬温历来雄踞全省前三名,温州这几年落后了。"温州市委十一届四次全会报告(2013)②中明确写道:"(温州)大多数经济增长指标全省垫底,主要总量指标在全省排位明显退后,绝对值在全省比重进一步下降,不少总量指标被兄弟市超越。温州经济综合实力已掉到第二梯队,发展势头掉到第三梯队。资金外流、企业外迁、人才外走,产业链、资金链面临不少问题,产业空心化和企业'低小散'问题突出。"

温州究竟出了什么问题? 一种观点是相对悲观的,如认为温州陷入对劳动密集型产业、企业家人力资本的"路径依赖"(谢健,2004;张一力,2006);以及在人格化交易、地方厚制度下,由于代际锁定、关系锁定、结构锁定所导致的区域锁定(史晋川,2004;Wei,2007),以互惠交易网络为特征的交易制度也导致了温州模式的锁定(秦政强,2010)。也有观点是相对乐观的,如认为温州只是"先发优势的弱化","制度创新陷于式微"(马津龙,2004;张仁寿,2004)。赵伟(2000)认为,温州的问题是非国有经济内部所存在的某些普遍性问题,随着温州模式的进一步发展会得到克服,欧美私人企业制度发展的早、中期历史也是这样。这些讨论一直延续至今,对于史晋川(2004)预言温州模式未来会消失的论断,张曙光(2011)予以质疑,认为所谓的"'人格化交易'弊端、'代际锁定',以及温州的公共权力和私营经济之间织成了一张'不可触摸的网',阻碍着投资者的进入",这些判断都值得商榷,或为时过早;对于温州产业结构演变的路径依赖,他认为温州的产业升级是在传统产业范围内,从低技术向高技术、从低加工度和低附加价值向高加工度和高附加价值的发展;温州没有发展资本密集型产业和高新技术产业的条件,全国也不可能每个地区(包括每个省市)都发展资本密集型产业和高

---

① 在温州模式和温州经济发展的争论背景下,2004 年 2 月 28 日,杭州商学院浙江经济社会发展研究中心与《浙江社会科学》杂志联合召开了"温州模式的演化与前景"理论研讨会,与会专家学者就温州经济走势与发展前景、温州经济发展存在的主要问题及其原因、温州模式的再认识和评价、温州模式再创新的思路和战略选择等问题做了深入探讨。主要的与会论文与研讨成果发表在《浙江社会科学》2004 年第 2 期。包括史晋川、张仁寿在内的一批长期关注温州的学者参与了讨论并发表了观点。

② 温委办发〔2013〕97 号,2013 年 8 月 26 日。

新技术产业。蔡建娜(2010)则强调应当动态看待温州的发展,因为任何事物都有一个从低级到高级发展、完善的过程。Wei(魏也华)(2007;2010;2011)关于温州模式重构的观点是,在全球化、信息化背景下传统的温州模式正在发生变化,温州产业区正在发生重构。当前,学界的争论延至地方政府,温州市委十一届五次全会报告(2013)①对当今"温州模式"的判断是:"温州模式"并没有过时,它揭示了计划经济向市场经济过渡的制度变迁规律,为中国特色社会主义市场经济体制的建立与发展提供了一个鲜活的示范样本。

　　抛开静态的截面视角,从演化角度看,产业区是一个动态概念(Asheim,2000),不同周期阶段必然遇到不同问题,但变化是其永恒要义。部分关注温州的学者已经开始了"超越温州模式"的探索(Wei,2007;王周扬,2012)。笔者同意上述动态的视角,但须注意:一方面,地方产业区的困境究竟是外部环境变化导致的短期正常波动,还是自身模式真的过时了,已进入长周期衰退或转型,需要较长时间的观察。截至当前,笔者长期的温州工作经历以及为本书研究所做的大量田野调查显示,"敢为人先、勇于创业"的温州人和企业家一刻不停地在酝酿变局,人们所熟悉的马歇尔式的产业区正在超越它传统的经济特征、内部结构和地理尺度,温州作为全球"滑溜溜"的生产空间中的一个"黏结"性地区,确实正在经历变迁与重构(当然,或许对这一现象的观察时间还不够长)。另一方面,温州不同行业的发展情况又有所区别,从目前的观察来看,确实有一些行业集聚区域(指行业性产业区,后文将做界定)出现显著的发展转型,不能一概而论,还需进一步深入观察和解释这些"变化的产业区"。但总体而言,在借鉴和引入西方产业区重构理论与实证研究的基础上,深入观察温州这一内生增长的中国工业化先行地区的重构问题,无论在理论上还是实践上均具有重要意义。

## 二、理论背景与概念界定

### (一)产业区理论及概念

　　19世纪末20世纪初,新古典经济学集大成者马歇尔(Marshall,1910;1961)通过对英国当时Sheffield的刀具工业和West Yorkshire的毛纺织区的观察首先提出了"产业区"的概念,用以解释小企业的群聚。他强调了产业区作为与大企业相对应的产业组织模式,通过小企业的地理靠近可以获得外部规

---

①　温委办发〔2013〕127号,2013年12月25日。

模经济,并认为这种地方产业系统与当地社会具有强烈的不可分隔性。

20 世纪 70 年代末以来,随着信息与知识经济的飞速发展、经济全球化蔓延以及资本主义生产方式向后福特主义转型,沉寂了 100 多年的马歇尔"产业区"被重新发现。意大利的学者用马歇尔的产业区理论解释"第三意大利"(third Italy)现象,并将产业区定义为在一个有自然和历史界限的区域中,有共同社会背景的人和多个企业参与的社会地域整体(socio-territorial entity)(Bagnasco,1977;Bacattini,1979)。Piore 和 Sable(1984)称这种以专业化、技术先进的中小企业空间集聚为特征的工业发展模式是资本主义生产方式由福特制向后福特制转折的分水岭;Storper 和 Scott(1992)则认为产业区为技术创新提供了特殊的本地社会文化环境,是"柔性生产综合体"。为了区别于 100 多年前的马歇尔产业区,20 世纪 70 年代以来的产业区被称为"新产业区"。产业区研究的复兴为研究地方化经济提供了一个有价值的分析框架,但产业区的概念还有争议。目前学术界有以下几种产业区概念。

1. 传统的马歇尔产业区

意大利学者最忠于马歇尔的产业区理论传统,他们吸收了 Granovetter(1985)的社会嵌入思想,关注中小企业的分工、专业化、信息网络和生产弹性,非常强调产业区的本地网络和社会文化根植性,称之为"弹性专业化学派"。Amin 和 Thift(1992)认为受全球化力量的作用,传统的马歇尔产业区有可能发展成为全球网络中的"马歇尔节点"(Marshallian nodes)。

2. 欧美经验的新产业区

学者们在欧美发达国家寻找与意大利相近的产业区模式,但毕竟发展条件有所差异,于是形成了一些产业区的研究分支,如以 Scott(1988)、Storper(1989;1997)为代表的加利福尼亚学派,以美国经验提出了"新产业空间"概念。他们吸收了马歇尔产业区理论和弹性专业化学派有关劳动分工的弹性专业化、新制度主义的交易成本理论、法国规制理论等,强调在弹性积累模式和新的劳动分工背景下,新产业空间形成的"交易费用"机制,并进一步认识到知识与技术流动机制,提出了依赖于地方特定制度文化的"非贸易相互依存"(untraded interdependence)。而欧洲的学者更加关心本地经济与创新的联系,侧重"创新环境"、"区域创新系统"、"学习型区域"等方面的研究,可以称之为"新熊彼特主义"学派(Asheim 等,2006)。另外还有Porter(1990;1998)的"产业集群"(cluster)概念,主要强调企业区位、战略与作为商业环境的集群相互间的关系及其对企业生产率、创新能力的影响。总之，欧美学者对传统的马歇尔产业区概念进行了扩充，分析框架与关注重点也有所转变。

### 3. 发展中国家的产业区

产业区概念源自欧美国家经验和案例提炼，一些学者尝试将产业区概念应用于发展中国家，但发现亚洲、拉美、非洲等国家虽然也有产业集聚现象，但并不完全具备产业区的特征，如企业间明显的分工协作、嵌入本地社会文化等（Schmitz 和 Musyck，1994；Giuliani，2005；Sengenberger，2009；Becattini 等，2009）。实际上，发展中国家的产业集聚，许多是在新国际劳动分工的全球化浪潮中形成的，全球与地方的互动机制比较明显，因此单单强调"内生"的马歇尔产业区框架确实会与发展中国家的产业区案例有出入。朴杉沃（1994）根据韩国的经验，认为发展中国家未发现西方文献中所定义的新产业区，建议把新产业区概念一般化，即可以涵盖全球化时代发展迅速的工业化地区。他将新产业区定义为"贸易取向性的新生产活动以一定规模在一定空间范围内集聚，具明显劳动分散、生产网络和根植性"。20 世纪 90 年代，产业区概念被介绍到国内，李小建（1997）、王缉慈（1998）、Wang Jici 和 Wang Jixian（1998）等认为，与发达国家类似，发展中国家新产业区内企业的联系与合作网络是其持续创新的重要条件。鉴定新产业区的重要标志，是区内小企业密集、企业间形成稳定的合作网络以及企业扎根于本地文化的性质，我国的很多发展迅速的工业开发区和专业化的乡镇企业区都可归于新产业区的范畴。魏也华（2007）深入探讨了温州产业区，认为传统的温州模式类似于最初的马歇尔产业区（classical MID），即利用外部规模经济获得竞争优势的小企业在区域上集聚；但从 20 世纪 80 年代后期开始，温州产业区内的中小企业不断"放大尺度"（scale up），将强化本地根植性和整合国内外资源结合，更像是强调本地化与全球化协同作用的新马歇尔产业区（neo-MID）。

### 4. 产业区与集群的区别

自 Porter（1990）提出"产业集群"概念后，由于集群（cluster）更强调企业、产业和国家（区域）的竞争力分析，更容易引起决策者注意，集群似乎取代产业区而被经济地理、产业与区域研究领域更多运用。但集群被许多学者批判为"混乱"和"模糊"的概念（Martin 和 Sunley，2003；吕拉昌、魏也华，

2007；王缉慈，2010）。集群缺乏严格的概念界定，能够包容不同形式、过程和空间尺度的本地化经济（Martin和Sunley，2003）；而产业区源于马歇尔产业区理论，后来又由欧美学者所发展，重点强调中小企业主导的本地化生产系统及地方社会文化嵌入性（Belussi，2006），这是产业区与集群的本质区别（王周扬，2012）。

另外，产业区的分类也存在不同观点。Brusco（1992）将产业区分为手工业技术和非正式制度支持下的企业自我依赖与合作型的产业区和以较强技术创新能力和正式制度支持为特征的产业区。Markusen（1996）发现意大利或马歇尔产业区概念无法完全解释美国、日本、韩国、巴西等国的区域经济持续繁荣，他提出了马歇尔式产业区、轮轴式产业区、卫星平台式产业区和国家力量依赖型产业区四种分类。Asheim（1997）则以创新能力为标准将产业区划分为四种类型。

综上所述，产业区的发展路径并非只有一条，关键的问题是分析本产业区的实际，解析其发展机制，提出适应产业区自身发展的最佳路径（吕拉昌、魏也华，2006）。由于产业存在模式的非统一性和发展的动态性，在本书研究中，并没有将产业区概念限定于传统的马歇尔式产业区（或第三意大利的概念范畴），而是对产业区理论的最核心要素给予重点关注，如企业的本地生产网络、地域根植性等体现本地化的外部经济，对内部结构、技术学习等的关注，以及对全球化下地方发展的强调。本书不再特别称"新产业区"（与马歇尔产业区区别），而是统称"产业区"（industrial districts），并与"集群"概念有所区别①。

**（二）产业区重构概念界定**

产业区理论和"新区域主义"只是告诉了人们一些区域成功的故事，对于解决各种"问题区域"或"劣势区域"的发展并没有提供灵丹妙药（Whiteford，2001；吕拉昌、魏也华，2006）。工业革命以来，区域经济涨落的周期性过程愈发频繁。产业区重构过程成为一个反复的现象，对其的描述和解释是经济地理的一项重要任务（Hassink和Shin，2005）。产业区研究兴起之初，学者们更多地关注产业地理集聚的各种好处，而缺乏对集聚负面效

---

① 在后文的文献综述部分，为了保留文献作者的原意，仍会出现"集群"一词（虽然相关作者的研究对象确实也可称为"产业区"）；但从第五章开始，在温州案例部分，将统称为"产业区"。

应的研究。在某种程度上,这与传统的区域不平衡发展理论(关注区域演化的正负两面)有所背离(Hirschman,1958;Myrdal,1957)。而不平衡发展和空间重构是资本主义的自然逻辑,产业区不是一个静态的发展模式,具有结构上的不稳定性,变化是其本质(Storper 和 Walker,1989;Harrison,1992;Asheim,2000;Wei,2007),甚至可以将其看成"工业化进程中的特定阶段"(Dimou,1994)。

在新的国际劳动分工格局下和跨国公司主导的全球化趋势下,西方国家产业区衰退和重构不断上演。20 世纪 70 年代以来,西方国家一批老产业集聚区(old industrial agglomerations)出现衰退(decline)甚至消亡(collapse),而在此之前,它们曾得益于专业化生产而长期增长。这些产业集聚区集中于北美及欧洲的德国、法国、英国和西班牙等,主要涉及纺织、钢铁制造、煤炭、矿产、造船、汽车、化工、电子等行业(Boschma 和 Lambooy,1999b;Skokan,2009)。20 世纪 80 年代末至 20 世纪 90 年代初,产业区理论的发源地第三意大利也出现了衰退迹象,如企业外迁、生产率降低和资本集中过程减少等(Amin,1999a;Harrison,1994);2000 年以后,这一传统的马歇尔式产业区原型地区开始了重构过程,如产业区的集团化、创新模式变化、产业区国际化等(Hadjimichalis,2006;王周扬、魏也华,2011)。同时,发展中国家的产业区衰退和重构也大量出现,如捷克、波兰等新欧盟成员国(Skokan,2009;Pavlinek,2011),东亚的韩国、新加坡和我国台湾地区(Gereffi,1999;Lee 和 Chen,2000;Hassink 和 Shin,2005),巴西、墨西哥等拉美国家(Schmitz,1999;Rebellotti,1999;Giuliani,2005)等。当然,中国工业化先行地区也正在经历重构过程,如苏南地区、珠三角地区及温州。

本书研究的核心概念是"产业区重构"(restructuring industrial districts,RID)。"重构"(restructuring)一词近年来大量出现于西方文献中,也译为"重组"①。《人文地理学词典》(约翰斯顿,1994)对"restructuring"的定义是:"由经济发展的动力或经济的存在条件引起的经济各个构成部分间和/或各部分内部的变化。""重构"涉及四个方面的内容:(1)资本的部门间

---

① 本书将"restructuring"译为"重构",而不是"重组",是考虑到对于产业区而言,产业体系、区域经济的"重新建构"更能形象地传递"产业区演化发展"的综合含义,包括产业的转型与升级、产业分工与组织的变化、地理景观的变化、地方制度的变迁、价值与权力分配格局的变化、社会文化的变迁等,而不仅仅是产业要素的重新组合。

转移;(2)地理变化;(3)规模经济、集中的资本的集聚或由一种积累制度向另一种积累制度的转换引起的生产组织的变化;(4)以范围经济为基础的生产流动性的发展。"重构"不是资本主义社会的新过程,资本主义生产固有的竞争关系注定变化是永恒的趋势,但自 20 世纪 60 年代末 70 年代初长期的经济繁荣以来,这一概念被更广泛的使用。"重构"不限于资本主义社会,也不限于经济领域,如果"重构"要持续下去,就必须以社会其他各方面的反应为依据。

在经济地理学文献中,对"重构"的使用常见于产业(industry)、区域(region),特别是集群(clusters)与产业区(industrial districts)的研究中(Hiley,1999;OECD,2002;Worrall 等,2003;UN,2005;Hassink 和 Shin,2005;Hassink,2005a、2005b;Cainelli 等,2006;Dunford,2006;Wei,2007;Hadjimichalis,2006;Koutský,2011)。产业的"重构"常被解释为产业升级、产业转型,并更多用"upgrade"、"transformation"、"change"等表述。而在区域层面,产业区、集群以及旧产业区域(old industrial region)的"重构"存在混同使用现象,学者们多将其解释为区域衰退后的复兴(renewal)。近年来,产业区的演化过程和机制受到学术界重视(Belussi 和 Gottardi,2000;Belussi 等,2003)。演化经济地理学视角的产业区研究,主要是从历史视角和"问题区域"复兴视角切入,并围绕产业区复兴的路径锁定与创造、制度演化、技术演变、社会环境再造及新兴产业集群诞生等内容展开(马仁锋等,2011)。因此,基于演化的视角:(1)"重构"多被纳入产业区(集群)演化的一个阶段,特别是生命周期(life cycle)新循环的开始(Martin 和 Sunley,2011);(2)更加强调路径依赖(path dependence)和锁定(lock-in)是产业区重构的主要内部障碍(internal barriers),并将"重构"概念化为"对区域路径依赖和(负)锁定的摆脱或响应"(Boschma 和 Lambooy,1999b;Hassink 和 Shin,2005;Martin 和 Sunley,2006;Martin,2010;Wei,2007)。

结合上述观点,本书将"产业区重构"界定为:产业区摆脱(或突破)内部路径依赖及内部、外部锁定[内部锁定如 Grabher(1993)定义的几种锁定;外部锁定如全球价值链对产业区功能升级的限制]的一系列响应,是进入新的产业区循环或区域复兴路径的过程。这些响应不仅仅是产业的升级,也包括产业区空间、组织、制度等的变化,响应是多维度的(multi-dimensional);产业区重构分析需要综合区域、产业、企业三个尺度;重构不是"时点"概念,是随时间变化的一个动态过程(dynamic process);重构的前提是产业区出现了衰退(decline)迹象,或至少是出现了问题(困境),也就是说,如果产业区以正常的、良性的趋势在发展,其所发生的变化不应纳入重构的范畴,因为那只是一个正常的区域发展或经济增长过程。

## 三、研究意义

研究具有一定的理论和现实意义。

其一,将经济学、人文地理学、新制度主义理论等多学科相关研究,以及产业区有关衰退、升级、迁移、更新、制度变迁、融入全球化等"零散化"的概念收敛、统一于"产业区重构"主题下,厘清产业区重构概念和分析框架,有利于深化对产业区的动态演化过程的认识。对国内外产业区案例的系统梳理,有利于差别化对待不同类型的产业区重构,寻找案例比较与对话的有效途径。

其二,温州是中国工业化先行地区,中国实体经济(特别是民营经济)发展遇到的问题往往会在温州先行显现。当前,国家批准了温州的一系列改革试点,如金融综合改革、农村改革、民营经济创新发展配套改革等,研究温州产业与区域发展过程对于了解中国区域经济的持续发展、动态演化等具有很强的现实意义。

其三,关注温州产业区重构问题,有助于抛开对"模式是否过时"的争论,遵循"问题导向",由静态转向演化,以务实的态度去深入观察温州这一地方产业区的动态演化过程;有利于学术争论与政治经济问题的对接,把目光聚焦到"寻求地方产业区转型与升级的有效途径"上,因此研究具有较强的政策意义。

其四,作为需求诱致型制度变迁的典范,温州产业区一向被贴上"内生增长"、"地方根植性"等标签,但是否产业区的空间和过程演变依然遵循这种固有特征? 对比西方产业区已经出现的重构案例及由此形成的理论解释,对温州产业区空间和时间(过程)维度的考察,有助于全方位深化对中国地方产业区变迁特征、动力机制的认识。

其五,在新的国际劳动分工作用下,世界经济格局发生变化,其重要的地理后果之一是包括中国在内的新兴工业化国家和地区的崛起(宁越敏,1995;杜德斌,2009),而温州产业区正是在这一背景下自发形成;进入 21 世纪以来(中国加入 WTO 后),面临来自全球的竞争,温州产业区不得不融入全球价值链和全球生产网络,这是典型的全球化视野下的地方产业区升级问题(曾刚,2004;Wei,2010、2011)。分析地方产业区嵌入全球生产网络的过程和机制,并深入观察网络权力、价值分配对于产业区升级的影响,有助于深化对全球化背景下地方发展的认识。

## 第二节　研究区域与案例选择

温州是中国沿海工业化先行地区之一,温州丰富的产业区案例为产业区重构理论与实证提供了有价值的研究资源。本书的研究区域为温州。

温州位于浙江省东南部,东濒东海,南毗福建,西及西北部与丽水市相连,北和东北部与台州市接壤。全市陆域面积 11784 平方千米,海域面积约 11000 平方千米,城市建成区面积 185 平方千米。辖鹿城、龙湾、瓯海 3 区,瑞安、乐清 2 市(县级)和永嘉、洞头、平阳、苍南、文成、泰顺 6 县。全市常住人口 912.21 万人,其中市外流入人口 284.22 万人[①]。

温州公元前 192 年是东瓯王驺摇的都地;公元 323 年建郡,为永嘉郡;公元 675 年始称温州。温州自古手工业发达,是青瓷发源地之一,造纸、造船、丝绸、绣品、漆器、鞋革等在我国历史上均有一定地位。南宋时被辟为对外通商口岸,有"一片繁荣海上头,从来唤作小杭州"之称。2014 年,全市 GDP 4302.81亿元,人均 53091 元,财政总收入 612.44 亿元,工业总产值7671.65 亿元,规模以上工业企业 4266 家,规模以上工业总产值 4740.11 亿元。城镇人均可支配收入和农村人均纯收入分别为40510元和19394元[②]。以中小企业为主体的民营经济是温州的最大特色。在全市经济结构中,民营经济对 GDP 贡献率超过 80%,民营经济的工业增加值占 91.5%,从业人员占 92.9%,税收收入占 82.4%,出口总额占 80%,社会消费品零售总额占 89.5%,固定资产投资占 68.4%[③]。

改革开放以来,温州各地逐步形成了以同类产业区域性集聚的特点,全市拥有 42 个由国家工商总局认定的中国驰名商标、39 个国家级生产基地,

①　数据来源:第六次全国人口普查。
②　数据来源:《2014 年温州市国民经济和社会发展统计公报》。
③　数据来源:浙江省统计局[EB/OL].(2012-09-28)[2014-01-30].http://www. zj.stats.gov.cn/art/2012/9/28/art_282_52684.html.

温州产业区重构：空间、演化与网络

拥有 20 个省级专业商标品牌基地。根据王缉慈(2008)的调查,温州全市有 38 个产业区,分布在市辖各个区县,是全国拥有产业区数量最多的城市。根据温州市经济建设规划院课题组(2008)的普查,温州主要的行业性产业区有 20 个,其中最大的是电气、服装、鞋革、汽车零部件、泵阀、电子信息、印刷包装、紧固件、合成革等,产值规模在 100 亿~600 亿元,国内市场占有率较高,以中小企业为主,企业数量多在 1000 家以上(见表 1-1)。

表 1-1　温州主要行业性产业区情况

| 序号 | 行业名称 | 工业生产总值(亿元) | 国内市场占有率 | 企业数量(家) | 主要分布区县 |
|---|---|---|---|---|---|
| 1 | 服装 | 520 | 10%(西服) | 3000 | 鹿城、瑞安 |
| 2 | 鞋革 | 484 | 25%(鞋类) | 2692753(规上) | 鹿城、龙湾、平阳 |
| 3 | 印刷包装 | 280 | 1/3(浙江) | 2734418(规上) | 苍南 |
| 4 | 眼镜 | 30 | 20% | 50 | 鹿城、瓯海 |
| 5 | 烟具 | 20 | 95% | 200 | 鹿城、瓯海 |
| 6 | 锁具 | 100 | 95% | 400 | 鹿城 |
| 7 | 制笔 | 32 | 25% | 180 | 龙湾 |
| 8 | 合成革 | 120 | 50% | 108(规上) | 龙湾 |
| 9 | 电气 | 567 | 60%(低压电器) | 1500(规上) | 乐清 |
| 10 | 泵阀 | 370 | 37% | 1800 | 永嘉、龙湾 |
| 11 | 汽车零部件 | 380 | 25% | 3000 | 瑞安 |
| 12 | 电子信息 | 361 | — | 826(规上) | 乐清 |
| 13 | 食药机械 | 75.7 | 30% | 706 | 龙湾 |
| 14 | 紧固件 | 112.7 | 25% | 2100 | 龙湾、瑞安 |
| 15 | 电镀 | 50 | 8% | 564 | 鹿城 |
| 16 | 模具 | 88 | 8.5% | 4000 | 乐清 |
| 17 | 不锈钢 | 72 | 90%(无缝钢管) | 200(以上) | 龙湾 |
| 18 | 塑料制品 | 470 | 10.53% | 1800(以上) | 平阳、苍南 |
| 19 | 船舶 | 30 | — | 24(主要) | 乐清、瑞安 |
| 20 | 金融设备 | 14 | 71%(点钞机) | 100(以上) | 平阳 |

资料来源:《温州市产业集群培育研究报告》(内部资料),2008;作者根据调查数据补充更新。

从西方案例实践中看,产业区是一个多层级的空间组织①,本书按照 Wei(2007)的区分方法,将温州的"地区性产业区"与"行业性产业区"做了区分。考虑到中国的行政区划体系,温州地区性产业区(简称"温州产业区",如论文标题)以温州市域为范围②,这是考虑到温州产业区有着共同的本地制度和特征,如地方方言(温州话)、本地根植网络、本地劳动力市场、本地供应链等。而温州的"行业性产业区"则在空间上聚焦于某一行业③,如本书案例研究所选择的平阳水头皮革产业区、瑶溪合成革产业区、温州汽车零部件产业区(主要位于瑞安)等。

## 第三节　研究思路与研究方法

### 一、研究思路

本书分为理论研究与案例研究两部分。

#### (一)产业区重构理论研究

产业区理论研究自 20 世纪 70 年代在欧美兴起,90 年代末传入我国。该理论的关注点一直是产业区形成的优势与机制,即关注"成功的故事"。虽然西方产业区的衰退自 20 世纪 60—70 年代就出现了,但其理论探讨却一直延续至今,而以动态演化的视角探讨产业区的重构问题也才起步不久。广义上讲,产业区重构是一个复杂的区域发展和变迁概念,涉及经济(产业)、技术、空间、文化、制度等多个理论领域。近年来经济地理向制度、关系、演化的转向,以及全球化议题的升温,也为产业区重构提供了新的研究方法与理论方向。狭义上看,产业区重构的理论解释(特征与机制)、分析框架、案例区经验等缺乏系统梳理,目前仍没有统一的理论与分析框架,且来

---

① 如克鲁格曼在分析外部规模经济的作用时,对国家、区域(或地方)以及小尺度的工业集聚进行了区分。

② 这与西方产业区文献中意大利的艾米利亚—罗马格纳、德国索林根等地区性产业区类似。

③ 实际上,国内研究温州的文献并没有做严格的"地区性"与"行业性"界定。"专业化产业区"、"特色产业区"等表述较为普遍(黄先海,2005;林培云,2000),这些文献大多属于"行业性产业区"范畴,行业案例集中在温州几大特色产业——鞋业、服装、眼镜等。

自不同国家和地区的产业区重构案例研究缺乏"直接对话"。因此,在进行温州产业区的重构研究之前,必须先对国内外产业区重构理论与案例研究进行回顾与梳理。本书的理论研究包括四个方面。

1.产业区理论与概念辨析

自马歇尔产业区被重新发现,产业区的理论及概念发展出现诸多流派与界定标准。本书第一章的理论背景部分对产业区近30年的诸多流派与相关概念进行了辨析。

2.产业区重构的基础理论梳理

产业区重构作为多层次、复杂化的研究领域,具有多元化的理论渊源及相关的研究分支。本书对产业区重构的基础理论做了梳理,包括区域非均衡发展理论、集群(产业区)周期理论、制度变迁理论、演化经济地理理论、产业区创新理论以及全球化下的地方发展理论等。重构是一个动态概念,讲述的是产业区适应变化与冲击、不断更新的过程。本书对基础理论的梳理更为突出演化过程、动力机制、地理空间及全球价值链、全球生产网络的作用等。

3.国内外产业区重构的研究进展

20世纪70年代,产业区重构问题开始被西方学者关注,西方国家不断出现的产业区衰退案例却引发了学术界对"集聚经济"的质疑。本书对产业区重构的研究综述从"对产业区衰退的解释"起步,评述了传统区域发展理论、产业集群理论、产业组织理论、演化经济地理理论等对衰退原因的解释。进一步梳理了产业区重构的理论研究文献,包括新国际劳动分工、生产体制转变与产业区重构,突破路径依赖与负锁定的响应,产业区重构周期阶段与主导机制,产业区重构的主要模式等。由于国内外产业区研究大多基于具体的产业区案例展开,同时为了展现一个20世纪中期以来全球产业区重构的总体图景,本书还进行了国内外产业区重构案例的研究综述,并区分为欧美老工业区、高技术产业区、马歇尔产业区、新兴工业化国家的产业区、中国的产业区5种类型,其中对中国产业区的理论与案例研究做了更为深入的述评。

4.温州产业区起源、演化与重构的文献综述

主流的"温州模式"研究文献集中于经济发展和制度变迁两条主线。新经济地理理论为温州这一中国最典型的地方产业区的内涵、起源、演化和重

构问题提供了不同的讨论视角。本书回顾并评述了温州产业区的研究文献,指出了现有研究的不足,提出了更为广阔的研究空间。

**(二)温州产业区重构案例研究**

本书以温州作为研究区域,并区分了"地区性产业区"与"行业性产业区"概念。总体上,当没有特别的说明时,"温州产业区"指作为浙江省地级市的温州地区性产业区;当冠以行业名称时,"温州产业区"指的是行业性产业区。本书主要通过实证方法,基于案例研究来探寻温州产业区的重构。为了相对全面地探讨温州产业区重构全景,本书摒弃了 Storper(1997)的"技术—组织—地域"三位一体的区域研究框架,试着建立起一个"空间—时间—网络"的三维框架。因为从变化的角度讲,这三个维度可以更为全面地勾勒产业区重构图景,所有案例产业区的研究均围绕空间维度、时间(过程)维度、地方生产网络维度展开。

1.产业区的空间重构:8个行业性产业区的案例

"空间重构"是温州产业区重构最直接的经济和地理景观,是基于企业迁移与产业转移的产业区空间尺度、组织结构的变迁。为了更为全面地反映温州产业区的空间重构,本书结合温州市第六次人口普查数据、温州市经贸局调查数据、温州企业境外投资项目数据,重点选择温州最具代表性的电气、服装、制鞋、眼镜、汽车零部件、泵阀、皮革这 8 个行业性产业区做了样本调查,通过案例分析发现温州产业区重构的空间特征、动力机制,并归纳空间重构的主要类型和模式。

2.产业区的重构过程:水头皮革产业区案例

产业区总是处在动态演化过程中,而本书关注的是当产业区遇到重大冲击时如何实现可持续的发展或更新。以温州下辖平阳县水头镇皮革产业区为案例,本书应用演化经济地理理论和方法,考察了水头皮革产业区以产业更新为主要特征的"适应性重构"过程,探讨了产业区重构演化过程中的主要行动者、地方制度作用以及"路径依赖式创新"特征。为了剖析这一重构过程的影响机制,又将水头皮革产业区与温州另一行业性产业区——瑶溪合成革产业区做了比较研究。

3. 全球化背景下的产业区重构——地方与全球生产网络:温州汽车零部件产业区案例

无论新区域主义、GCC-GVC-GPN[①],以及中国特色的"中间道路"学派,都认为地方产业区的重构不能脱离全球化的影响,对于汽车这种全球化特征最为明显的组装工业更是这样。本书选择温州汽车零部件产业区作为案例,考察了其重构过程中地方生产网络对全球生产网络的嵌入特征,以及地方"社群市场"(communitarian market)的变化,重点分析了整车企业、不同层级的零部件企业在生产网络中的公司权力关系,以及由此决定的价值获取能力差异。通过此行业性产业区的案例研究,探讨了全球化背景下的温州产业区重构问题。

以上三个案例分别对应于空间、时间与网络维度,相对全面地考察了温州产业区的重构问题。在三个案例研究过程中,关系、制度、演化的分析,以及知识与技术学习这一产业区发展的重要因素始终贯穿其中。例如三个案例章节都做了基于演化过程的分析、基于本地厚制度的分析;空间重构部分探讨了放大尺度的学习场构建,过程重构部分探讨了路径依赖式创新问题,网络重构部分则探讨了生产网络层级对技术学习的影响及本地生产网络的"技术看门人"问题。

(三)研究框架

本书的研究框架如图1-1所示。

二、研究方法

对产业区重构的描述和解释已成为经济地理学的一项重要任务(Hassink,2005a),尽管采用的概念口径不同,但产业区重构理论研究已取得了大量成果,只是这些理论成果缺少系统梳理;国内外产业区重构的案例实证涉及的方式方法较为多样,方法选择取决于研究目的与案例情况。本书综合了理论探讨与案例实证,主要研究方法包括以下几类。

(一)系统的文献梳理

文献梳理是本书核心议题开展的基础,笔者在 EndNote 软件的辅助下,阅读并整理了近200篇(部)外文文献和100多篇(部)主要的国内文献。重

_____

① GCC 即全球商品链,GVC 即全球价值链,GPN 即全球生产网络。

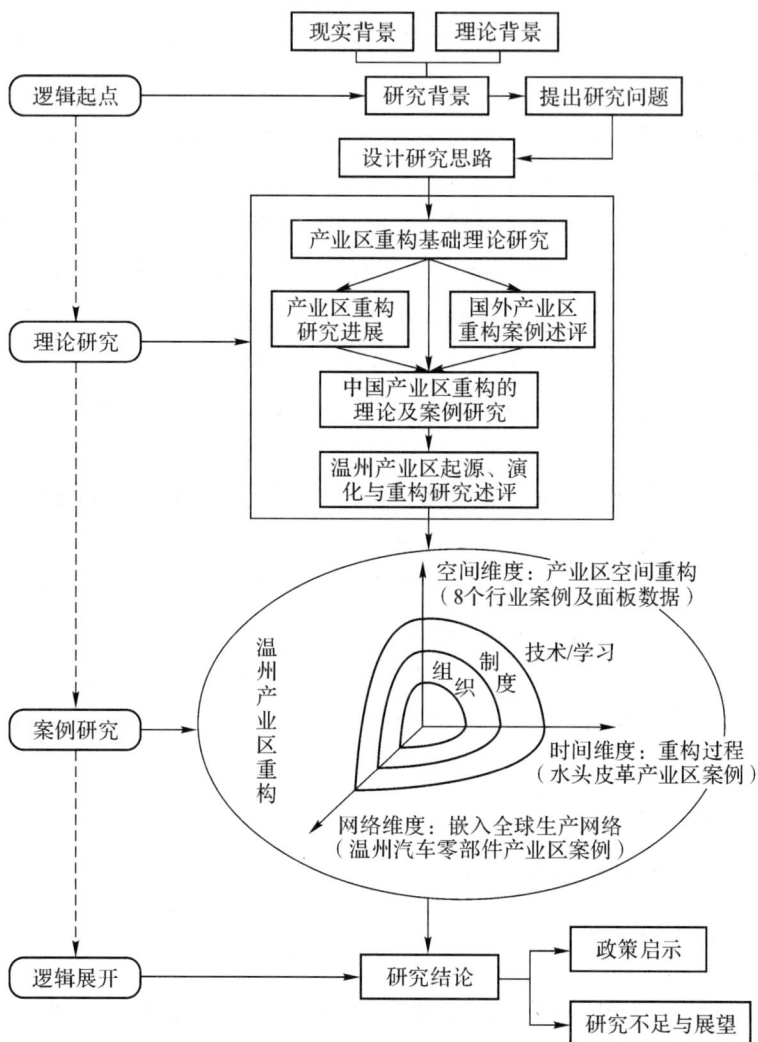

图 1-1 本书的研究框架

点围绕"产业区重构",对相关基础理论、国外研究进展、国内引入与发展,以及大量的国内外各类产业区重构案例研究、中国及温州产业区的研究进行了系统梳理,采纳了其中重要的理论见解、分析框架和概念方法,并指出了文献缺陷和本研究的补充。

## (二)田野调查、问卷与访谈

地方根植和外部性是产业区主要特征,为了深入研究温州产业区,必须置身于马歇尔所谓的"产业空气"中,体验并了解产业区演化过程,采集一手数据。因此,笔者深入本地政府部门、专业镇、工业区、行业协会、大企业、小作坊,进行大量的田野调查、问卷与访谈。长期在温州市经济建设规划院的工作经历和积累的人脉资源,为本研究的调查提供了组织保障,一些调查结合了当地政府的委托咨询项目,因此获得了大量一手数据。

其中,空间重构部分做了96家迁移企业调查问卷,访谈了8个行业协会和其中的30多家典型企业。在研究水头皮革产业区案例时,笔者常驻平阳县水头镇1个月,在平阳县发展和改革局的配合下,访谈了水头镇政府、水头商会、水头皮革工业区管理委员会,以及10多家典型企业、10多位多元化经营的"皮老板",踏勘了当地产业区的旧厂区(蓝湿皮制造)、新园区(皮带与宠物用品生产)、交易市场、污水处理厂,并与当地农村的"能人"深入交流;在研究温州汽车零部件产业区时,在温州经济技术开发区、瑞安经济开发区、瑞安塘下镇政府、温州及瑞安汽摩配行业协会的配合下,历时1个多月走访了20多家零部件企业,并回收问卷30多份,为社会网络分析的开展获取了宝贵的一手数据。

**(三)理论模型与定量研究方法的综合使用**

本书根据案例研究需要,综合使用了多种理论模型与实证研究方法。

在空间重构研究部分,使用了 ArcGIS 10.0 的主题图分析、缓冲区分析等方法;为了解释空间重构动力机制,结合 Scott(1988)、宁越敏(1991;1995)的劳动空间分工理论及方法,建立了"产业区分工演进—空间重构"模型。

在重构过程研究部分,引入了演化经济地理(EEG)一系列演化隐喻与概念方法,如应用"新产业空间形成过程模型"分析了水头皮革产业区的皮带、宠物用品两个新产业的形成过程;在解释适应性重构与弹性产业区影响机制时,使用了类似于格雷夫(2003)的"历史比较制度分析"(HCIA)方法,对水头皮革和瑶溪合成革两个产业区做了比较研究;同时使用 Frenken 等(2007)的非相关多样性熵指数($U_{Vi,t}$)与相关多样性熵指数($R_{Vi,t}$)方法,测量两个产业区的多样性相关程度,以寻找二者"弹性差异"的来源。

在嵌入 GPN 的重构研究部分,结合问卷与访谈数据,进行了温州汽车零部件产业区网络嵌入模式的"描述性统计"分析,并进一步借助 Ucinet 6 软件,应用社会网络分析方法(SNA)来分析温州汽车零部件产业区的分工联系和生产关系网络;在问卷调查数据的支撑下,综合运用了"中心性"工具和 Burt(1992)的"结构洞"方法,考察了温州汽车零部件产业区的本地生产网络向全球生产网络嵌入过程中的网络结构和公司权力变化。

## 第四节　研究内容与创新点

### 一、研究内容

在上节介绍的研究思路及框架下,本书的研究内容分理论与案例两大部分,在理论研究的基础上深入探讨温州产业区的重构问题,篇章安排如下。

全书共分八章。在第一章导言之后,第二章至第四章为理论研究部分;第五章至第七章为温州产业区重构案例研究部分;第八章为结论、启示和展望。其中,第二章对产业区重构的基础理论进行梳理;第三章对国内外产业区重构的理论研究、案例研究展开综述;第四章对温州产业区的起源、演化与重构进行现有文献的述评,并结合一部分的实证数据说明温州产业区(地区性产业区)发展的现状;第五章是温州产业区重构的空间维度分析,通过行业调查一手数据,全国人口普查、温州市统计部门和外经贸部门的二手数据,分析温州企业迁移、产业转移和产业区的空间重构;第六章是温州产业区重构的时间(演化过程)维度分析,通过水头皮革产业区案例,及与瑶溪合成革产业区的比较来探讨重构的演化过程机制;第七章是温州产业区重构的网络维度分析,以温州汽车零部件产业区为案例,分析了温州本地生产网络嵌入全球生产网络的模式,以及网络结构与权力变化。

### 二、研究创新点

本书主要在四个方面进行了创新尝试。

其一,顺应经济地理学的关系、制度和演化转向趋势,通过整合区域不平衡发展理论、集群周期理论、制度变迁理论、技术创新理论和全球化下的地方发展理论,将产业区的静态截面研究惯性引向动态演化与重构领域。通过系统性、评述性梳理国内外产业区重构理论与案例研究,提出了产业区重构理论的建构框架。并对 20 世纪 60 年代以来的欧美老工业区、高新产业区、传统马歇尔产业区、新兴市场化国家产业区的重构案例做了归纳与比较。

其二,通过理论引入与实证检验,用中国温州的案例来验证西方产业区重构的主流理论观点,试图发现温州产业区重构的空间、过程及嵌入 GPN 时的特殊性,丰富产业区重构的理论认识。如行业性产业区在空间重构时的分行业差异性、多种空间重构尺度的叠加性、限于本地知识资产匮乏条件下的学习场构建等。在产业更新式的产业区适应性重构过程中,除了 EEG 一贯声称的企业与政府行动者、地方厚制度的影响不容忽视。在嵌入 GPN 过程中,探讨了产业区的本地生产网络是如何出现权力分化、网络分异和技术的锁定的。

其三,集合经济地理融合全球化与地方化发展的理论优势,创新性地使用了"产业区"这一概念和分析框架,试图开辟传统的"温州模式"经济研究与制度变迁研究之外的新视角,为温州这一中国市场化改革先行区、民营经济试验田的转型过程提供更为深刻的理论认识和更有说服力的案例检验,为温州乃至中国先行工业化地区的重构提供有益的政策启示。

其四,从空间、时间、网络三个维度入手,融入新经济地理学的最新概念与研究方法,努力构建一种系统、全面且兼顾理论认知与实践验证的产业区重构研究框架。

# 第二章　产业区重构的基础理论

产业区重构如同区域发展一样,是一个复杂的多领域问题。本章主要梳理了产业区重构的一些基础理论,包括区域非均衡发展理论、集群(产业区)周期理论、制度变迁理论、演化经济地理理论、产业区创新理论、全球化背景下的地方发展理论,不一定全面,只是研究所需要用到的一些相关理论,目的是为产业区重构理论与案例的探讨提供更为基础的依据。

## 第一节　区域非均衡发展理论

非均衡发展理论为产业区重构提供了早期的理论渊源,因为在非均衡情况下,纷繁复杂的区域发展差异、区域变迁才有研究前提和意义。在新古典增长假说下,区域之间要素报酬的差别将会通过要素流动趋向均衡,市场机制的作用最终会消除区域之间人均收入的差别,导致经济增长的均衡态。例如,在经典的 Solow 模型中,只要保证资本的积累,所有的国家无论初始的人均收入存在多大差异,都会最终趋于收敛(菲利普等,2004)。也就是说,偏离了均衡的区域经济过程会重新回到均衡状态,研究区域衰退和重构也就失去了意义。而现实世界却极大挑战了新古典的区域均衡发展观点,特别是他们的一系列假设。

以佩鲁(Perrour,1955)、缪尔达尔(Myrdal,1957)、赫希曼(Hirschman,1958)等为代表的发展经济学家发展了区域非均衡增长理论,提出了地区差异的形成机制。他们主张以非均衡、非同步的方式推进区域经济增长,如以"推动型单位"、"增长极"等带动周边地区发展。不论是缪尔达尔的"回流效应"、"扩散效应",还是赫希曼的"涓滴效应"、"极化效应",均是主张发展的先后,以及发达地区与欠发达地区的互动。缪尔达尔认为,在一个动态的社会过程中,社会经济各因素之间存在着循环累积的因果关系,某一社会经济因素变化,会引起另一因素变化,后一因素变化又会强化前者变化,导致社会经济过程沿着最初因素变化的方向发展,形成累积性的循环趋势。按照缪氏的观点,区域衰退一旦形成,即存在自我强化(self-reinforcing)的机制。累积因果理论受到后来学者的批判,如认为其过于强调外部区域影响,忽视了区域内生增长因素的作用(Boschma 和 Lambooy,1999b)。但循环累积因果的思想还是为讨论区域变迁提供了营养。

## 第二节　集群(产业区)周期理论

### 一、从经济周期到产品、产业生命周期

西方经济周期理论是新古典宏观经济理论的重要内容,不论是实际经济周期理论(real business cycle,RBC),还是新凯恩斯主义(new keynesianism),研究的是经济波动的原因和传导机制,并企图寻找减少波动的方法。由于不涉及产业及更微观层面的内容,本书对西方经济周期理论不再赘述,而真正对本研究有重要理论意义的是马克思和熊彼特的经济周期理论。马克思与熊彼特都认为资本主义存在危机、萧条、复苏、高涨四个再生产周期,但对于周期背后的原因,则分别认为是"资本主义制度"和"创新"。

马克思对经济周期的研究是为了揭示资本主义生产方式运动的历史规律。马克思(1972)认为,生产与消费的对抗是资本主义经济周期的表面成因,根本原因是资本主义制度的基本矛盾;资本周转为周期性危机提供了物质基础,在周期性经济危机中,营业要经历松弛、中等活跃、急剧上升和危机这几个时期。熊彼特(1939)以创新为核心来解释资本主义的变化规律。熊彼特的"创新"是要建立一种新的生产函数,即把生产要素的重新组合引入生产体系。企业家的职能就是实现创新,引进新组合。创新过程的非连续性和非均衡性引起资本主义周期性的经济波动,不同的创新形式对经济发展产生不同的影响,由此形成多样性的经济周期(长周期、中周期和短周期变化)。熊彼特在康德拉季耶夫长波(Kondratieff long waves)的基础上,以技术发明和应用为标志,把近百年来资本主义的经济发展过程分为三个"长波阶段":18 世纪 80 年代到 1840 年是产业革命发展时期,纺织工业的"创新"在其中起了重要作用;1840 年到 1897 年是蒸汽机时代和钢铁时代;1897

年到 20 世纪 50 年代是电气、化学和汽车工业时代。按照熊彼特的周期思想，经济世界的衰退到重构，无非是破坏性的创新过程。

马克思与熊彼特的周期思想主要是宏观经济层面，而作为生物学概念①的"生命周期"先后被引入经济学与管理学的产品、企业和产业研究领域。Vernon(1966)依据产品在国际贸易中的动态变化，提出了产品生命周期理论，大体分为三个阶段：新产品(new product)阶段、成熟产品(maturing product)阶段和标准化产品(standardized product)阶段。之后，Utterback 和 Abernathy(1975)在他们的 A-U 模型中，依据产出增长率将产品生命周期划分为流动、过渡和确定三个阶段。以主导设计的出现为分界：第一个阶段，不同厂商存在不同产品创新，产品差别大，产出增长不快；第二个阶段，产品定型，产品差别化程度低，创新重点转向旨在降低成本的过程创新，产出增长快，同时无效厂商退出；第三个阶段为产品衰退或更新时期。而 Gort 和 Klepper(1982)的划分已经形成了由"产品"向"产业"生命周期的过渡，他们按照产业中的厂商数量划分了产业生命周期，即引入、大量进入、稳定、大量退出(淘汰)和成熟等 5 个阶段。阶段 2 的大量进入源于外部的产品创新，阶段 4 的大量退出是由于价格战、外部创新减少和通过干中学方式所建立的效率竞争，阶段 5 为产业成熟期，直至有重大技术变动或重大需求变动产生，开始新一轮生命周期。

另外，企业作为产业构成的微观单元，其生命周期问题更多被管理学界所关注，企业生命周期将企业视为生物体，围绕着诞生、成长、壮大直至死亡的这一主线划分周期阶段，并与企业管理风格、管理战略目标等结合，形成了生命周期理论较为独立的一个分支(Greiner，1997；Adizes，1989)。

斯蒂格勒(Stigler，1968)发展了斯密的分工思想，提出了产业生命周期假说，认为"在各个产业的成长过程中，典型趋势是垂直分离，而逐渐衰落的企业之发展趋势才是垂直一体化"。在产业新生期，市场狭小，由于不具备规模经济，所以这个时期该产业的企业大多是垂直一体化的"全能"企业，分工体现为企业内分工；随着产业发展和市场扩大，企业内部分工便转化为社会分工，各专业化企业承担各个再生产环节；产业衰落期，市场和生产规模缩小，社会分工又转化为企业内部分工。

---

① 生命周期是指具有生命现象的有机体从出生、成长到成熟衰老直至死亡的整个过程。

对经济周期的宏观讨论,无法深入到中观的产业层面和微观的企业(产品)层面。而从产品生命周期理论开始,生命循环的隐喻被应用到了区域经济发展的基本单元——产品、企业上,以及由它们组成的产业上。虽然没有涉及更多的产业区域变迁分析,但对周期背后的驱动机制已经有了旗帜鲜明的探讨,如创新的发展、技术的变化、产品的标准化、市场的成熟度,以及分工的深化等。

## 二、集群(产业区)周期理论

20 世纪 70 年代,产品及产业的生命周期思想被应用于集群(产业区)循环变迁的分析。早期文献可参见 Norton(1979)和 Rees(1979)的研究,他们认为产业区域发展与产业的生命周期相联系,也有涨落。Rees(1979)列举了美国制造业带在战后向南部"阳光产业带"(sunbelt)转移的例子,认为产业成熟和可以标准化以后,一定会去寻找低成本生产的区位。Porter(1990)的产业集群概念提出后,将集群(产业区)当作一种生物组织的对映体,探讨其如何随时间实现生命周期的演化、转变的文献大量增加。一定程度上,学界对集群生命周期的兴趣是受到"经济地理演化范例"的激发(Boschma 和 Frenken,2006)。典型的集群生命周期划分如表 2-1 所示。

**表 2-1　集群生命周期的典型文献**

| 作者及年份 | 生命周期划分 | 转化主线 | 衰退的主因 |
| --- | --- | --- | --- |
| Moore,1993 | 出生、扩张、领导、自我更新四个阶段 | 产业生态系统网络的演进 | 集群领导者和旗舰企业对集群演进的作用 |
| Tichy,1998 | 诞生、成长、成熟、衰退四个阶段 | 产品技术创新、主导设计与标准化 | 产品标准化以后的过度竞争 |
| Porter,1990;1998 | 出生、发展、可能的衰退或集群解体三个阶段 | 竞争优势的钻石体系的各项要素变化 | "自满"(缺乏创新)与"内向"(缺乏国际化),竞争优势丧失 |
| Rosenfeld,2002 | 萌芽、成长、成熟、衰退四个阶段 | 技术创新的商业化和产业化 | 产品完全由更低成本或更有生命力的产品替代 |
| Menzel 和 Fornahl,2010 | 产生、增长、维持、衰退四个阶段 | 集群规模与企业间知识异质程度 | 集群内知识异质程度降低,企业缺乏新的本地知识来源 |

资料来源:作者根据相关文献整理。

相对于集群生命周期的"必然历史顺序",本书更为关注其周期演化的动力机制。集群生命周期发展与衰老背后有两大治理规则（governing rules）（Martin 和 Sunley，2011）。

一是潜在的产业技术周期。集群生命周期是基于集群活力与技术、产业生命周期阶段的同步对应关系。在产业演化的初期阶段，集群最具经济价值和收益，"本地外部经济"在集群形成初期的作用最为重要（Audretsch 和 Feldman，1996；Klink 和 Langen，2001）。然而，当"主导设计"出现，创新的焦点转向过程创新和生产效率提高（而不是产品设计），集群开始失去优势，这是因为不断增加的拥挤成本和交易成本，或是对现有路径的"集体锁定"（collective lock-in）。因此，在产业演化的后期，企业一般会向低成本区域转移生产。总之，"以产业驱动的集群周期"模式强调"技术知识随时间变得更为标准化、同质化"。产业或集群多样化的下降使集群网络越发固化联系、强化锁定，导致集群吸收能力下降、企业数量萎缩，并使集群创造新产品、新工艺的可能性降低（Wal 和 Boschma，2011）。在这种产业技术规则下，当新产品出现时，会产生新的集群，挑战并破坏老的产业中心（Brezis 和 Krugman，1997）。但同时，如果新技术与主导衰退集群的旧技术存在收敛（convergent）趋势，则该集群可能由于新企业的不断进入而"复活"（revived）（Swann，1998）。

二是特定的集聚过程和机制。集群生命周期在"集聚优势"和"集聚劣势"的平衡中被决定，或者说，"本地外部性"使集群本身产生了生命周期（Potter 和 Watts，2011）。Krugman（1999）认为产业区的向心力（centripetal forces）和离心力（centrifugal forces）之间的动态紧张关系是产业区持续成长的关键，向心力来源于马歇尔所说的三个外部经济来源：专业化供应商队伍、劳动力市场共享、知识外溢。离心力来自以下方面：土地等不可迁移要素使生产要么需要靠近劳工所在地，要么临近消费者；经济活动的集中增加了土地需求，从而抬高租金，妨碍进一步的集中；集中造成了交通拥挤等负外部性。产业区要回避去地方化（delocalization）问题和保持生命活力，就必须增强向心力、减小离心力。Martin 和 Sunley（2003）通过对集群成本和收益的比较，认为产业的集群化发展可能因为收益效应而增强，也可能由于成本效应而趋于瓦解。

按照第二种治理规则，如果存在过度集聚，集群的衰退就和产业周期脱离了关系。Iammarino 和 McCann（2006）强调，集群通过在不同类型的组织机制间转移实现演化,这些机制包括单纯的集聚、产业复合体、新的或旧的社会网络等。这种转移取决于集群的类型、演化路径,以及集群所在的地方,而不为产业阶段、技术知识所决定。Menzel 和 Fornahl(2009)比较了 20世纪 90 年代硅谷繁荣的计算机产业和波士顿地区萎缩的同类产业,认为在相同的市场和技术条件下,一些集群可以成长而另一些则衰退,说明集群生命周期不同于产业生命周期。集群可以通过多样化引入新产业,以逃脱技术衰退的冲击,这样,集群与产业就被"分离"开了,可以引发集群新的生命周期循环。

集群生命周期理论也受到一些批判。一方面,从产业区衰退与重构角度看,集群(产业区)生命周期理论并没有回答"为什么产业区会失去其创新产品、复兴本地经济的能力"这一关键问题(Boschma 和 Lambooy,1999b)。例如,对于 Rees(1979)的产业转移案例,Lambooy(1986)认为这不能证明去地方化过程一定会损害领导产业区(leading industrial regions)的主导能力。这种转移或许更好,可以使区域内的领导企业专注于研发和技术学习,而生产则转至低成本区(Storper,1992)。另一方面,将集群周期看作一个完整的种群(系统)所经历的演化,应当包括种群内各部分的变化,以及各部分中基因(特征)的变化。当集群出现和发展时,新企业进入,而一些企业可能退出,即组成集群的企业随时间变化;同时,组成集群的企业的特征也在变化,如它们的产品、技术、标准、商业模式等。因此,集群应当被看成一种"复杂系统"(composite system),而这样一种复杂系统沿着一个简单的生命周期轨道变化,其必然性受到质疑(Martin 和 Sunley,2011)。

# 第三节 制度变迁理论

## 一、制度与制度厚度

制度是一个社会的博弈规则,是一些人为设计的、形塑人们互动关系的约束。制度构造了人们在政治、社会或经济领域里交换的激励。制度包括正式规则和非正式规则,前者如政治(和司法)规则、经济规则和契约等;后者包括常规、习俗、传统、惯例等。制度变迁决定了人类历史中的社会演化方式,因而是理解历史变迁的关键(North,1990)。

经济地理的制度转向从重视制度形式及构造到更为强调制度过程,强调制度、经济、文化、政治形式的共同演化,以此来理解区域发展的制度动力。Martin(2000)提出了制度主义经济地理学的三个主要概念范畴:(1)理性选择制度主义,制度被看成回应相对价格和交易成本变化所做的"竞争选择"的市场行为的结果,制度演化的轨道是由竞争选择决定的;(2)社会学的制度主义,将经济看作社会—制度的"嵌入"系统,制度变迁是围绕着新的社会合法性逻辑或新的共享认知地图而进行社会建构的过程;(3)演化制度主义或历史制度主义,关注制度结构如何随时间演化,以及这种演化对资本主义历史动态的影响(苗长虹、魏也华、吕拉昌,2011)。

在新制度主义(特别是历史制度主义)的基础上,经济地理学者们更关注地方制度对区域发展的影响。新区域主义将制度看作"社会资本",以民主、信任、互惠等为核心的社会资本供给,既能促进合作经济的形成和区域学习能力的提高,又能及早预见和抵抗市场风险。社会资本与其他资本形式相比更为稀缺(Amin,1999b)。

制度对于经济发展模式、经济绩效具有重要影响。如孙斌栋(2007)比较了温州与苏州的农村工业化进程,苏州以集体经济为主要特征的农村工业化模式是源自那里崇尚集体主义的制度环境;而温州以民营经济为主导的工业化可归因于当地民营经济传统。制度导致发展模式差异,并进一步导致不同的经济绩效。

Amin 和 Thrift(1994)提出了"制度厚度"(institutional thickness)概念,用以强调地方发展的社会和文化因素作用。地方制度厚度可以定义为包括机构之间的相互作用与协同、多个主体的集体认同、共同的产业目的、分享的文化规范与价值等四方面因素的有机结合。根据制度的"厚"与"薄",区域经济发展可能有着四种关系:(1)"厚而有效",制度厚度促进区域发展,如第三意大利的情况;(2)"厚而无效",如英格兰东北部、苏格兰低地的情况;(3)"薄而有效",如英格兰南部动力山谷的情况(Henry 和 Pinch,2001);(4)"薄而无效"(苗长虹、魏也华、吕拉昌,2011)。可见,制度厚度并不一定是恩惠,也可能是陷阱,它会产生对变化和创新的抵制。在产业区重构的过程中,制度厚度扮演怎样的角色还有待经验型案例的研究。

## 二、制度变迁:方向、动力与过程

North(1990)提出了制度变迁的基本观点。首先,制度变迁的主角

(agent)是组织及其企业家(entrepreneurs),他们在追求目标最大化的过程中,逐渐改变着制度结构。其次,制度变迁来自于变化的相对价格①和偏好。相对价格变化带来潜在收益,而这种收益无法在原有的制度框架下获取(Davis 和 North,1971),实现收益的努力引起了原有制度的变迁。相对价格的长期根本性变化,将改变人们的行为模式及人们对行为标准之构成的合理解释,会影响偏好(preferences)。二者相互作用促进制度的进一步变迁(North,1990)。制度变迁是一个复杂的过程,通常由对构成制度框架的规则、非正式约束、实施形式的"边际调整"所组成,但非正式规则的变迁与正式规则并不同步。偶然事件、学习以及自然选择对非正式约束的变迁发挥着作用(Boyd 和 Richerson,1985)。多数的制度变迁是渐进式的,因为非正式规则通常有着"生存韧性",导致建立新均衡的过程总是不那么"革命"(North,1990)。制度变迁总是呈现路径依赖的特征,发展路径一旦被设定在一个特定的进程上,网络外部性、组织的学习过程,以及源于历史的主观模型,就将强化这一过程。

North(1990)认为,有两种力量塑造了制度变迁的路径:一是报酬递增;二是以明显的交易费用为其特征的不完全市场。在报酬递增情况下,制度变迁有着自我强化机制,它决定了经济的长期路径。但如果市场是完全竞争的,且交易费用为零,在合理的偏好假设下,就不会出现不同的路径,而且低绩效也不会长期驻存②。由于现实世界是不完全市场,信息反馈不连续,交易费用十分显著,行为人的主观模型就会塑造路径(North,2008)。

国内学者根据中国的改革路程提出了制度变迁的路径类型。林毅夫(1989)区别了两种制度变迁类型——诱致型制度变迁和强制型制度变迁。诱致型制度变迁指的是现行制度安排的变更或替代,或者是新制度安排的创造,由个人或一群人在响应获利机会时自发倡导、组织和实行。与此相反,强制型制度变迁由政府命令和法律引入和实行。实际上,前者是一种所谓的交易观,即制度变迁是经济活动中各当事人面临获利机会而自发进行的制度创新;后者是一种政府主导论,即政府通过供给新制度实现制度变革(周业安,2000)。另外,杨瑞龙(1998)提出了中间扩散型制度变迁,认为地方政府作为权力中心推进制度供给的行政代理人,在与权力中心和企业主

---

① 相对价格的变化包括:要素价格比例的变化、信息成本的改变、技术的变化等。

② 因为报酬递增,且没有交易费用,发展路径有了问题就会及时得到调整。

体的合作博弈中,形成了一种新的制度变迁方式(或过程);他还指出,"我国在向市场经济过渡中制度变迁方式的转换将依次经过供给主导型、中间扩散型和需求诱致型制度变迁三个阶段"。

历史上看,产业区重构一般伴随着制度变迁,制度厚度和制度变迁理论的观点有助于理解产业区重构的行为人作用,变迁来源,重构的模式、过程和机制等。例如,温州产业区的形成被普遍认为是需求诱致型制度变迁过程(史晋川、朱康对,2002),而其重构过程又受到制度厚度的影响,并呈现路径依赖特征。

## 第四节　演化经济地理理论

### 一、演化经济地理的分析框架

20世纪70年代,演化经济学作为与新古典经济学相抗衡的"异端"经济学被提出,并被定义为对经济系统中新奇的创生、传播和由此导致的结构转变进行研究的学科(贾根良,2004)。经济地理学者从演化经济理论和分析方法(虽然还不成熟)中汲取了营养,特别是其动态性、不可逆过程和将新奇作为自我转变的根本原因,出现了经济地理的演化转向。演化经济地理(evolutionary economic geography,EEG)可以概念化为:从出现、生长、衰退和企业退出等基本过程,以及区位选择行为出发,来解释企业、产业、网络、城市和区域的空间演化(Boschma 和 Frenken,2011)。EEG 更为关注经济新奇(economic novelty,包括创新、新企业、新产业、新网络)的空间问题(Boschma 和 Martin,2007),并形成了三个主要的理论框架:(1)广义达尔文主义[①](Essletzbichler 和 Rigby,2007;1997),强调多样化实体种群如何通过它们自身之间以及与它们的环境之间的相互作用进行演化;(2)复杂性理论(Frenken,2006;Martin 和 Sunley,2007;Plummer 和 Sheppard,2006),强调多样性创造;(3)路径依赖理论(Martin 和 Sunley,2006),强调现存信息和知识的保留(见图 2-1)。尽管各自框架明确,但三种理论在使用中常有重叠(Boschma 和 Martin,2010)。

---

① 也称新达尔文主义(neo-Darwinian)。

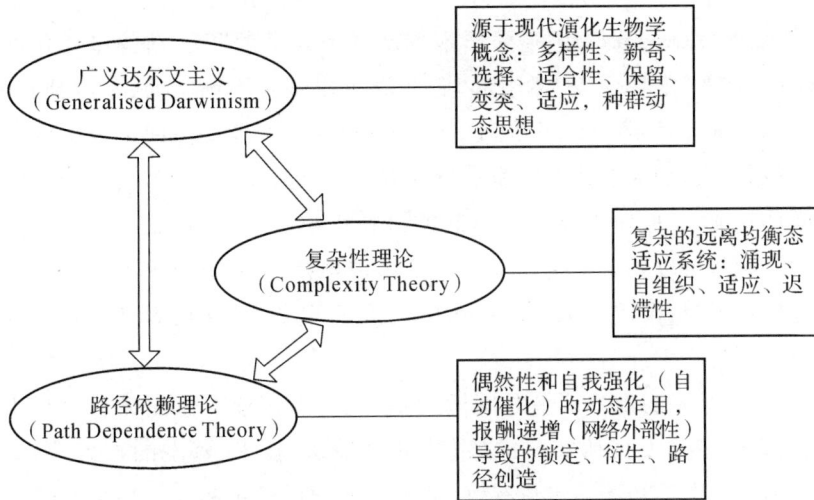

图 2-1　EEG 的三个主要理论框架

资料来源：Boschma 和 Martin,2010；作者整理。

## 二、广义达尔文主义：惯例、机会、选择与产业空间演化

广义达尔文主义试图用一系列生物演化隐喻来解释经济演化与空间过程。Nelson 和 Winter(1982)将"组织惯例"(organizational routines)作为演化经济分析的基本单元(惯例起着基因的作用)，经济演化可以理解为惯例在组织实体(企业)间的选择性传递。惯例在企业间的复制是不完全的，于是产生了惯例的多样性(variety)。在竞争和制度约束下，多样性是不断降低的。同时，新惯例通过创新会产生，其中一部分将存在下来进入选择过程(selection process)。企业衍生(spin-off)和劳动力流动是惯例复制的主要载体，因此复制多是"地方化"的(Klepper,2007)。企业衍生及惯例的空间演化过程多是在地理上的家族血统结构下进行的(产业区会出现在那个最初父辈企业偶然出现的地方)，在此结构中，成功惯例有更高的存活机会，并传递到其他的本地企业。新惯例一般源自技术相关惯例(Frenken 和 Boschma,2007)，于是形成区域发展的相关多样性(related variety)。经济发展的演化分异(branching)既是路径依赖的，也是地方依赖的(place-dependent)(Martin 和 Sunley,2006)。

Boschma 和 Lambooy(1999a)将新产业区的形成对应于新多样化(new variety)种群的形成，新产业在哪里出现是随机的，受机会事件(chance events)影响。"机会"可以定义为"一个新产业被潜在的、特定的触发事件所引发",而触发(trigger)是"主要技术创新的潜在资源"①。新的多样化本身由无处不在的"潜在触发"所引起,它在哪里出现是不确定的、不可预知的。另一方面,选择环境(selection environment)在新产业的空间形成中的作用可能没那么大,因为新技术的需求与现有的生产环境之间有鸿沟,选择具有"间断性特征"。但这不能否定空间的潜在影响。首先,一般性因素不同于特殊性因素,可以刺激影响新多样性的区位选择(尽管刺激程度有限②);其次,选择对于"负锁定"(negative lock-in)是重要的,特殊性因素会阻碍区域的调整进程。

由于新技术与地方环境之间鸿沟的存在,新产业有意或无意地利用自身能力去改造其发展所需要的条件(如对知识、技术、资本的投入等)。所以,成功区域在最初不一定最有效,是新产业的成长过程为本地生产环境提升了效率(报酬递增的过程);而一些失败区域可能是因为它们一开始就没有成为新产业的"宿主地区"(host region)。如果这种观点是正确的,那么"选择"可以解释失去活力的老产业区的调整问题:它们应当突破路径依赖的严格边界,通过本地的调整战略选择新的产业,新产业(新的多样性)为当地提供了"本地机会窗口"(the windows of locational opportunity),通过行动者的作用,帮助区域摆脱过去的刚性继承(Boschma 和 Frenken,1999)。

演化经济地理对产业空间集聚有两个重要暗示。其一,空间集聚存在路径依赖,因为第一代企业不是衍生的,而是来自于相关产业或区域,这些产业或区域与新产业有联系,有更大的机会产生这个新产业,即存在着"巨大的潜在经验企业池"。因此,区域多样化需要技术相关产业的本地存在,新产业将通过重组(recombination)从中产生,这一过程就是"分异"(branching)(Frenken 和 Boschma,2007)。其二,集群有望在缺乏本地经济的地方出现,关键是从被选择于区域的一部分成功父辈企业那里很好地执行"衍生"过程,即高效的"继承"(inheritance),包括知识、组织能力、网络关

---

① 例如,英格兰缺乏煤炭的康沃尔地区(Cornwall)生成了以铜、锌矿生产燃料节省的瓦特蒸汽机产业;而密德兰地区(Midlands)富有煤矿,于是触发其以焦炭为基础的钢铁产业生成(Boschma,1997)。

② 例如,城市化经济(urbanization economy)为本地行动者的适应提供了很大灵活性,但由于"一般条件"在空间上有着广泛的可获得性,也很难去预料这些条件将在何处引发新产业的发展。

系、品牌等。当然,继承的传递过程是"嘈杂的"(noisy),可能取决于产业性质、衍生动机,以及父辈企业与衍生企业间的地理距离。另外,广义达尔文主义的追随者们还就马歇尔产业区的衰退,围绕其三大外部性优势进行了演化解释,如表2-2所示。

表 2-2　马歇尔产业区(MID)衰退的演化解释

| MID三大优势 | 衰退阶段的问题 | 演化理论的解释 | 相关文献 |
|---|---|---|---|
| 1. 共享本地熟练劳动力市场 | 依赖本地熟练劳动力资源的企业,通过劳动力流动继续专注于过时的技术、旧规则,承受更高的劳动力成本 | 通过本地劳动力市场,将惯例在不同的本地企业间继续流动,类似于生物的基因流(gene flow) | Slatkin,1987;Frenken和Boschma,2007 |
| 2. 共享本地供应链 | 锁定于本地竞争力低下的旧供应链网络(得到过时的、低质、高价产品) | 通过企业群的共同演化(coevolution)而被锁定 | Ehrlich和Raven,1964;Norton和Rees,1979;Grabher,1993 |
| 3. 享受本地知识外溢 | 本地的知识趋向陈旧,难以接收由世界其他地方新兴的产业区和新产业所产生的新知识 | 类似于生物界的平行基因转移(horizontal gene transfer),过多的本地平行基因转移不如全球的平行基因转移更易传播新知识 | Ridley,2004;Martin和Sunley,2006 |
| 后果1:产业区规模下降,众多企业通过地理空间的分散去寻找新的可以增加绩效的资源;类似于生物界的分散生存(biological dispersal)。这将最终促进全球生产网络、全球价值链和网络经济的形成,不再依赖原始的产业集聚区域,又类似于生物神经网络(biological neural network)。 | | | Bair和Gereffi,2001;Henderson等,2002;Johansson和Quigley,2004 |
| 后果2:在产业生命周期的后期,马歇尔式产业集聚不再产生促进区域发展的报酬递增;相反,在长期看来将降低企业绩效,形成报酬递减,对区域发展产生负面影响。这类似于一个生态演替(ecological succession)过程。 | | | Huston和Smith,1987 |

资料来源:Potter和Watts,2011;作者整理。

## 三、复杂性理论:对产业区生命周期的新认识

复杂性理论起源于20世纪40年代,随着对自然科学、物理领域的非线性、远离均衡态系统(far from equilibrium)的动态性能和结构转变的研究深化,这一理论在20世纪70年代得到快速发展(Nicolis和Prigogine,1989)。

复杂性思想(complex thinking)不仅被用于经济领域,也被用于经济社会历史、考古学、政治学、组织和管理理论、计算科学等,人文地理领域也出现了一些研究应用(Gattrell,2005;Harrison 等,2006)。复杂系统(complex systems)是具有自组织行为(self-organising)特征,由共同演化交互作用(co-evolutionary interactions)所驱动,具备自发排列其内部结构的适应能力的系统(Pavard 和 Dugdale,2002)。Beinhocker(2006)总结了将经济看作复杂性系统(相对于传统经济系统)的一些主要特征,如表 2-3 所示。

表 2-3　复杂性经济系统与传统经济系统的区别

|  | 复杂性经济系统<br>(complexity economics) | 传统经济系统<br>(traditional economics) |
|---|---|---|
| 动力 | 开放的、动态的、非线性(non-linear)系统,远离均衡态 | 封闭的、静态的、均衡线性系统 |
| 行动者 | 个体模式,行动者使用归纳性的拇指规则(inductive rules of thumb)做决策,被错误和偏见支配,但随时间进行学习和调整 | 整体模式,行动者使用复杂的演绎运算(complex deductive calculations)做决策,具有复杂信息,没有错误和偏见,不需要学习和调整(已经完美) |
| 网络 | 个体间明确的交互模式,网络随时间在相应调整 | 假定行动者仅通过市场机制进行间接的相互作用 |
| 生成 | 宏观、微观之间没有区别,宏观模式是微观行动相互作用的结果 | 微观和宏观层面各自具有不同的规律 |
| 演化 | 分化(differentiation)、选择和扩张(amplification)的演化过程为系统提供了新奇,是有序和复杂化增长的原因 | 不存在内生创造新奇或有序的、复杂化增长的机制 |

资料来源:Beinhocker,2006;作者整理。

复杂性理论为我们理解产业区(集群)的周期变化开辟了新视角。Martin 和 Sunley(2007)认为产业集群可以看作一个"复杂适应系统"(complex adaptive systems)。复杂适应系统由大量功能性和相联系的部件组成,是一个有特定特征的整体,并具有一定程度的连续性,系统与环境保持交换(exchange),且它们的边界是不固定的。而 Porter(1998)所定义的集群,也具有这些特征,例如相关联企业、专业化供应商、服务商、相关机构等的地理集中,即企业间合作又竞争的关系,集群的边界很难界定,是开放性系统,与同一产业的其他集群竞争,与它们的外部环境之间存在交换。

### 四、路径依赖理论：均衡、锁定与路径创造

David(1985)关于打字机键盘的探讨首先提出了路径依赖(path dependence,PD)概念。Arthur(1989)提出技术的路径依赖,即微小事件使一种技术比另一种技术更具优势,其自我强化机制导致多重均衡、可能无效率、锁定及路径依赖。经济地理的演化转向使路径依赖概念被大量使用,成为当代经济地理最令人激动的思想(Walker,2001);Scott(2006)甚至将其上升到本体论(ontology)高度,称区域增长和发展源于路径依赖的经济演化。路径依赖思想体现了对历史重要性的强调,Walker(2001)将其定义为:过去所做的选择,如嵌入机器和产品设计的技术,作为专利或特殊能力而获得的企业资产,或是通过学习获得的劳动技能等,将影响方法、设计、实践等的后续选择,这就是路径依赖。虽然不是严格的"过去决定论",但却有一张较为确定的"路线图",落入其他路径是较为困难的。Harris(2004)、Page(2006)给出了路径依赖的一个简化模型,即:

$$X(t+1)=F_x(t)[h(t)X(t)] \tag{2-1}$$

其中:$X(t)$ 是经济结果或现象,如产品或技术的市场份额,或某区域特定产业的企业数量、某一区域在特定国家产业中的份额等;$h(t)X=\{X(t),X(t-1),X(0),Y(t+1),Y(t),Y(t-1),\cdots\}$,是 $X$ 自某一初始状态$(t=0)$以来的历史结果;当探讨的行为首次出现,直到当前时间点 $t$,任何其他的因素都表示为 $Y$,它们也导致了 $X$ 随时间的发展。$X(t)$ 是结果函数,显示了进入下一个结果的历史。

结果函数至关重要,决定了 $X$ 的先前历史在多大程度上、以什么样的方式影响了它的未来演化路径。据此模型,经济(区域)当前的状态依赖于它从哪里来,以及它是如何到达那里的,这就是路径依赖的本质含义。

Martin 和 Sunley(2006)在路径依赖基础上提出了"地方依赖",强调在特定环境下,经济发展自我强化的地方偶然性。经济图景的技术改变、经济结构、制度形成等在地理模式上有"准固定性"(quasi-fixity)。锁定是路径依赖理论的核心概念,可以作为经济地理演化视角的理论核心(Hassink 和 Shin,2005),其充分体现了历史偶然性与自我强化机制的结合,并驾驭技术、产业、区域沿着一条特定路径发展(而不是其他路径)。许多地理学者呼吁将路径依赖与锁定概念用于产业区(集群)演化的研究(Storper,1997;Cooke 和 Morgan,1998;Boschma,2004;Bathelt 和 Boggs,2003;Gertler,

2005；Hassink，2005a、2005b；Hassink 和 Shin，2005），他们探讨了各种报酬递增的本地化特征和地方变体，如本地专业化劳动力池、本地知识溢出、本地企业间劳动分工、企业间的各种贸易/非贸易依赖等。

学者们对于路径依赖及锁定的过程有着不同的理解。传统的路径依赖模型延续了新古典的均衡分析思想，认为路径依赖是间断均衡（punctuated equilibrium）、暂时均衡（temporary equilibrium）和多重均衡（multiple equilibrium）的过程（David，1985；Setterfield，1997）。而 Martin（2010）认为经济、区域的演化是远离均衡态的，是一个开放的持续适应和变化的过程①。图 2-2 给出了代表性的四种路径依赖过程模型。

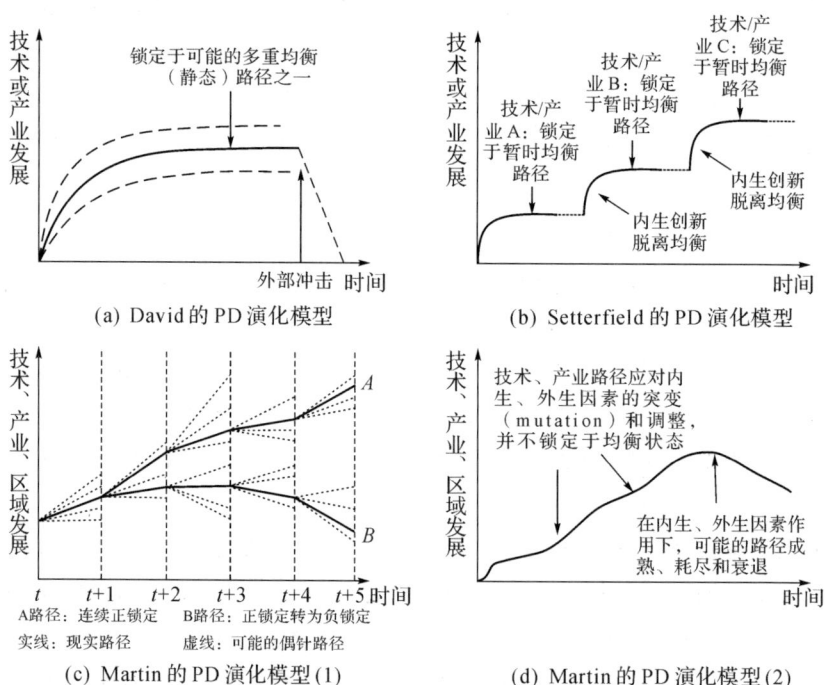

(a) David 的 PD 演化模型

(b) Setterfield 的 PD 演化模型

(c) Martin 的 PD 演化模型（1）

(d) Martin 的 PD 演化模型（2）

图 2-2　不同的路径依赖过程模型

资料来源：David，1985；Setterfield，1997；Martin 和 Sunley，2006、2011。

第一种是戴维型（David-type）的 PD 模型，如图 2-2（a），根据历史的偶然性选择，从多重可能路径中锁定于其中之一的静态均衡结果。一旦锁定，只

①　实际上，产业区的许多案例研究已经证明，一些高技术产业区没有间断均衡特征，而第三意大利等传统产业区也显示出演化路径的多样性（Belussi 和 Sedita，2009）。

有靠某种外部冲击(external shock)才能实现路径的解锁(de-lock)。第二种是塞特菲尔德型(Setterfield-type)的 PD 模型,如图 2-2(b),与戴维不同的是,最初的偶然性选择达到的路径依赖是一种暂时均衡,这种均衡被随后的内生创新(endogenous innovation)过程(不是靠外部冲击)打破,并进入下一个暂时均衡状态。戴维型的 PD 模型只是一种类型的演化路径,是一种静态均衡,解释力有限。塞特菲尔德型的 PD 模型更为强调内生力量,但暂时均衡仍没有脱离均衡主义的路径依赖理解,而系统往往是远离均衡态的(Martin 和 Sunley,2011)。

　　Martin 和 Sunley(2006)给出了一个图 2-2(c)所示的 PD 模型,技术、产业、区域在发展的不同时点上均会面临各种锁定可能,它们中的一些连续遭遇负锁定,走出了一条衰退路径;另一些则成功调整,走出了一条所谓的正锁定路径。这其中的关键是区域经济的调整能力。为了批判 David 和 Setterfield 的基于均衡的 PD 思想,Martin 和 Sunley(2011)又提出了一个 PD 的非均衡模型,称之为"动态开放的历史过程",如图 2-2(d)所示。技术、产业和区域的路径不仅被最初的偶然事件所影响,也会被其自身的路径依赖过程所影响。换句话说,技术、产业、区域的路径和与它们相关的路径在共同演化(co-evolve),这一系统不会达到任何的均衡状态,而是允许出现各种可能的演化路径。路径同时受到内生(endogenous)与外生(exogenous)因素的影响,可能会在某一时间达到成熟和开始衰退的顶点。

　　路径依赖过于强调经济再生产系统的复制功能,而对激励创新的角色不予重视(Martin 和 Sunley,2006)。David(2005)也认为,路径依赖理论主要是恢复了历史因果解释经济发展的重要性,但过于强调随机事件作为路径生成的来源,却限制和破坏了这种原因解释。路径创造(path creation)没有唯一的模式,但应当强调企业家的战略决策和对过去路径"主动差异化"(mindful deviation)打破行为的重要性。在行动者的路径创造过程中,延续性和改变同时存在,逐步对过去进行重构和转化(Garud 等,2001)。Garud 等(2010)比较了路径依赖与路径创造的内涵:在路径创造中,初始条件不是给定的,而是被一些调配历史资产的行动者所建构,企业家动用资源、思想、人力等创造新的路径;偶然性也不是给定的,只是特定的行动者更易捕获特定路径,而排斥了其他人;自我强化机制就是一种积累和培训的过程;熊彼特式的"创造性破坏"将打破锁定,行动者通过创新淘汰自己原有的路径而持续生存下来。

表 2-4　路径依赖与路径创造

| 类　别 | 路径依赖 | 路径创造(path creation) |
|---|---|---|
| 初始条件<br>(initial conditions) | 给定(given) | 建构 |
| 偶然事件<br>(contingencies) | 外生；不可预知；随机事件 | 自然发生；对持续行为所处的环境起作用 |
| 自我强化机制<br>(self-reinforcing mechanisms) | 给定 | 行动者的战略措施 |
| 锁定 | 黏着(stickiness)于缺乏外部冲击的路径和结果 | 在广泛建构过程中的临时稳定状态(provisional stabilizations) |

资料来源：Garud 等,2010,Table I。

# 第五节　产业区创新理论

内生增长理论认为,一个封闭的经济系统在不依赖外部条件的情况下实现持续增长是可能的,其核心动力就是学习、知识积累与创造(Philip,2004)。产业区研究的"创新环境学派"和"区域创新系统学派"从学习、创新的视角解释产业区的发展。欧洲创新环境研究小组(GREMI)将区域发展解释为一定地域内创新活动和创新环境协同的结果,地方环境并不能长期保证创新能力的连续再生,跨区域网络和创新环境的结构变革对持续的创新非常重要(Camagni,1997)。区域创新系统学派认为,创新是人员、企业、大学、政府研究机构等行动者之间相互作用而促发的知识流动和知识转化过程,而区域支撑其企业学习创新的能力是区域竞争优势的关键来源(Storper,1997)。

技术学习与创新的发生机制有助于从知识流动和转化角度理解产业区的动态改变。经济地理学对技术学习和创新发生机制的认识深化过程,经历了"地理接近"、"关系接近"和"制度接近"等阶段。(1)韦伯"工业区位论"中的地理集聚经济和马歇尔产业区的三个外部性,均强调了地理接近(集聚)与面对面交流对于学习和创新的重要性。产业区中默会知识(tacit knowledge)的生产和扩散对地理接近强烈依赖,具有"空间黏结性"(Gertler,2004)。Storper(2004)将面对面交流的综合效应称为"传言"

(buzz),地方化的、产业特定的知识扩散是通过高质量的传言实现的。(2)而Amin和Cohendet(2004)认为,组织接近和关系接近在促进默会知识的生产、辨识、占有、传播方面比地理接近更重要。全球化所带来的"跨国社团"兴起和大规模人口跨界流动与迁移,使得基于网络的跨界技术学习备受关注(Williams,2006)。"实践社团"、"虚拟社团"使默会知识依赖的"地方情境"转向"组织惯例",从而实现跨区域和国家边界流动。(3)不论是地理接近还是关系接近,均是将"接近"放入特定的社会文化结构与制度中来认识(Gertler,2004),二者均取决于"制度接近"。制度接近将技术学习与创新置于"行为者—网络"、"嵌入"、"路径依赖"等动态演化的视角去理解。Scott(2006)反思了看待创新与其嵌入的社会关系相互作用的二元性视角,认为个人、企业、制度、基础设施、交流通道等群集网络的多尺度相互依赖,形成了充满多样协同增进作用的"创造场"(creative field)。"创造场"是复杂学习过程和知识积累的重要场所,但这种制度秩序是受路径依赖影响的。苗长虹(2006)提出的"学习场"、"学习型产业区"分析框架,则将全球化与"调节学派"的理论融入技术学习分析。以上关于技术学习和创新的发生机制,均需要地方实践案例的进一步检验。

## 第六节　全球化背景下的地方发展理论

### 一、全球价值链治理与地方产业区升级

在地方产业区(集群)升级(upgrade)的问题上,新区域主义与全球价值链(GVC)研究者都认为互动交流、治理(governance)是升级的关键,治理对于知识、创新产生、转换和扩散非常重要。而不同之处是:前者强调企业与地方制度的交互、地方治理(例如Cooke和Morgan,1998);后者强调企业与全球购买者、生产者及分销系统的联系,全球领导企业承担了全球产销体系的功能集成和协作主导,本地企业通过向全球购买者学习,可以实现产品升级(例如Gereffi,1999;Dolan和Humphrey,2000)。Gereffi(1999)关于东亚服装产业区的案例显示,发展中国家的生产者通过融入GVC,可以走出"CMT—OEM—ODM—OBM"的升级路径。这里以服装产业(apparel)的功能升级过程为例(Frederick,2010;Karina等,2012)来进行说明,如图2-3所

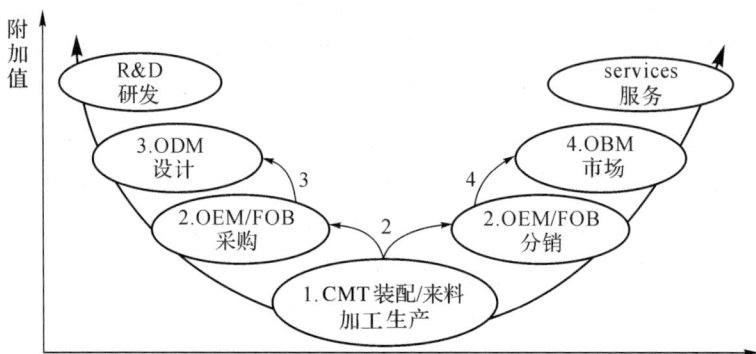

图 2-3  服装产业全球价值链的功能升级阶段

资料来源：Frederick，2010；Karina 等，2012。

示。(1)发展中国家的企业最先进入装配和来料加工(CMT)生产；(2)通过发展采购和直接分销的能力，企业/国家升级为全包(FOB)或原始设备制造商(OEM)；(3)通过增加设计功能，全包供应商升级到原始设计制造商(ODM)；(4)通过整合商标、增加或替代设计制造，企业升级到全球价值链的自有品牌生产(OBM)阶段。

但 Schmitz 和 Knorringa(2000)对服装产业的研究显示，地方生产者走向 ODM 和 OBM 的过程会受到全球购买商的阻止，权力关系限制了功能升级和价值链上的知识流动。因此，在 GVC 框架下讨论地方产业区的升级，需要区分不同的升级模式和不同的价值链治理类型。产业升级类型可以分为以下四种类型：(1)流程升级，通过重组生产系统或引入先进技术，使流程更加高效；(2)产品升级，通过新产品研发，提高单位产品价值；(3)功能升级，通过获取新功能，改变在价值链中所处位置；(4)链条升级，也称部门间升级，即转向新的、更高附加值的价值链(Kaplinsky 和 Morris，2001；Humphrey 和 Schmitz，2002)。

如表 2-5 所示，Humphrey 和 Schmitz(2002)将 GVC 的治理模式分为以下四种类型。(1)市场型(market)，产品标准化或易于定制，采购和供应商之间不必发展紧密联系，能够满足采购商的要求企业数量多，而且两者之间的转换成本非常低。(2)网络型(networks)，企业间紧密联系、模块化合作，采购商可以要求特定的产品标准或流程标准，并相信供应商可以达到。网络型又被 Gereffii 等(2011)区分为模块型(modular)和关联型(relational)。(3)准层级型(quasi hierarchy)，采购商或领导企业不信任其供应商，对供应商及价值链中的其他企业实施控制,明确产品和流程标准,以防范供应风险。准层级型又被 Gereffi 等(2011)称为俘获型(captive),即小供应商高度依赖一小部分拥有权力的采购商。(4)层级型(hierarchy),通过垂直一体化或管理控制,采购商将价值链上企业内部化,直接运营和生产产品。层级型治理多是在生产技术参数难以编码、生产复杂、很难找到可胜任的供应商等情况下采用。

表 2-5　GVC 的治理模式与产业升级类型的关系

| 治理模式 | 主要特征 | | | | 对应的产业升级特征 |
|---|---|---|---|---|---|
| | 产品标准化程度 | 胜任的供应商数量 | 合作程度 | 权力对等性 | |
| 市场型(market) | 高 | 很多 | 低 | 对等 | 产品、流程升级缓慢,对功能升级更为开放、限制少 |
| 网络型(networks) | 较高 | 较多 | 较高 | 较对等 | — |
| 准层级型(quasi hierarchy) | 较高 | 较多 | 高 | 不对等 | 有利于产品与流程升级,但限制功能升级与链条升级 |
| 层级型(hierarchy) | 低 | 很少 | 完全内部化 | — | — |

注:网络型与层级型无对应的产业升级特征。

资料来源:Humphrey 和 Schmitz,2002;Gereffi 等,2011;作者整理。

## 二、全球生产网络与地方发展

以曼彻斯特学派和 Ernst 为代表的全球生产网络(GPN)学者批判了GVC/GCC 研究的缺陷,认为经济过程不应是简单循环和线性流,而应是由复杂的联系和反馈环形成的一系列"复杂流"(complex circuitry)(Hudson,2004)。他们将 GPN 定义为一定正式的规则(契约),通过网络参与者等级层次的平行整合进程来组织跨企业及跨界价值链的一种全球生产组织治理模式(李建、宁越敏,2011)。GPN 分析与 GVC/GCC 的最大区别在于,前者是网络结构,后者是线性的;前者包含了所有相关行为者和联系者,并关注国家及内部地区如何整体嵌入或适应跨国生产体系,而后者关心公司内部治理和国家尺度问题(Coe 等,2004;2008)。Coe 等(2008)虽然肯定了

Gereffi 等(2005)对 5 种价值链治理模式的再解释,赞同网络治理和权力关系是全球生产体系研究中非常重要的考虑因素,但进一步认为 GPN 中的权力配置和权力不对称是极其复杂、偶然并随时间可变的。

Coe、Hess、Yeung、Dicken 和 Henderson(2004)认为在 GPN 框架下,地方发展可以看作在不断变化的区域治理结构背景下,本地关系网络与全球生产网络的复杂互动的动态结果。他们提出了一个 GPN 下的地方发展分析框架(见图 2-4),并强调促进区域发展的,是交互影响因素(如本地因素和全球企业的战略耦合、地区制度与地方资产的依赖与转化),而不是固有的区域优势或固有的全球化配置。曼彻斯特学派的 GPN 地方发展分析,较Ernst(2002)更为实用,改变了新区域主义过于强调地方,以及 GVC/GCC缺乏对全球化过程中地区尺度的关注,为全球化下地方产业区的重构问题提供了一个围绕价值、权力、镶嵌的分析框架。

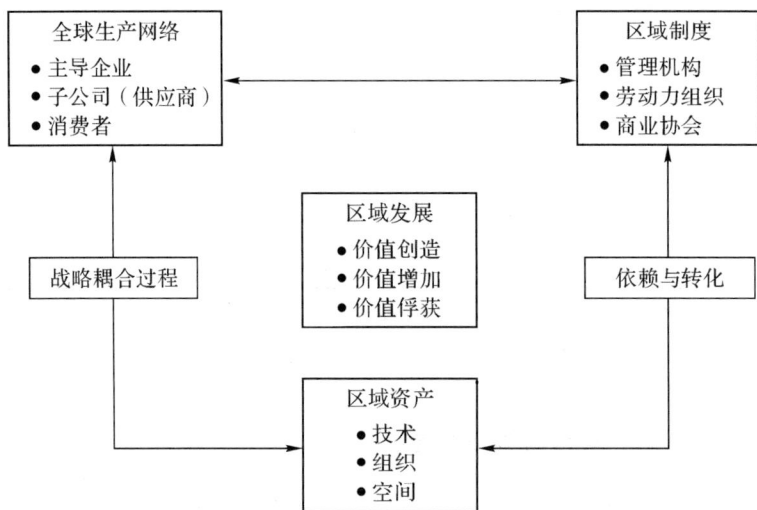

图 2-4　GPN 下的区域发展分析框架

资料来源:Coe 等,2004。

# 第三章 国内外产业区重构研究综述

本章对国内外产业区重构的理论及案例研究进行了梳理。自马歇尔产业区被重新发现,产业区理论出现了两个分支,其一是"成功故事"分支,形成了对产业区形成及发展优势的一系列研究学派;其二是"不成功故事"分支,在对产业区发展涨落现象的观察、对产业区衰退的解释基础上,形成了产业区重构(restructuring industrial district, RID)理论与案例研究的初步体系,这也是本书重点整理的文献部分。本书关于温州产业区重构的研究建立在上述理论体系下,并延伸自新兴工业化国家产业区—中国产业区—东部沿海产业区的案例研究分支。详细的研究脉络如图 3-1 所示。

## 第一节 产业区衰退的相关解释

20 世纪 70 年代,产业区重构问题开始被西方学者关注,当时西方世界的许多老产业区出现衰退现象,面临韩国等低劳动力成本国家的竞争,而之前它们已经经历了长期的经济增长(Norton, 1979)。衰退集中在纺织、钢铁、煤炭、造船等行业,Skokan(2009)将当时西方老产业区的衰退表现总结为以下 8 个方面:(1)经济在重工业和大企业的主导下变得单一而脆弱,无法承受短期的就业波动,老部门面对新的竞争形势时表现出不适应;(2)生产单一产品的本地小企业处于弱势,大企业主导并影响就业和技术结构;(3)高失业率长期持续;(4)社会问题、经济问题、环境问题交织并长期存在;(5)对劳动力的需求维持在较低水平,但一些特定的关键部门又存在技术人员缺口,必要的人力资本无法得到保障;(6)房地产领域存在历史性的投资不足和建设环境的持续恶化;(7)具有忠诚于本地化和强烈的社区精神,并建立了市民社会形式的复杂关系,具有合伙联系的传统;(8)在衰退出现之前,移民的变动使本地的种族人口较为复杂,有时会出现种族关系紧张问

马歇尔产业区（MID）

被重新
发现

新产业区理论 —— 成功故事　静态研究 → 第三意大利（Bagnasco,Bacattini）
第二次产业分水岭（Picre,Sable）
柔性产业综合体（Storper,Scott）

不成功 动态
涨落 研究

区域不平衡发展理论
集群（产业区）周期理论
制度变迁理论 → 产业区重构（RID）　加利福尼亚学派
技术学习与创新理论　　　　　　　　　　　新熊彼特学派
全球化下的地方发展理论　　　　　　　　　产业集群
演化经济地理理论

理论研究

对产业区　　产业兴
衰退的解释　衰转化　　　　　　　　　　案例研究

对集聚优势的质疑　产业结构演变理论
威廉·配第、克拉克、库兹涅茨、
区域专业化衰退（Krugman）　　钱纳里、霍夫曼
刚性专业化陷阱（Grabher）
去地方化（Markusen,王缉慈）
大企业的负面作用（Markusen）　理论背景：
路径依赖（Martin,Boschma）　新的国际劳动分　欧美老工业区：美国"锈蚀带"、德国
锁定（Storper,Grabher,Hassink,Wei）工生产体制转换　鲁尔区
　　　　　　　　　　　　　　　　高技术产业区：128公路、硅谷和剑桥
技术创新　　　　　　　　　　　过程　传统马歇尔产业区：第三意大利
空间重构　　　　　　　　　　　与　新兴工业化国家产业区：东亚、南美
组织重构 → 产业区重构的概念化：机制
制度重构　对负锁定的响应集
产业转型　　　　　　　　　　　　　　　中国的产业区理论引入
全球化　　　　　　　　　　　　　　　　产业区重构案例研究
……

重构周期　　主导机制　　　　计划经济体制下的老工业区
摆动周期　　知识异质性　　　中西部欠发达地区的产业区
适应性周期　产业区适应力　　东部沿海地区的产业区
……　　　　产业区吸收能力
　　　　　　恢复力与弹性　　　温州产业区的起
　　　　　　……　　　　　　　源、演化与重构

重构模式
"嘈杂"与"安静"的重构（Cook）
"深度"与"适应性"重构（Boschma）
……

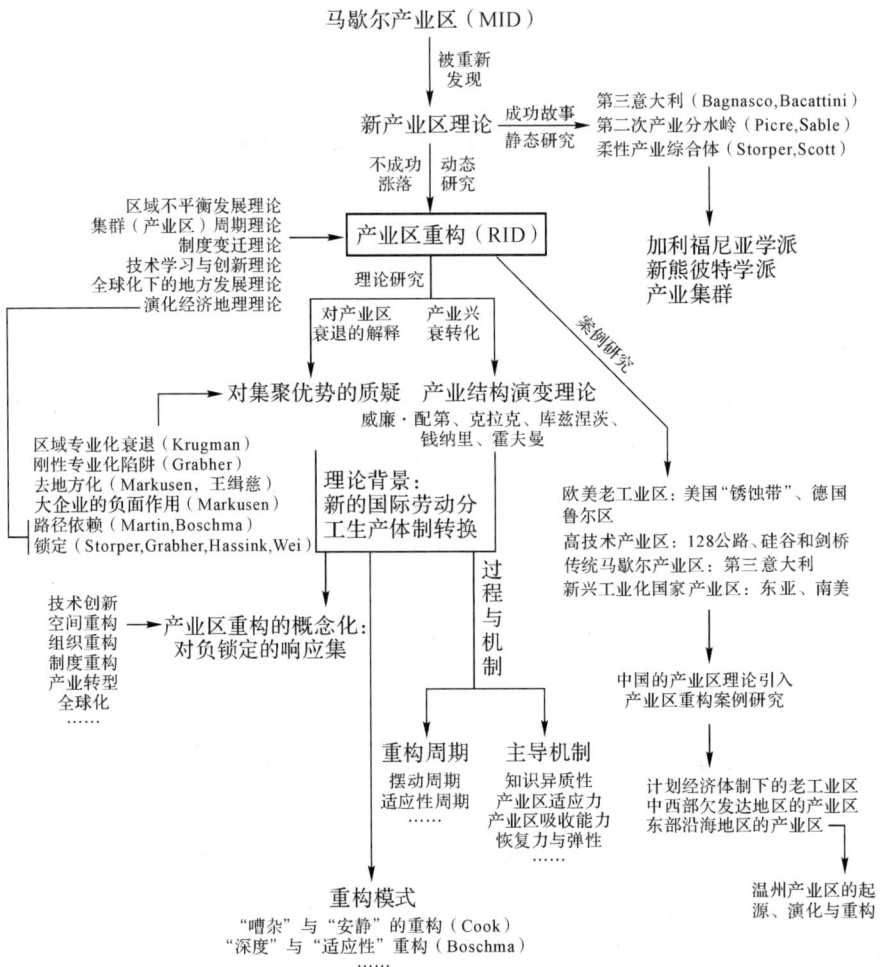

图 3-1　产业区重构研究文献脉络

题。Skokan(2009)认为上述 8 个问题在这些老产业区部分甚至全部存在。究竟是什么原因导致了这些曾经的优势区域的衰退？这些区域是否有机会以及如何实现重构？前一个问题需要首先来回答,对衰退原因的解释成为学者们探讨产业区重构的基础。

产业区的本质是一种集聚(agglomeration)经济,Marshall(1910)最早列举了集聚经济的好处——共享供应商、共享劳动力市场和知识溢出。更为广泛地讲,集聚的优势可以从三个视角探讨:一是结构上的优势,包括人口和生产的区域规模效益、强大的内部劳动分工合作体系、发达的地区专业化

等;Storper(1997)、Nelson(1995)等又延伸出制度结构上的优势,例如促进增长的制度因素、文化、企业家精神的存在等。二是过程上的优势,包括报酬递增、路径依赖、累积因果、外部性等。三是结果上的优势,主要是比其他区域更高的全要素生产率(土地、劳动力和技术等)、创新效率和地理空间景观上的展现(工人、企业的大量集聚与繁荣)等(Boschma 和 Lambooy,1999b)。但不断出现的衰退案例却引发了学术界对集聚经济的质疑:上述集聚经济的好处是否被高估了? 还是集聚本身就不是永恒的? 总之,衰退不应该发生在这些以专业化、集聚经济为特征的产业区。西方对衰退的解释有以下四条线索。

## 一、"去地方化"是集群周期演化的题中之义

支持产业集群生命周期的学者认为产业区的衰退只是到了周期的特定阶段,如 Rees(1979)举出的美国制造业带在战后向南部所谓"阳光产业带"转移的例子,说明了当产业成熟并可以标准化以后,一定会去寻找低成本生产的区位,即所谓"会跑的集群"、"轮子上的集群"。Markusen(1985)、Steiner(1985)强调城市达到一定规模后,去地方化就会发生,这是因为拥挤效应、高的劳动力和土地成本等。王缉慈(2010)引入了美国新英格兰纺织业集群和日本备后(Bingo)服装业集群的两个案例:19世纪初,新英格兰地区的纺织工业兴起,沿梅里马克河和康涅狄格河分布;美国内战结束后,南方地区棉花原料和水、煤、电资源丰富,铁路运输改善,工人工资更低。1880—1924年,新英格兰的纺织企业或者破产,或者整体迁移到低成本的南部亚拉巴马州。日本备后地区是棉纺服装业集群,20世纪60年代飞速发展,70年代生产转移到成本更低的东北部九州,后又迁到中国。王缉慈认为基于低成本优势的集群往往是不稳定的,在行业增长期可以迅速扩张,在行业衰退期则迅速向成本更低的地区迁移。去地方化是集群周期演化的题中之义。

但这并不能证明,去地方化过程一定会削弱原产业区的主导能力。如 Storper(1992)认为,这种转移或许更有利于原产业区分享研发和技术学习的好处,以及转移地区低成本劳动力的红利。Boschma 和 Lambooy(1999b)也认为,集群周期理论并没有回答"为什么产业区会失去它们创新产品、复兴本地经济的能力"这一关键问题。

## 二、高度专业化和经济"去集聚化"

老产业区衰退总是和成熟行业的高度专业化和同时存在的过低增长潜力联系在一起。例如,美国南加州的军用航空产业区,"冷战"结束后,巨大的军事开销不复存在,导致产业区衰退(Scott,1993)。Myrdal(1957)的累积因果理论提出:一旦衰退开始,将自我强化并加剧这一过程。Krugman(1993)则认为,不断强化的地区专业化(他认为是美国市场的高度集成性)使区域更易受到外部改变的冲击(如消费市场变化、技术创新等),导致了"区域专业化衰退"(region-specific recessions)的发生。他认为由于(劳动力)要素存在高度流动性,这种衰退很难恢复。劳动力的高度流动性妨碍了"工资灵活机制"恢复产业竞争力作用的发挥[①]。

已经形成的产业区有着特定的技术结构和制度环境,并与它们的过去关系紧密。过度的专业化将带来锁定,Storper(1992)基于他的技术区域、学习型区域、集体学习等概念,提出了"技术锁定"(technology lock-in):历史积累下的知识、技术和信息在一定时期后可能成为区域的弱点,技术调整遇到困境,因为领导区域与它们建立起来的产业联系太过紧密,资本、管理、研发、劳动力、供应链、基础设施等都对传统的技术提供了强大的保障。当这种现象发生时,Grabher(1993)称之为老产业区陷入了"刚性专业化陷阱"(trap of rigid specialization)。这就解释了路径依赖如何使老产业区在调整时遇到问题:新的技术需要知识和投入的支持,但它们难以在这些过于专业化的地区找到匹配。原有的技术过多地专业化于特定经济活动,无法转向新的发展路径(Malmberg 和 Maskell,1999)。也就是说,老产业区过去的工业技术遗产弱化了它们的学习能力,"区域的初始力量埋下了它们衰退的种子"。因此,Maskell 和 Malmberg(1998)提出了区域"忘却能力"(ability to unlearn)概念,即老产业区需要具备一种能力,摆脱阻碍其产生新的多样化制度的路径,这样才能实现重构。

---

① 按照 Krugman 的逻辑,衰退一旦发生,导致大量失业,如果这时劳动力是缺乏流动性的,将促进工资降低,有助于企业恢复活力;但在劳动力高度流动的情况下,工人会迁移到其他活力地区,失业率降低到自然水平,这是累积因果过程,衰退将不断得到强化。

### 三、产业组织理论的解释：大企业的负面作用

Markusen(1985)从产业组织理论对老产业区缺乏内生动力做了解释：本地大企业的垄断和垂直一体化减少了新企业获取外部规模经济的机会，如灵活的劳动力市场、本地供应商等；而对于一个新生企业，这些非常重要。同时，大企业也抑制了企业家精神，阻碍了从它们中间裂变出新的企业。Herrigel(1990)发展了 Markusen 的观点，认为产业组织网络影响了这些产业区的调整能力。他用"独立企业产业规则"(autarkic-firm-based industrial order)来解释鲁尔区的问题。大企业影响了地区劳动力市场、基础设施和制度，形成自上而下的等级组织结构，抑制了知识扩散和企业创新；小企业通过计划向大企业供应，而自身的市场开拓和创新投入都显得不再重要，这些企业被抑制向更有潜力的市场发展。这一解释同样适用于 128 公路产业区的衰退，军工企业作为独立企业产业体系，其等级结构限制了区域快速调整的能力(Saxenian，1994；Hassink，1997)。Porter(1990)也认为，生产组织网络可以对区域经济产生负面影响，过多的联合和一体化会损害动态的竞争。区域竞争力不单是受内部网络结构的影响，还受外部开放网络的影响。

### 四、新经济地理理论的解释："锁定"与区域调整的困境

制度思想被用来解释老产业区衰退，出现了路径依赖、制度锁定等概念，更加强调社会—文化原因，而不仅仅是经济原因。在经济地理的现代理论学派中，演化学派和规制学派等，对于理解区域路径依赖负效应，以及理解区域调节能力、忘却能力、重构能力的重要性都很有帮助(Martin，1999；Maskell 和 Malmberg，1995；Boschma 和 Lambooy，1999b)。

锁定是制度主义对产业区衰退的一种被普遍接受的解释。最早的锁定概念由 Hirschman(1970)提出①，但 Arthur(1989)提出的技术锁定更具影响力，在对技术路径依赖过程的自我强化机制的解释中，他认为锁定是自我强化机制带来的一种结果，即一种技术解决方案一旦达成，就很难再从中走出

---

① Hirschman(1970)对商业选择行为提出过"退出—抱怨—继续选择—陷入锁定"的论述：在商业消费行为中，若消费者不满意一种商品，他会退出不再购买，或者向企业反映、抱怨(voice)；"退出"与"抱怨"相互作用促使消费者继续搜寻，若市场上找不到同种替代品，他只好继续选择这种商品，即被锁定。

来。North(1990)将这种自我强化机制引入对制度变迁的分析,认为锁定效应的产生是由于制度矩阵具有报酬递增的特征。

经济地理学者们发现用锁定可以解释许多老产业区失去活力的原因。Hassink(2005a)认为Hirschman(1970)所讲到的商业选择问题,很像老产业区找不到所谓的替代产业而陷入锁定的情况。Grabher(1993)、Morgan和Nauwelaers(1999)等界定了三种常见锁定类型:功能锁定(functional lock-in)、认知锁定(cognitive lock-in)和政治锁定(political lock-in)。其中Grabher(1993)所观察到的功能锁定和认知锁定问题不仅存在于像鲁尔区这样的老产业区,也同样发生在一些缺乏灵活性的现代产业区,如德国的巴登-符腾堡州、一些离岸工程和防卫产业区域等(Isaksen,2003;Hassink,2005a)。政治锁定被看作最重要的锁定,包括了生产性的制度(联合企业集团)、非生产性的政治网络(政策决策者联盟)和传统精英的联合等,这些是所谓的"厚制度",以保留现存的传统产业结构为目的,即当它们的主导地位受到挑战时,它们会反对变革,因此会放慢产业重构进程,阻碍本地潜在创新的发展。

锁定不限于上述三种类型,如史晋川(2004)认为,由于温州模式兴起时,中国尚未明确市场化改革目标,温州只有通过自身努力和利用人格化交易方式从事商贸活动。这种人格化交易方式一旦形成就会导致一种"路径依赖",使得温州人能以较低成本进入传统劳动密集型行业,但也限制了温州人进入新行业,而代际锁定(intergenerational lock-in)就是对这种人格化交易路径依赖的一种反映。魏也华(2007)提出温州面临的锁定不仅仅是代际锁定,还有关系锁定(relational lock-in),即温州的厚制度形成了强大的本地网络和文化(如温州方言),阻止了非温州人的融入。这种强大的本地网络和关系资产逐步形成了产业的结构锁定,即外部资本和人才很难植入到温州本地,研发资源的缺乏导致了产业结构的低层次锁定。代际锁定、关系锁定和结构锁定共同构成了温州产业区当前所面临的区域锁定(regional lock-in)。

那么"锁定"这个以隐喻方式出现的分析框架可靠性有多高?是否任何调整乏力的区域都可以用这个概念来解释?学者们也存有质疑,如Hassink(2005a;2007)提出了锁定概念的一些局限。

第一,锁定是从个别区域(主要是鲁尔区)和传统产业(主要是钢铁和煤炭)案例观察中自下而上归纳出的概念,缺少严谨的证明,是否为一个普遍适用性的方法还无从确定,从某种程度上讲,它是一个模糊概念(fuzzy concepts),还不能成为经济地理学的一个完善理论概念(sound theoretical concepts)(Hassink,2007)。

第二,缺少系统的跨区域、多部门的比较研究来证明锁定在阻止产业区重构方面的作用。20世纪末,全球生产从欧美向日本,继而向东亚新兴工业化国家(NICs)(如韩国、新加坡等,以及后来的中国、印度、马来西亚、菲律宾、泰国等)分批次转移(Dicken,2003)。大量的关于老产业区锁定的研究案例来自于西欧、东欧、北美洲,以及一些欧洲和北美洲的比较研究,但很少有研究来自东亚,也很少有人将西欧和东亚新兴工业化国家进行比较,无法确定这些国家和地区的产业区重构过程与欧美国家有何不同。而20世纪90年代中期开始,第一批NICs国家(日本、新加坡等)也出现了产业区重构的严重问题,产业向周边的低成本邻国转移。

第三,锁定的影响力在区域、产业和企业尺度的体现有所区别,其解释力受到许多因素的制约,例如企业规模、产业结构、生产网络的治理模式、国家资本主义和商业体系的不同等(Hall和Soskice,2001)。目前,锁定的应用过多集中于区域尺度,对产业和企业水平的研究缺乏。

## 第二节　产业区重构的理论探讨

### 一、产业区重构理论的演进

在现代经济地理学提出产业区重构概念之前,经济学将有关产业和区域动态演变的研究集中于"产业结构演变"和"产业的兴衰与转化"等领域。早在17世纪,英国经济学家威廉·配第(Willian Petty)就发现了低劳动生产率的产业(如农业)向高劳动生产率的产业(如工业)转移,是经济发展的根本动力机制。英国经济学家克拉克、库兹涅茨、钱纳里、霍夫曼等人则不断深化了人们对于产业结构演化规律的认知(石忠良、何维达,2004)。从马克思与熊彼特的经济周期理论开始,学者们提出了许多关于产业兴衰与转化的理论,如马歇尔的企业成长理论、产品及产业的生命周期理论、雁行理论、产业集群的生命周期理论、诺斯(North)的制度变迁理论,以及国内的产业梯度转移理论、产业兴衰与转化理论等。这些理论在上一章已有所梳理,它们多是从产业本身探讨其演变规律,虽然也涉及产业所依附的区域、地方、空间,但除了产业集群相关的一些理论外,并没有十分明确地将"产业"与"区域"一并讨论。20 世纪 70 年代末,西欧、北美一些产业区域的衰退和硅谷、德国南部巴登-符腾堡州、第三意大利等的兴起,让新区域主义、新产业区理论一度聚焦关注。产业区作为一种"产业"与"区域"捆绑的社会地域整体,成为学者们解释上述产业区域兴起、衰退、更替的一个很好的框架。特别是产业区重构,对其的描述和解释成为经济地理的一项重要任务(Hassink 和 Shin,2005)。

本书的导论部分已经对产业区重构做了概念界定,由于目前学界对产业区重构还没有一个十分清晰的理论框架,对这个概念的一系列理论探讨仍较为缺乏,多是从产业区重构案例中不断提炼出一些共识,这些以实证为主的研究散布在近年来国内外经济地理的主要期刊及著作中。这些文献对产业区重构的理论探讨可以分为三个角度:一是将产业区重构诱因解释为新国际劳动分工及区域生产体制的变化;二是将产业区重构理解为对地区负锁定的一个响应集合;三是将产业区重构在时间轴上理解为产业区生命周期的一个特定阶段。

## 二、新国际劳动分工、生产体制转变与产业区重构

劳动分工理论认为,形成劳动空间分工的基础是劳动力的实际成本具有广泛的空间差异,且不同的劳动过程也具有不同的劳动成本。Storper 和 Walker(1984)区分了六种主要的劳动过程[①],包括在工艺上可以一次性生产完成的过程,如飞机制造业;可以连续加工的过程,如石油化工业;自动化加工的过程,如造纸业;劳动过程适用于机械化装配线,如汽车工业;纺织等机械加工;劳动密集的手工装配过程,如服装、制鞋等。上述六种劳动过程中,从前往后,劳动需求量增加,技术要求降低,工作重复性增强,节奏加快,强度提高,而报酬则降低。因此劳动成本较高的地区会将后两种劳动过程转移到本国边缘地区,如美国南部及新兴工业化国家或地区(宁越敏,1995)。

---

① Storper M,Walker R. The spatial division of labour:labour and the location of industries[M]// Sawers L,Tabb W. Sunbelt/Snowbelt:Urban Development and Regional Restructuring. London:Oxford University,1984. 转引自:宁越敏. 新的国际劳动分工世界城市和我国中心城市的发展[J]. 城市问题,1991(3):2-7.

劳动过程的分化(包括纵向分离、纵向一体)导致出现复杂的生产网络,由于集聚的种种优势,产业趋向空间集聚。在生产标准化、自动化,交通及信息通信成本降低等因素的作用下,20 世纪 50 年代以后出现了产业区位的非中心化趋势。特别是跨国公司的出现,使企业在全球范围内寻找最佳生产区位,从而出现制造业的国际扩散,且蓝领与白领也出现空间分离,前者向边缘地区集中,后者向大城市集中,即新的劳动空间分工。当一些工业部门转移至新兴工业化地区时,可以认为出现了新的国际劳动分工(Scott,1985;宁越敏,1995)。新的国际劳动分工体现了世界经济格局的变化,其重要的地理后果是欧美发达国家的传统工业急剧衰落,同时在拉美、东亚、东欧等出现了新兴工业化国家和地区。本书将提到的许多地方产业区重构案例都发生在这一大背景下,突出的重构表现就是传统制造工业的空间转移。

生产体制的转变被认为是地方产业区重构的另一诱因。Becattini (1979)、Piore 和 Sabel(1984)、法国调节学派等将第三意大利、硅谷等产业区的兴起当作资本主义生产体制从大规模批量化生产的福特制向弹性专业化的后福特制转型。以信息和通信技术为基础的新的技术经济范式正在替代老的福特制范式。与福特制的僵化相对立,这种新的技术经济范式是指伴随着信息技术的广泛应用,在劳动过程、劳动力市场、产品和消费等方面所产生的灵活性,以及相应的组织创新。上述生产体制转变发生在 20 世纪的七八十年代,正是在这一时期,以"弹性专精"生产体制为主的日本制造业严重冲击了美国的汽车、微电子、家用电器等产业部门(迈克尔·德托佐斯,1990)。资本主义生产体制的转变与新国际劳动分工的演化交织在一起,通过以"后福特主义"为核心的经济重组和制度重建,影响着全球生产网络的空间和地方发展,并引发了地方产业区的兴衰和重构过程。① 从这个意义上讲,生产体制转变与新国际劳动分工可以看作对产业区重构的一种重要理论解释。

### 三、产业区重构的概念化:对负锁定的响应集

演化经济地理学认为,路径依赖和锁定在许多重要方面都是地方依赖

---

① 但不是说,欧美国家的产业区重构一定是生产体制由大规模、大企业主导的福特制向小企业为主,灵活生产的后福特制转变。如下文提到,意大利一些产业区成功重构的途径,反而是由中小企业通过兼并重组,重新扩大规模。从这一意义上讲,"福特主义"并没有消失,并有可能再造产业区地理(Hadjimichalis,2006)。

过程,地方的产业区如果陷入了负锁定,那么它将会有几种发展可能,包括继续锁定并步入衰退,或通过一些途径成功实现产业更新或升级等,而后者常被相关文献认为是进行了产业区的重构、重组、转型等。因此,产业区成功摆脱锁定(delock)的一系列战略响应便组成了产业区重构的主要内容(Hassink 和 Shin,2005;Martin 和 Sunley,2006;Dunford,2006;Wei,2007)。简单讲就是,重构是产业区对负锁定的一个响应集。

由于区域锁定是一个多尺度、多维度的过程,因此响应也是多重的。Martin 和 Sunley(2006)列举了摆脱区域锁定(escape regional lock-in)的五种可能方案。(1)内生创造。来自区域内部,与先前没有直接关系的新技术和新产业出现。(2)异质性(heterogeneity)和多样性。地方产业、技术和组织的多样性,促进了持续创新和经济重构,避免了对固化结构的完全适应和锁定。(3)从别处移植。主要的机制是从别的地方引进新产业或技术,为区域增长的新路径奠定基础。(4)使(技术上)相关的产业多样化。衰落的现有产业必须转型,但需要重新配置和拓展其核心技术,为区域中相关的新产业提供基础。(5)升级现有产业。通过注入新技术或引入新产品和服务,提升区域的产业基础,并使其重现活力。这些响应方案隐含了许多演化经济地理学的隐喻,如多样化、新产业的移植等,如果将产业区(集群)比作生物种群,就不难理解如何实现种群的持续生存,但这些方案多从技术层面考虑,而重构响应不止这些方面。

近年来的文献中大量学者探讨了关于摆脱产业区锁定的响应途径或策略。例如,Cunat 和 Thomas(1997)对法国北部纺织产业区的研究认为,通过重新建立基于信任和联合的本地关系,有助于打破产业区长期以来陷入的固化、等级制的制度锁定。Boschma 和 Lambooy(1999b)认为,打破老产业区的锁定,必须改变三种环境,即物理环境、制度环境和市场环境,他们认为欧洲大部分重构计划都是从改变物流环境开始的;另外很重要的一点是,重构策略要区分不同类型的产业区。Eraydin(2001)区分了三种重构方向:一是产业区从此失去竞争力;二是被整合进全球生产网络;三是通过创新恢复活力。Todtling 和 Trippl(2004)研究了奥地利施蒂利亚州(Styria)的汽车和金属产业区重构案例,发现汽车产业区的重构得益于通过片段化生产转向更加整合的生产体系;而金属产业区的成功重构则得益于通过州政府国有公司的私有化改造,实施了产业组织的重组,打破了制度锁定。Schamp(2005)研究了德国皮尔马森斯(Pirmasens)鞋业产业区,认为对于长期陷入路径依赖并逐步衰退的地区,企业会有两种战略响应:一是企业仍留在本地,但离开原来的行业;二是企业仍从事原来的行业,但离开本地。Pickles和Smith(2011)认为在生产网络全球化趋势下,去本地化(delocalization)是中欧、东欧地区服装产业应对市场变化导致的产业区锁定,实现贸易及生产网络重构的主要策略响应。

在全球化日益盛行的背景下,一些文献对产业区摆脱锁定的阐述集中于全球化下的地方发展问题,其主体要策略包括:(1)建立新的外部知识联系,将本地知识"蜂鸣"(buzz)与全球知识的通道(pipelines)相结合,以突破认知锁定(Bathelt 等,2004);(2)在 GVC 框架下通过技术创新实现升级,但升级效果受到 GVC 治理模式的影响(Humphrey 和 Schmitz,2002;Gereffi等,2011);(3)融入全球生产网络(GPN),通过空间、技术、组织的区域资产重组以及区域制度转化,与跨国公司的全球生产网络进行战略耦合,以实现产业区升级(Ernst,2002;Coe 等,2008;Wei,2010)。

意大利的产业区重构案例近年来被广为关注。Hadjimichalis(2006)通过对意大利维琴察(Vicenza)纺织服装产业区和马切拉塔(Macerata)制鞋产业区的研究,认为这些产业区的重构主要体现了三种响应途径:(1)企业通过兼并重组扩大规模,这一现象挑战了新区域主义对于灵活小企业的偏爱;(2)去本地化,这些地区的产业向东欧、北非、东亚等低成本地区外迁;(3)劳动力结构的变化,非欧洲移民的进入替代了原来的本地劳动力,这些移民的使用成本更低。第三意大利的经验特别受到国内学者的关注,集团化发展、知识创新、融入全球化,以及转向基于文化的工业设计、大规模定制(mass customization)的生产范式等是重构的主要途径(王周扬、魏也华,2011;王缉慈、刘瑷,2009;王缉慈等,2010;罗红波、巴尔巴托,2008)。

Wei(2007;2010;2011)基于温州和苏州的案例,对国内产业区的重构响应有相对全面的论述。他对温州产业区的研究提出了突破关系锁定、代际锁定和结构锁定的 4 个响应策略:制度变迁、技术升级、产业多元化和空间重构。对温州服装产业区重构的研究进一步证明,以温州为代表的国内产业区的空间重构,不同于国外的情况,企业融入 GPN 的同时,也充分利用了国内广阔的腹地市场;对苏南产业区的研究表明,随着乡镇企业的没落,苏南地区进行了以引入国外直接投资(FDI)为主的重构。

总结上述文献,对产业区可能面临的一系列负锁定,重构的响应主要有6 个方面,包括:技术创新、产业转型、全球化、空间重构、组织重构和制度重构(见表3-1)。这些响应通过具体的措施或途径,可以解决一些特定的锁定,至少在各个案例文献中是可以的。将产业区重构概念化理解为对锁定的一系列响应,有助于我们归纳20世纪70年代以来对产业区重构演化案例的理论认识,但仅仅从行为主体和经济现象上来理解产业区重构仍是不够的。有两个问题需要进一步探讨:一是产业区重构这一阶段性过程如何置于产业区生命周期的整体过程来理解?即需要从时间维度对产业区的衰退、更新、转型、重构等描绘一个明晰的图像。二是究竟什么样的产业区可以面对内外部的冲击、问题而成功解锁?其背后的关键能力或机制是什么?

表3-1 对负锁定的响应:产业区重构的主要类型和途径

| 可能的负锁定 | 重构响应类型 | 具体途径 |
|---|---|---|
| 功能锁定<br>认知锁定<br>结构锁定 | 技术与创新 | 内生创造新技术和新产业;<br>原有产业的技术升级;<br>外部引入新技术;<br>基于文化的工业设计使产业转型;<br>学习型产业区的构建 |
| 功能锁定<br>结构锁定 | 产业转型 | 本地企业离开原有行业,投入新行业;<br>原有产业的更新,并伴随地区基础设施、制度环境、劳动力结构的更新;<br>增加本地产业的多元化、异质化、多样化 |
| 功能锁定<br>结构锁定<br>区域锁定 | 全球化 | 主动融入全球化,建立本地与全球知识通道;<br>向 GVC 高端攀升,实现技术直至功能的升级;<br>嵌入 GPN,全球配置资源 |
| 功能锁定<br>结构锁定<br>区域锁定 | 空间重构 | 去本地化,迁移到低成本区域;<br>在全球范围、国内其他区域的再集聚 |
| 结构锁定 | 组织重构 | 兼并重组,扩大规模;<br>集团化,改变小企业分散结构;<br>片段化生产转向整合生产、大规模定制 |
| 政治锁定<br>关系锁定<br>代际锁定 | 制度重构 | 重建本地信任和关系网络,打破僵化制度;<br>国有公司的私有化,市场化制度重建;<br>现代企业制度的创新;<br>政府、政策体系的转变 |

资料来源:作者根据相关文献整理。

### 四、产业区重构的生命周期与主导机制

传统的产业区生命周期理论认为,由于新技术和知识会随着时间变得更为标准化、同质化,因此当主导设计出现,创新的焦点转向过程创新和生产效率提高,而不是产品设计,产业区便开始失去优势(Tichy,1998;Rosenfeld,2002)。在这种以产业驱动的产业区生命周期模式下,产业区与产业的"命运"被画上等号。那么产业区的重构过程就有两种情况:一是老产业衰退后,经过自身升级重新具备经济活力,产业区也随着产业进入下一轮周期循环;二是老产业一蹶不振,同时该地区出现了另外的新的产业并快速成长,但这一新产业的周期与原来产业没什么关系,虽然都在同一个地区(不同的集群或产业区)。上述线性而单一的理解,受到不少学者的批评,产业区的生命周期应不同于产业生命周期,而且集群(产业区)应当被看成一种复杂系统,而这样一种复杂系统不大可能沿着这种简单的生命周期轨道变化。Menzel 和 Fornahl(2009)、Martin 和 Sunley(2011)提出了一些改良的产业区生命周期模型,并基于对周期主导动力的研究,深化了对产业区重构过程的认识。

#### (一)知识异质性与摆动式周期

产业区生命周期取决于产业区内企业和组织间异质性的涨落(Rigby 和 Essletzbichler,2006;Menzel 和 Fornahl,2009)。由于企业和组织是知识和技术的载体,也可以将异质性理解为知识的异质性。异质性与多样性是一对相似概念,Jacobs(1969)最早提出了"多样性易于产生新思想"的观点,所以保持异质性是产业区保持生命活力的关键。如图 3-2 所示,在产业区出现和成长阶段,异质性最高;随着技术标准化和同质化,异质性降低,特别是当产业组织趋向单一的大企业主导、组织僵化时,异质性水平大为降低。或者说,如果产业区无法保持知识异质性(知识过于狭窄),它将更容易陷入僵化或走向衰退。然而,如果知识异质性重新增加,产业区将回到周期的左端重新开始新的周期。知识异质性通过新技术的导入实现,这些技术可能与原产业相关,也可能跨度较大。前者的例子如意大利马尔凯的手风琴产业区,通过电子技术导入使产业区步入新的发展周期(Tappi,2005);后者的例子如德国鲁尔区的煤炭和钢铁产业区,通过发展环保技术使产业区避免了进一步衰退(Grabher,1993)。从图 3-2 可以看出,产业区的生命周期并不是简单的从左到右线性演进,而是在知识异质性的变化主导下,形成一种稳态的

震荡(steady oscillation),是摆动的周期(Menzel 和 Fornahl,2009)。

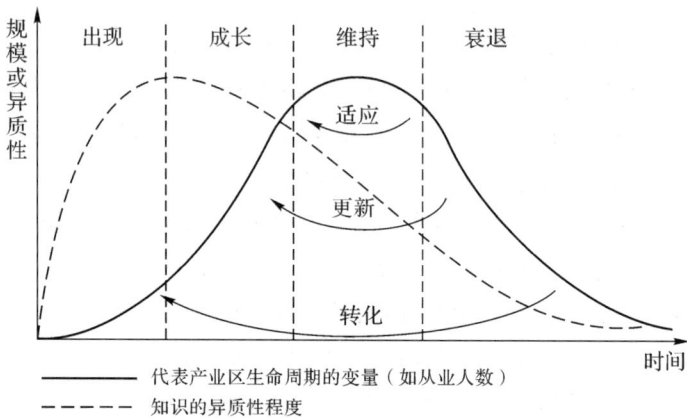

图 3-2　异质性与摆动式的产业区生命周期

资料来源:Menzel 和 Fornahl,2009;作者整理。

## (二)产业区适应力与适应性周期

Martin 和 Sunley(2011)引入了一个适应性周期模型(adaptive cycle model,ACM)来解释集群的演化。ACM 很好地体现了复杂动态系统的特征,包含三个基本概念:资源积累(accumulation),系统的发展过程是资源积累的过程;适应力(resilience),指系统面对外部环境的变化和冲击的调整和适应能力;连通性(connectedness),是系统内部各组件间的关联度和关系强度。ACM 作为一个复杂系统,其演化过程可以归纳为四个阶段:开发阶段(exploitation)是捕获机会和成长的阶段,资源积累迅速并集中,连通性不断增加,适应力很高;保持阶段(conservation)是静态的、刚性增加的阶段,资源积累缓慢而平稳,连通性很高,适应力低;释放阶段(release)是收缩和衰退的阶段,投资收回,资源受到破坏,连通性下降,适应力低;重组阶段(reorganisation)是实验和重构的阶段,资源积累水平低且多样化,连通性低,适应力在增加。将 ACM 用于集群周期,可以绘制出图 3-3 所示的周期曲线。

图 3-3 中的资源积累是指集群的生产、知识和制度(关系)资本的积累;连通性是指集群企业间贸易和非贸易依赖的程度;适应力是指集群内企业灵活应对内外部冲击的能力。集群的生成与发展根本上是关键资源(专业化的生产资本、知识、专业人才等)的积累,连通性随着资源积累而增加,本

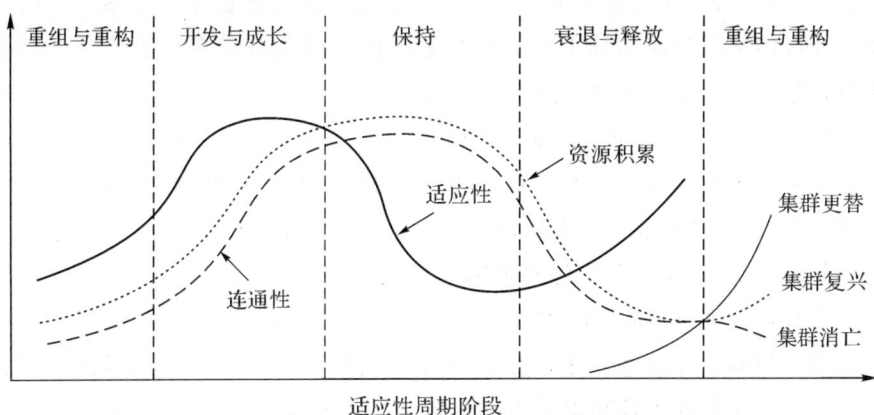

图 3-3  基于 ACM 的集群适应性周期循环阶段

资料来源：Martin 和 Sunley，2011。

地专业化发展，贸易/非贸易依赖增强。但这些依赖可能最终达到某种损害适应力的程度，即损害了集群内企业对外部冲击（如竞争、新技术）的抵抗和灵活反应能力。适应力在集群的重构和生成阶段最高，在保留阶段最低。当集群遭受重大冲击时，周期演化结果关键看适应力，可能有三种情况：（1）集群复兴（renewal），集群企业升级产品，适应市场变化，集群内企业实现重构，进入一个新的生命周期（但可能没有那么成功）；（2）集群更替（replaces），老集群消失并被新集群代替，新的集群可能来自老集群相关产业，或是继承了老集群留下的一些资源；（3）集群消亡（disappears），老集群消亡，没有新的集群出现。

在 ACM 基础上的集群适应性周期模型有利于我们对集群（产业区）周期有新的认识。作为复杂系统的产业区由大量异质性企业组成，演化过程同时受到自下而上和自上而下因素的交互影响（De Haan，2006），其演化路径可能反复被破坏或修改，因此路径是难以预知的。产业区演化过程被几个关键变量所控制，演化是几种平衡关系的作用结果，包括实验与新奇、保留与选择、不同尺度的实体间交互等。

### （三）产业区学习与知识吸收能力

在经济全球化和创新竞争的时代背景下，区域经济活力的源泉在于以知识创造和扩散为核心的学习创新。新区域主义的创新环境学派、区域创新系统学派等将产业区的学习能力、知识吸收能力等作为产业区保持活力的核心能力。苗长虹、魏也华等(2011)学者进一步提出构建学习型产业区，将产业区的学习创新与其主导的社会生产体制以及其制度根植性结合，并将其社会生产体制与全球商品链、全球生产网络连接。

Giuliani(2005)提出了产业区"吸收能力"(absorptive capacity)的概念，产业区升级主要依赖于其吸收能力，即产业区吸收、扩散和创造性使用外部知识的能力，包括产业区获取外部知识的能力、外部知识在产业区内部企业之间扩散的能力、企业利用外部知识开展创新活动的能力。当然，创新发生机制不仅仅是地理接近，吸收能力并不一定偏爱企业的本地网络。企业间的地理接近和认知接近并不会自动引致本地知识联系，企业的吸收能力也不一定影响它们在本地知识网络中的地位(Boschma, 2005)。

Giuliani 和 Bell(2005)对智利葡萄酒产业区的研究表明，产业区中的知识流动主要集中在少数具有较强吸收能力的企业，这些企业扮演产业区"技术看门人"(technology gatekeeper)的角色，对于外部知识的获取、创造和扩散具有重要作用。但 Boschma(2005)认为 Giuliani 和 Bell 过于肯定了这种领导企业的作用，他采用社会网络分析方法对意大利巴勒塔(Barletta)鞋业产业区的知识网络进行了关系分析，发现本地网络围绕领导企业的集中是有选择的(非普遍的)，产业区内的领导企业甚至与本地知识网络完全分离，"技术看门人"在某些产业区并不存在。

按照产业区吸收能力、知识联系的不同，可以将产业区分为三种类型，即吸收能力的基本层次、中等层次和高级层次，如表 3-2 所示。

表 3-2　产业区吸收能力分类及案例

| 产业区吸收能力 | 企业技术能力 | 产业区内部知识联系 | 产业区外部知识联系 | 经验案例 |
|---|---|---|---|---|
| 基本 | 企业知识能力弱，人力资源技术水平低，无研发的被动学习 | 企业间有限的、弱的知识联系 | 产业区与外部知识资源没有联系，也没有企业扮演"技术看门人"的角色 | 秘鲁 Gamarra 服装、加纳 Kumasi 汽修、肯尼亚 Nairobi 服装、印度 Agra 鞋业产业区等 |

| 产业区<br>吸收能力 | 企业技术能力 | 产业区内部<br>知识联系 | 产业区外部<br>知识联系 | 经验案例 |
| --- | --- | --- | --- | --- |
| 中等 | 企业知识能力较强,部分企业有专业人才并开展部分研发活动,主要是适应性创新 | 企业间知识联系有所增强,但仍存在一些认知孤立的企业 | 产业区与外部知识资源有所联系,部分企业成为"技术看门人" | 墨西哥 Guadalajara 鞋业、印度 Tiruppur 针织、巴西 Santa Catarina 瓷砖、意大利 Manzano 制椅、中国中关村高技术产业区等 |
| 高级 | 企业知识能力强,掌握前沿技术,拥有高技能人才,开展高度创新的研发 | 产业区存在稠密的知识联系网络 | 产业区与外部知识资源联系密切,许多企业成为"技术看门人" | 德国 Tüttlingen 手术器械、意大利 Montebelluna 滑雪板、瑞士 Jura Arc 钟表、美国硅谷、德国 Baden-Württemberg 机床产业区等 |

资料来源:Giuliani,2005,Table 2、Table 3。

### (四)产业区恢复力与弹性产业区

近年来,由美国麦克阿瑟基金会(MacArthur Foundation)支持的国家研究组织的一些学者,试图将"弹性"(resilience),或者叫"恢复力"的概念从心理学、生态学和灾难学研究引入到经济领域,出现了弹性企业、弹性城市、弹性区域等研究(Chapple 和 Lester,2007;Pendall 等,2010;Swanstrom,2008;Vale 和 Campanella,2005)。Swanstrom(2008)认为,若某一区域的市场和本地政策结构会根据外部环境的变化而持续调整,可以认为该区域具有弹性。Pendall 等(2010)提出,弹性区域是当受到冲击时,区域可以很快恢复到原来的均衡状态(在落后一段时间后,重新开始它之前的生长路径),干扰使区域由一个均衡状态"弹向"另一个均衡状态。他强调弹性区域有路径依赖的特征,冲击可以是内部或外部的,而且必须有一个长期阶段的观察才可以得出"区域是否具有弹性"的结论;如果一个区域的经济在重大冲击下没有变得更差,研究者就有理由认为它(相对于那些情况恶化的区域)是有弹性的。Hassink(2010)倡导把弹性概念作为一个分析框架引入产业区适应力、恢复力的研究,认为这是一个非常有潜力的概念,有助于我们以动态的、历史的、系统的方式思考区域经济发展。在本书第六章,笔者将结合温州水头皮革产业区案例,对外部冲击发生时产业区弹性、恢复力、适应力问题展开进一步讨论。

## 五、产业区重构的主要模式

全球化、地区差异、行业差异、发展环境与阶段不同均导致产业区重构的多样性,国内外产业区动态变化的问题讨论大部分基于各地案例展开,但仍有一些学者试图归纳产业区演化与重构的一般模式。

### (一)"嘈杂的重构"与"安静的重构"

在《生锈地带的崛起》(*The Rise of the Rustbelt*)一书中,Cook(1995)提出了老产业区从低端发展路径转向高端发展路径的两种模式。一种情况下,如果老产业区面临去工业化(de-industrialisation)重构的很强的制度阻力(institutional resistance),例如强大的认知锁定和政治锁定,那么这种重构就是"嘈杂的重构"(noisy restructuring)。嘈杂的重构模式下,现存的经济结构往往被保留,并常常只是对已有的生产设施进行现代化的升级和调整。而另一种情况下,如果重构的制度阻力比较弱,则称为"安静的重构"(quiet restructuring)。安静的重构模式下,地方的新产业将获得更多的成长空间,当然,也有部分新产业是从现存的老产业中诞生。因此,锁定越弱,重构过程就越"安静",且越有可能在地方形成多样化的产业结构,并伴随相互促进的发展过程。

### (二)"深度重构"与"适应性重构"

对于产业区的各种重构过程,一个非常重要的问题是:新技术和新企业的创生,是基于已经存在的知识和市场,还是一种全新的创造? Boschma 和Lambooy(1999b)区分了两种创新方式:非路径创新(pathless innovations)和路径依赖创新(path-dependent innovations)。非路径创新其实就是熊彼特所说的创造性毁灭,新的企业(产业)通过创新进入市场,而现有企业(产业)退出市场,劳动力相应在两种部门间转移,这一产业区重构过程被称为"深度重构"(deep restructuring)。路径依赖创新对应于熊彼特晚年时期的观点,即创新成本昂贵,只有大企业和政府能承受,于是创新必然基于现有企业。当有新的进程或企业威胁到自身地位时,现有企业会购买新的企业,社会和政府在这种创新模式中发挥重要作用。路径依赖创新往往存在于三种产业:(1)资本密集型产业,如钢铁;(2)知识密集型产业,如软件、医药;

(3)有较多分工的产业,如软件、汽车、零售业等。例如,成熟的钢铁产业通过适应来自于其他行业(如计算机)的技术而不断创新,但企业需要一个较长时期的转型才能形成新的结构,这一过程也常常以失败告终。路径依赖创新对应的产业区重构被称为"适应性重构"(adaptive restructuring)。劳动密集型产业区的适应性重构过程常常伴随着生产外迁(relocation),外迁的企业是在发现新资源、新市场,或尝试新的产业组织方式,也可以理解为一种创新。但外迁式的重构对原产业区影响较大,如果原产业区较为封闭,缺乏创新和适应能力的选择环境,就易导致区域锁定。

## 第三节 国外产业区重构的案例研究

### 一、欧美老工业区重构:美国"锈蚀带"和德国鲁尔区的案例

#### (一)美国"锈蚀带"

工业化先发于欧美国家,形成了一批以煤炭、钢铁、机械、汽车、化工、造船、消费电子、纺织等传统工业为主的工业集聚地带,如美国中西部地区、欧洲的英国、法国、德国的一些资源富集地区等。20世纪下半叶,这些老工业区经历了衰退,其中一部分就此没落,另一些则经历波折重现生机。文献关注较多的是美国中西部所谓"冰雪带"(snow belt)、"锈蚀带"(rust belt)的复兴和欧盟老牌工业区(如德国鲁尔区)的重构。

19世纪下半叶,以钢铁、电力技术为标志的第二次技术革命极大地推动了美国工业化进程。美国中西部①煤铁储量丰富,运河与铁路交通网发达,五大湖、俄亥俄河坡谷等地区迅速崛起,主要产业是粮食和肉类加工、钢铁冶炼、机械制造,20世纪上半叶兴起汽车工业。尽管在萧条时期,从事生产资料和耐用消费品生产的中西部城市受到影响,但"二战"带来的大量军火订单又使中西部一扫颓势。1920年到1945年,中西部城市一直是美国的制造业中心,并保持着全国经济中心地位(Teaford,1993)。

战后美国工业的衰退对制造业集中的中西部城市经济产生严重影响。Bernard(1978)认为,中西部城市的衰落是多种因素共同作用的结果,单一结

---

① 一般指伊利诺伊州、印第安纳州、艾奥瓦州、密歇根州、威斯康星州等5个州。

构的制造业衰退,是其衰落的内在原因;缺乏良好的投资环境以及偏重"阳光带"的联邦政策是其衰落的外在因素。德托佐斯(1998)从国家生产体系,以及与德国、日本等制造业的比较中寻找中西部地区衰退的根源,认为美国的大规模生产体制、反应迟缓的技术与市场创新、劳动力成本上涨、外国企业对美国市场的渗透等导致了国内传统工业地区的衰退。萨克森宁(1999)等则强调僵化和传统的公司体制限制了创新,在工业成长周期下,传统工业的衰退是历史的必然,并不可避免地将以其作为主导产业的老工业区带入衰落境地。

20世纪80年代,"锈蚀带"开始复兴进程,到90年代中期完成,历时十余年。以五大湖工业区为例,1985年后很多城市成功地由制造业中心转变为管理咨询、商务、法律、贸易、旅游等服务业中心,如印第安纳波利斯成为体育旅游中心、空运中心与维修中心,底特律为汽车研发中心,芝加哥为会展中心等。同时,谷物价格达到了历史的最高峰,食品生产工业复兴(高相铎,2006)。美国联邦储备银行于1995年所做的"Assessing the Mid-west Economy:Looking Back for the Future"研究项目对中西部转型和复兴的原因进行了多学科和多视角的全面审视。中西部地区的复兴和重构原因包括汽车制造业工业地理变化、联邦开支分配模式变化、能源价格下降、出口增长等外部因素,以及科技创新、精益制造业技术引进、公共部门效率提高、非营利性研发组织参与经济活动等形成体制性资本。

### (二)德国鲁尔区

20世纪50年代开始,欧洲一些老牌工业基地出现衰退,主要位于英国的伯明翰—曼彻斯特、法国的阿尔萨斯—洛林地区、德国的鲁尔区等地。鲁尔区①是文献最关注的案例地区(Grabher,1993;Bomer,2002;Hassink 和 Shin,2005;郭连强,2004;任保平,2007)。鲁尔区在13世纪末已有原始采煤业和初步的炼铁和金属加工业,1850—1870年煤炭工业兴起;普法战争后德国从法国获得大量战争赔款,占有了盛产钾盐的阿尔萨斯地区,促进了煤钢

---

① 鲁尔区是位于德国西部、莱茵河下游支流鲁尔河与利珀河之间的地区,属于鲁尔城市联盟(Kommunalverband Ruhr-gebiet)所属的北威州11个直辖市和4个县级市,总计54个镇所辖区域;是德国重要的工业区,目前仍是欧洲最大的经济区。鲁尔区是欧洲的交通中心,地形以平原为主,并富含煤炭、铁矿等资源,其中煤炭储量占全德的3/4,经济可采储量占全德的90%。

联营和重化工业的发展。第一次世界大战前夕,鲁尔区已经成为德国工业的核心地区,"二战"后又在原西德经济恢复和经济起飞中发挥重要作用,工业产值占原西德的40%。鲁尔区在采煤业基础上发展了一系列主导产业:一是采煤—炼焦—发电—炼铁炼钢—钢铁加工—机械制造;二是采煤—炼焦—焦化工业(任保平,2007)。

鲁尔区从20世纪50年代末开始出现衰退迹象,20世纪80年代日益明显,地区失业率从1970年的0.6%上升到2000年的12.2%,煤炭与钢铁产业的就业份额从70%下降到40%。表面上看,煤炭工业衰退的原因,是鲁尔区煤炭储藏深、开采难度大、成本高,其他国家的廉价煤涌入鲁尔区,同时德国钢铁工业也转入其他地区,煤炭工业失去了市场。钢铁工业衰退继煤炭工业之后,主要是受到了技术进步及全球钢铁工业发展的冲击。但Grabher(1993)认为鲁尔区的问题是功能锁定、认知锁定、政治锁定,如上文所述,鲁尔产业区的大企业主导、制度僵化和产业结构调整的阻力是其衰退的根本原因。

20世纪60年代末开始,鲁尔区开始重构过程,德国政府采取了许多措施,主要是拓展产业领域,打破原有的单一结构,增强区域应对外部市场变化的弹性,如发展了信息通信、化学、汽车、机械制造、环保工业及零售、旅游、法律咨询、广告、多媒体等新兴服务业(郭连强,2004)。目前,鲁尔区从煤钢中心逐步转变为煤钢等传统产业与信息技术等新经济结合、多行业共存的新经济区。Hassink和Shin(2005)认为,技术创新是鲁尔区重构的主要动力,鲁尔风险基金会和大量新技术服务公司出现,强化了科研与产业的合作,促使新产业在该地区涌现。冯兴元(2002)认为鲁尔区重构的关键是产业结构的多元化转变,这种多元化通过传统产业的技术改造和吸引外部投资新的产业两条途径实现。Bomer(2002)、任保平(2007)等更为强调鲁尔区转型的多重动力机制,包括欧盟及德国政府的援助机制、市场竞争与选择机制、创新促进,以及人力资本的积累机制等。

笔者认为,通过政府、市场多种机制的综合作用,将单一僵硬的地方制度和产业结构变得多元化、更有弹性,是鲁尔区成功的关键。鲁尔区的经验对于中国东北老工业基地这些区域更具借鉴意义,而对于温州这种轻工业和中小企业为主的产业区则缺乏可比性。

## 二、高技术产业区的重构:128 公路、硅谷与剑桥的案例

高技术产业区与重工业、传统工业为主的欧美老牌工业区,以及下文将讨论的第三意大利及发展中国家的产业区有较大区别,科技、技术创新、创业是其竞争优势。但 20 世纪 80 年代以来,美国、欧洲的一些高技术产业区也出现了兴衰涨落和重构。学术界最为关注的是美国波士顿 128 公路地区、硅谷①及英国剑桥高技术产业区等,并不断对它们进行比较,寻找此类产业区保持活力的原因。

Saxenian(1994)在《地区优势:硅谷和 128 公路地区的文化与竞争》中指出,单纯从技术和人力资源角度,不能区别硅谷与 128 公路地区的优劣,它们之间的根本差异在于硅谷具有一种更适合高新技术企业发展的机制和文化:(1)受益于国防军事领域的政府购买支持,128 公路地区的管理机构一直致力于保持与政府的密切关系,依赖程度过深,不能适应市场变化;而在硅谷,由于缺乏国有的工业传统和管理经验,企业管理者们从一开始就努力避免层次式的组织结构,采取高度的部门自治并对职工充分信赖。(2)128 公路地区的公司大而全,配件互不通用,形成封闭生产方式;而硅谷则分工细致,各公司部件相容,这种开放型的生产方式有利于快速创新。(3)由于保守的传统、保密的风气和密切的政府关系,128 公路地区的员工们更看重稳定的收入和升迁机会,很少流动;而在硅谷,则盛行勇于创新、敢冒风险的价值观念,知识共享、学习交流,特别是非正式的交流非常活跃且普遍。(4)麻省理工学院和 128 公路地区企业之间的关系是等级森严的,麻省理工学院一向认为投资初创公司太过冒险,只重视与有成熟技术、与政府关系良好的大企业发生关系;相反,斯坦福大学的产业合作计划却促进了大学和各种规模的企业的直接联系。(5)在风险投资领域,128 公路地区的风险投资多是由大银行、财团、保险公司提供,投资者没有专业技术和生产管理经验,也就难以规避不确定性带来的风险,因此不愿冒险投资初创企业;而硅谷地区的风险投资家多半是懂技术、会管理的退休工程师或前任企业家,他们有能力鉴

---

① 128 公路地区(美国东部海岸从纽约到波士顿沿 128 高速公路地区)和硅谷(美国西海岸加利福尼亚州从旧金山到洛杉矶地区)是 20 世纪 70 年代以来美国最主要的两个以电子工业为主导的高科技产业区,都以技术活力、创新精神和非凡的经济增长而举世瞩目。但自 20 世纪 80 年代初开始,128 公路地区经济严重滑坡并逐渐衰落,而硅谷却一直充满活力,成为全球主要的知识经济中心。

别创业者的素质和创新的价值,经过接触,不需要什么复杂的手续就可以做出投资决策。

20世纪80年代末开始,"冷战"结束,美国国防开支剧减且结构也发生变化,依赖政府订单的128公路地区步入衰退。Maskell 和 Malmberg(1998)认为衰退的原因还在于该地区缺乏"忘却能力"(unlearning capabilities),例如在僵化制度下,小型计算机行业不愿意放弃自己的专有技术和主业,从而被锁定在一个低效的技术轨迹上。然而从20世纪90年代开始,128公路地区进行了产业重组和地区经济的重构,涵盖生化、通信、电子、信息等领域的高技术公司总部纷纷落户于此,一些新兴企业在离波士顿稍远的495号公路沿线落地。Bathelt(1999)认为128公路地区的更新是互动学习和集体行动的结果;大学和研究机构为本地的复苏提供了支持,这里新出现的医药企业大多数与麻省理工学院和哈佛大学密切相关。波士顿是全美医学研究最集中的地区,麻省理工学院的一些教师和毕业生纷纷走出校园创办生物技术公司,2003年128公路地区创造的高科技就业机会是硅谷的2倍。Best 和 Xie(2006)认为,128公路地区的重构恰是在改正其原来的缺点。大型高技术企业开始重整,许多被精简和遣散的人士转而自行创业,地方文化风潮开始转变。由于波士顿紧靠美国最大金融中心纽约,风险资本投资居全美第二位,这里的投资者也逐渐改变了过去忽视自家后院投资机会的行为。

从128公路地区案例可见,高技术产业区也存在兴衰周期,只是影响的因素不同。Nairn(2002)认为高技术产业区对商业周期非常敏感,并更为依赖外部金融资源。Stam 和 Garnsey(2009)对剑桥高技术产业区的观察发现,不同于传统产业区,高技术产业区易受房地产等要素成本(因为年轻人居多)、大学机构、风险投资等的影响。剑桥高技术产业区在2000年以来就业下降了8%,企业发展停滞并外迁,涵盖 IT、软件和服务业。Stam 和 Garnsey 认为原因是:(1)2000年以来的高房价导致年轻创业者的流失;(2)相对于128公路地区和硅谷,剑桥的企业更小[①],而小企业更易受到风险投资抽资和信贷额度下降的影响,金融市场的周期波动影响了剑桥的科技企业;(3)科研费用的滞后效应限制了大学对新企业诞生的支撑作用。

---

[①] 剑桥几乎30%的企业其员工人数少于6人,75%的企业员工人数少于30人。

### 三、马歇尔产业区的重构:第三意大利的案例

在任何西方发达国家,制造业都不像在意大利这样高度集中于中小企业,在结构布局上有如此众多的产业区,并且如此集中于其他国家已经放弃很久或认为不如高技术产业重要的部门①(福尔蒂斯等,2005)。20世纪70年代末开始,意大利东北部与中部地区(第三意大利)的快速发展引起学术界关注,Becattini(1979)、Brusco(1982)等开始对第三意大利的成功经验进行总结:以艾米利亚—罗马涅、威内托、托斯卡纳、马尔凯、翁布里亚等地区为代表的第三意大利形成了大量中小企业集聚的一种弹性专业化生产系统,实现了本地社区嵌入,具备了参与全球市场竞争的优势,且更类似于100年前马歇尔提出的以外部性和本地根植性为特征的产业区。

从20世纪80年代末开始,随着全球新劳动空间分工的剧烈演进,以及技术创新步伐的加快,第三意大利的纺织服装、眼镜、制鞋等产业经历了就业萎缩、生产外迁、工厂倒闭等衰退迹象,这一过程持续到2000年前后(Amin,1999a;福尔蒂斯等,2005;Hadjimichalis,2006)。学者们一度开始怀疑第三意大利这种产业区模式,Gallo和Silva(2006)认为尽管产业区模式集中反映了外部经济特征,但长期维持小型企业专业化的生产体系不利于当代的竞争。威尼斯大学教授科洛(2008)强调,随着时间推移,如果这些集体资源(即外部经济的能力、灵活性、可靠性和信誉等)不进行适当的更新,它们也会枯竭或失去价值,就如"公地悲剧"一样②。Hadjimichalis(2006)关于第三意大利衰退的原因总结得更为全面:(1)20世纪80年代到90年代中期,全球经济衰退,美国、欧洲等国家对意大利时尚产品的需求下降。同时,世界地缘政治变化,1989年东欧解体,东欧、北非、土耳其、越南、印度、中国等以低成本生产服装、鞋、家具等产品,意大利企业找到了大量低成本的FDI地区。(2)1992年的马斯特里赫特协议(Maastricht Agreement)和2001年意大利进入欧盟后,在美元贬值背景下,意大利里拉升值,制造业成本上涨。

---

① 据意大利国家统计局(ISTAT)2005年统计显示,意大利有55万个制造业企业,31.3万个运营时尚、家庭装饰用品和工程(机械与设备)部门,共有156个产业区,雇员人数190万,其中45个产业区生产纺织服装、38个产业区生产机械与设备、32个产业区生产家居用品、20个专营皮革与制鞋。

② Bellandi、Gallo、Silva、科洛等人的观点引自:巴尔巴托. 产业区直面经济全球化——中意比较研究[M]. 罗红波,译. 北京:社会科学文献出版社,2008.

（3）人口减少，且年轻一代意大利人不愿去小企业工作，企业家后代对接班没有兴趣（Mingione，1998）。（4）意大利产业区尽管有本地制度的支持，但缺乏制度设施，无法快速选择领导者和危机公关者。当外部冲击出现时，内部竞争引发价格战，家庭业者、转包商等小企业首先被影响，并进一步阻碍了创新和基于信任机制的企业协作，这种情况下，小企业反而不如大企业灵活。

然而，从2000年开始，第三意大利产业区在动态演化中保持了竞争力的更新与延续，更多学者开始反思静态的产业区模式，并转而关注第三意大利产业区的重构现象。

首先，企业规模的扩大、集团化是以中小企业为主的第三意大利产业区重构的主要特征。1980—1995年在Veneto发生了2000次并购，企业总数减少了13%，每个企业雇工数由5.6人增加至25.7人。一些学者将其称为产业区集团（district business groups），即产业区内企业以正式、非正式联系组成的商业集团。Brioschi和Cainelli（2002）研究了艾米利亚-罗马涅大区的13个产业区，发现这些产业区集团具有更加集中的资本和控制力，逐步替代了原有的中小企业合作竞争机制。

其次，空间重构以去地方化为特征。从1990年开始，所谓的TAC产业（纺织、服装、制鞋）转向低成本劳动力地区或国家，调查发现有5643家企业去地方化，其中约2000家是完全转移。去地方化具体有两种形式：一是直接分包至迁移目的地（距离较远的印度、中国、越南等）；二是重新安排设备、管理人员至目的地（主要是就近的北非、东欧、巴尔干半岛）。第三意大利的产业转移最初是周边的匈牙利、斯洛文尼亚，这些国家与意大利基础设施相通，有容易培训且成本较低的劳动力；而后转向更低成本的罗马尼亚、波兰、白俄罗斯等国；而在亚洲，则是先到我国香港和台湾，而后转向越南、泰国。产业区在转出低附加值生产的同时，保留了设计、研发、物流、营销环节（Hadjimichalis，2006）。王周扬、魏也华（2011）将意大利产业区的这种重构称为"国际化"，并认为向低成本地区的产业转移并不是国际化的唯一模式，Rabellotti（2004）的研究发现，Brenta制鞋产业区的企业完全放弃了设计和营销环节，专注于生产，成为奢侈品全球价值链的生产者。

再次，产业区的技术创新。传统的本地化集体学习式创新向跨地域学习（learning at the boundary）转型，如Belussi（2010）发现Montebelluna运动鞋产业区中的GEOX集团在本地以外的米兰、日本等地开展技术合作。

而且,龙头企业在产业区创新中的作用越来越大,拥有外部知识联系的企业比产业区其他企业更具创新能力,他们充当了知识接收员,但知识的共享性有限(Boschma,2007)。

最后,本地劳动力的代替。1975 年开始,非欧盟国家的产业移民大量涌入意大利,1991 年是 65 万人,而 2004 年达到 254 万人,其中摩洛哥人是最大的群体;在 Carpi 纺织产业区的中国人有 1600 人,其中 850 人有合法身份(Hadjimichalis,2006)。这些移民主要帮助了意大利的两类企业:一是正处于生产周期关键阶段的企业,外迁成本高昂、风险大;二是那些完全依赖低成本劳动力的小型分包商。在 Marche 制鞋产业区还存在大量小企业,因为这些小的分包商(单厂雇工少于 10 人)以低成本与中国等竞争,其雇佣的移民成本比本地人低 60%~80%;小企业无法雇佣本地人不仅仅因为工资低,在 Marche,由于社会地位不高,本地人不愿从事制鞋业,年轻人也不愿进入相关的技校和大学专业学习。

第三意大利产业区的重构案例近来也受到国内学者的关注(王周扬、魏也华,2011;王缉慈等,2009;王缉慈、刘環,2009),因为那里的情况与中国沿海地区遇到的问题有些类似,本书关于温州产业区的研究也将重点比较意大利的情况,详述见第四章。

### 四、新兴工业化国家的产业区重构:东亚、南美、南非的案例

新兴工业化国家的产业区重构又不同于欧美老工业区、高技术产业区以及传统的马歇尔产业区的情况。得益于经济全球化和出口带动,新兴工业化国家在 20 世纪 60—70 年代一度是经济高速增长的代名词。但实践证明,20 世纪 90 年代开始,产业区锁定与重构问题也开始出现在第一代的新兴工业化国家,如韩国、新加坡及南美、拉美国家(Hassink 和 Shin,2005)。

根据 Gereffi(1999)的观察,东亚的服装产业区可以沿着 OEM—ODM—OBM 的路径实现升级。Schmitz 和 Knorringa(2000)则认为在全球采购商的限制下,东亚国家的劳动密集型产业区可以实现流程和产品升级,而功能升级却非常困难,常常陷入低端锁定。但情况并没有那么绝对,台湾的电子产业区通过不断的技术学习,最终实现了功能的升级(Lee 和 Chen,2000)。新加坡服装产业区也被认为是成功重构的案例。新加坡的服装产业区依靠来料加工(CMT)和 OEM 代工生产,在 20 世纪 60 年代快速兴起,虽然在 20 世纪 80 年代出现了劳动力缺乏、工资上涨等问题,但依旧保持增

长;20 世纪 90 年代初出现衰退。Grunsven 和 Smakman(2005)观察到,新加坡纺织产业区成功将嵌入全球价值链过程中的锁定降至最小,成功实现了产业区重构。如企业通过雇佣外地劳工降低成本;或选择低成本劳动力国家进行对外投资、对外转包等,新加坡国内则保留了非生产的企业总部、设计、商贸、样品制作展示等职能,新加坡转变成为西方购买商在亚洲的重要中转站和联络人(coordinator)。

一些东亚产业区的升级失败并不仅仅是由于跨国购买商的阻力。根据 Cho(2009)的观察,韩国大邱(Daegu)纺织产业区 20 世纪 60 年代兴起,但 20 世纪 80 年代由于产能过剩而转入衰退,20 世纪 90 年代受到周边低成本国家的竞争,大量企业迁往中国。40 多年来,大邱纺织产业区被锁定在低附加值、低技术含量的中端纺织品层次,缺乏高附加值和高科技含量的下游产品。产业区就业量从 1981 年的 91000 人下降到 2000 年的 47000 人。技术升级是当地政府首推的复兴产业区策略,当时的"Milano 计划"旨在将大邱纺织产业推向高附加值的纺织、服装、时尚、设计领域。但当地的纺织品生产商和其游说组织以大邱应当保持织造和染色技术市场为由反对此重组计划,致使实施效果不佳。Hassink(2005b)认为,大邱学习型区域的重建阻力类似于一种本地既得利益集团主导下的政治锁定。

东亚的低端锁定同样出现在南美国家产业区。巴西西诺斯谷(Sinos Valley)制鞋产业区发源于 20 世纪 60 年代,当时以供应国内市场的小企业为主。20 世纪 80 年代,美国购买商带动了产业区的快速发展,出现一批大企业,它们被整合进了美国的制鞋产业链,实现了产品标准化、质量提升和功能的升级;这些大企业只需关注生产和自身的供应链组织,美国购买商负责产品升级和物流销售。20 世纪 90 年代开始,来自中国的廉价鞋进入美国市场,西诺斯谷制鞋产业区失去优势,生产萎缩。巴西政府试图推进强化产品设计的振兴计划,但遭到制鞋大企业的反对,因为担心这样会损害其美国购买商的利益,进而失去稳定的出口渠道。最终,这一典型的准层级型全球价值链(quasi-hierarchical)治理模式下的产业区陷入衰退(Humphrey 和 Schmitz,2002)。

新兴工业化国家的产业区重构总是在规避全球价值链治理结构的限制。Navas-Aleman(2011)通过对巴西南里奥格兰德(Rio Grande do Sul)家具和制鞋产业区的案例研究表明,为了规避全球价值链的升级锁定,充分利用国内和区域价值链可以有更大的升级机会,产业区企业能够获取附加值更高的活动空间、较高的酬金和难以复制的设计、营销和品牌。当然，只有大型的国家和较大、复杂内部市场的国家存在这种可能，但小国家（如中美洲国家）可以充分利用其周边的市场。另外，巴西的这两个产业区企业常常为多个价值链服务，多链企业（multichain firms）比仅仅依赖全球价值链出口的企业具有更多升级机会。Ponte(2009)对南非葡萄酒产业区重构案例的研究表明，认为发展中国家产业区升级是沿着"产品、流程、功能、产业链"路径向高附加值攀升的观点过于简单化；南非葡萄酒产业区的重构有些类似"功能降级"(downgrade)，更专注于批量、及时、保证稳定供货的葡萄酒生产，而不是通过美化包装等提升附加值。功能升级面临更低利润和更大风险，关键是找到回报与风险间的平衡。

表 3-3　国外产业区重构案例的分类比较

| 类　型 | 典型案例 | 形成原因 | 衰退时间 | 衰退原因（负锁定） | 重构时间及途径 |
|---|---|---|---|---|---|
| 欧美老工业区 | 美国"锈蚀带" | 第二次技术革命的推动 | 20世纪50年代 | 二战后美国工业衰退；单一产业结构；城市环境差；政策边缘化等 | 20世纪80年代<br>能源价格下降；产业结构多元化（服务业兴起）；汽车制造复兴（精益制造技术引进）；联邦政府推动；科技创新等 |
| | 德国鲁尔区 | 煤炭资源、重化工业 | 20世纪50年代 | 煤炭工业衰退；单一结构、大企业主导带来的功能锁定、认知锁定、政治锁定等 | 1960年代末<br>打破单一结构，产业结构多元化；发展新兴服务业；改造城市环境；技术创新；政府援助等 |
| 高技术产业区 | 128公路地区 | 信息技术革命、军事领域的政府购买 | 20世纪80年代 | 依赖政府，组织僵化；公司大而全，保守作风等；缺乏"忘却能力"；国防收支剧减冲击 | 20世纪90年代<br>强化了互动学习和集体行动；生物医药产业兴起；创业盛行；风险投资集聚等 |
| 马歇尔产业区 | 第三意大利产业区 | 后福特制的弹性专业化 | 20世纪80年代末 | 全球经济衰退的冲击；外围低成本地区的竞争；制造业成本上涨；人口减少；小企业易受影响等 | 2000年开始<br>去地方化，但高附加值环节留在本地；产业区集团的发展；技术创新；低成本移民的涌入等 |

| 类　型 | 典型案例 | 形成原因 | 衰退时间 | 衰退原因（负锁定） | 重构时间及途径 |
|---|---|---|---|---|---|
| 新兴工业化国家产业区 | 新加坡服装产业区 | 新国际劳动分工 | 20世纪90年代 | 劳动力缺乏；工资上涨等 | 20世纪90年代雇佣外地低成本劳动力；对外投资和转包，保留高附加值环节等；成为西方购买商的亚洲联络人 |
| | 韩国大邱纺织产业区 | 新国际劳动分工 | 20世纪80年代 | 中国等更低劳动力成本国家的冲击，企业外迁中国；低技术的锁定 | 至今未完成重构，原因是政府推动的技术升级（工业设计）受到利益集团阻挠 |
| | 巴西制鞋产业区 | 新国际劳动分工（美国购买商） | 20世纪90年代 | 中国廉价鞋（进入美国市场）的冲击 | 至今未完成重构，原因是政府推进的产品设计振兴计划受到大企业的反对 |

资料来源：作者整理。

## 第四节　中国的产业区重构理论及案例研究

### 一、产业区(重构)理论的引入与探讨

产业区理论在20世纪80年代开始引入国内。1983年，意大利著名产业区学者Becattini教授在中国社科院做了有关"意大利产业区的发展"讲座，首次将马歇尔产业区理论和意大利的产业区经验介绍给中国听众。随后，罗红波、戎殿新、张蕴岭等最早介绍了意大利产业区案例和经验（王缉慈，2008）。而王缉慈（1994；1998）则最早、最全面地梳理了西方产业区理论及在中国的应用方向。李小建（1997）探讨了全球化背景下中国新产业区的研究思路，最早提出了经济地理关于地方化（产业区）与全球化的辩证讨论方向。

从20世纪90年代末开始，国内学者更多以Porter的产业集群理论探讨中国的地方产业集聚现象，并没有严格区分"集群"与"产业区"这两个概念。而经济地理学者则更忠于"新产业区"概念，苗长虹（2004；2006）的两篇论文系统介绍了马歇尔产业区理论和产业区研究的主要学派。吕拉昌、魏

也华(2006)探讨了新产业区的形成、特征及高级化途径,认为新产业区是后福特主义与新劳动地域分工及全球化相结合的产物,具有同源性,但在不同国家可能采取不同的表现形式。新产业区的高级化要从实际出发,从多种途径中进行有针对性的选择,形成新产业区提升的最佳路径和途径。

国内的经济地理学者在介绍西方产业区理论的同时,也对产业区的理论发展和案例丰富做出了贡献。苗长虹(2006;2007;2009)系统提出了学习型产业区、学习场的理论框架,完善了对产业区的空间技术学习及其演化过程的解释。

曾刚、文嫮(2005)通过研究嵌入全球价值链的瓷砖地方产业集群,指出了新区域主义分析区域经济发展成因的局限性,强调了在全球价值链中,地方产业集群要通过与其他区域产业集群的合作互动,来创造、增加、保持和捕捉价值,从而带动区域经济发展。

Wei(2007;2009;2010;2011)的一系列外文核心期刊文献用产业区理论分析了中国温州的电气、服装、鞋革产业区及苏南的产业区,对传统的温州模式、苏南模式进行了再思考,观察到全球化下的地方发展在中国具有不同于西方产业区的新路径;并首次将产业区重构研究引入国内,探讨了温州产业区的锁定问题和重构模式,超越了产业区只介绍成功故事,缺乏对问题区域动态关注的不足;也对国际产业区实证研究补充了来自中国的案例。

朱华友、潘妩妮、王缉慈(2013)基于 Storper"技术—组织—地域"三位一体区域研究框架,提出了产业区变迁的"技术—组织—区域"共同演化过程机制。在地方情境下:若产业区企业互动学习,则升级为创新型产业区;若产业区企业较少关心学习,或固化在本地化网络之中,产生锁定效应,则可能衰退;如果企业产生组织惯性,不能及时随着技术范式的变化而变化,则可能产生衰退。在全球情境下:如果产业区企业能够摆脱全球贸易商的控制,则可能升级;如果只能靠接受贸易商订单生存,则有衰退的风险;若跨国公司转移导致地方企业被动转移或兼并地方企业时,产业区形态则可能消失。



## 二、国内产业区重构案例研究

改革开放以来,我国处在剧烈的区域和制度变迁过程中,并伴随着分权化、市场化、国际化进程(Wei,2000)。中国产业区重构的案例研究区域主要集中于三类地区:(1)计划经济体制下的重工业区(老工业区),如东北地区,这些产业区具有和欧美老工业区相似的特征,产业主要是煤炭、钢铁、重型装备等,近30年发生了衰退与重构;(2)中西部欠发达地区的产业区演化;(3)中国的改革开放催生了一批以乡镇企业、中小企业为主的企业集聚区域,如被社会学家费孝通先生称之为"温州模式"、"苏南模式"、"珠江模式"的专业化产业区。这批产业区一直是中国市场经济先发和前沿的代表,但21世纪以来随着全球化和地方要素条件的变化,也出现了较为明显的区域变迁。以下分别综述。

东北老工业区的形成是计划经济的产物,当时政府为了迅速建立一个完整的重工业体系,以行政计划动员的方式,基于东北先天性发展重工业和大型装备制造业的资源优势,将大量建设资金投向东三省,短时期内迅速形成清一色国有企业为主的制造业集群,东北所生产的工业原料和装备则全部通过国家计划调拨分配到全国各地。徐充(2005)认为,东北老工业区面临的问题是"旧体制残余的影响":一方面企业无法适应市场经济竞争,缺乏创新意识;另一方面当地政府也难以实现角色转变,这类似于认知锁定与政治锁定。任保平(2007)认为中国老工业区重建中的锁定效应包括:(1)人们总想在原有结构、制度和人事范围内调整和等待,延误时机,加大了老工业基地改造成本;(2)技术锁定阻碍了新产业的发展以及接续产业的迅速形成;(3)认知锁定阻碍了创新精神对老工业区改造的推动作用。目前对东北老工业区的重构研究仅集中于问题反映与对策建议阶段,相对成功的区域案例还检索不到。

樊新生和覃成林(2005)、樊新生和李小建(2009)等考察了我国欠发达地区的产业区演化过程,案例区域以河南农村地区为主,如长垣卫生材料产业区。这些产业区在一定偶然性、本地特定要素和低成本优势条件下得以形成,而由于收益递增、路径依赖以及企业管理的惰性,集群在演化过程中可能会陷入低效率的闭锁状态。目前,对于这些欠发达地区的转型与重构过程还无法观察到,文献中仍侧重对策研究。

更多的产业区转型与重构出现在我国东部沿海的专业化产业区。近年来,这些先行产业区的演化与重构问题受到国内学者关注,案例区域主要是上海、江苏、浙江、广东等地。

曾刚与文嫱(2004;2005a;2005b)、张云逸(2010)、张云伟等(2013)做了一系列关于上海浦东信息产业集群、上海集成电路、上海汽车产业、张江IC产业集群的研究,在全球化视野下探讨了地方产业集群的发展和升级问题。

国际化大都市上海的产业集群遇到的升级问题具有一定的先行意义。例如,上海汽车产业集群的发展不是建立在强大的研发能力和高端消费市场基础之上(与欧美、日本等发达国家不同),而是建立在大量引进外资、低生产成本的基础之上,品牌、技术对外依赖严重的发展中国家色彩十分浓厚。因此,在达到一定产业规模后,重视汽车企业之间的水平联系、强化企业自身研发能力、提高产业根植性、壮大核心企业,是上海乃至全国汽车产业集群保持活力的关键。浦东集成电路地方产业网络在嵌入生产者驱动型价值链的全球生产网络时,价值链治理者——全球领先公司,对地方产业网络升级的推动或阻挡,决定于地方产业网络的升级行为是否侵犯了其核心竞争力。对于张江 IC 产业集群,跨国公司在集群不同发展阶段的作用存在差异,在产业集群成熟期,全球通道的作用相对下降,本地蜂鸣、创新环境和区域品牌等内生因素作用凸显。为了防止产业集群锁定和衰退,政府需要同时注重本地蜂鸣和全球通道建设。

"苏南模式"的转型代表了中国第一代内生产业区的重构路径。Wei(2002)通过对昆山的研究,提出了中国地方经济发展是国家、本地发展条件和外资三种角色合并影响的结果。改革开放后,苏南地区通过社区政府推动和集体经济的投入,依靠乡镇企业(TVEs)发展起来。但从 20 世纪 80 年代末期开始,乡镇企业面临改制后的国有企业、私营企业、外资企业的竞争,优势弱化。苏南的重构主要是:利用邻近上海的区位,通过引入 FDI 发展外向型经济;通过企业联合组建企业集团,优化了产业区的规模结构;通过产权制度改革改变了乡镇企业的模糊产权问题,逐步建立了现代企业制度(Wei,2000;洪银兴、陈宝敏,2001)。

浙江大量的块状经济为产业区动态研究提供了丰富案例[①]。许庆明等(2004)观察到浙江大唐袜业产业区通过国际化途径实现了产业区重构。大唐袜业产业区起步于 20 世纪 80 年代初,成长于 90 年代,是中国最大的袜子生产基地和织袜原料生产基地,号称"国际袜都"。20 世纪 90 年代后期,在国内市场饱和的限制下,产业区出现衰退迹象。区内企业开始了先贴牌、后自有品牌出口的国际化转型,从 1998 年到 2002 年,产业区出口比重快速上升,目前产量占全世界总产量的 30%。大唐袜业产业区的案例说明需求市场的饱和与产出市场的过度拥挤和竞争,是专业化产业区进入成熟期之后

---

① 此处没有将温州文献列入,温州产业区重构案例的文献回顾见第四章。

经常出现的现象,也是国内一些产业区过早步入衰退的主要原因,而外向型发展是延续浙江专业化产业区生命周期的一条必由之路。张伟明、于蔚(2013)发现绍兴轻纺产业集群的升级包括交易方式升级、工艺流程升级、产品升级和功能升级四个方面,强调了商品交易市场的交易方式转变有助于推动劳动密集型产业集群的升级。吴结兵、郭斌(2010)考察了绍兴纺织产业区的企业适应性行为、网络化与集群发展之间的相互影响,认为特定适应性行为与网络体系的相互匹配和交互作用形成了产业区发展的不同阶段。

珠三角地区的转型模式也受到学者们的关注。20 世纪 70 年代末,为了降低生产成本,香港企业将生产基地转移到珠江三角洲地区,而将销售部门、公司总部留在本地。通过决策地和销售地(店)与生产地(厂)之间的密切合作,发展出口加工业,带动了珠江三角洲地区区域经济的发展,即所谓的"三来一补"(樊杰、陈东,2009)。珠三角产业发展模式是一种高消耗低成本的数量扩张模式,20 世纪 90 年代开始,资源供给的相对充足和需求市场的不断扩大优势不再,珠三角面临发展困境(朱卫平,2008)。珠三角在产业区的转型上进行了探索,在政府干预下主动迎合集群的周期规律,实现产业更新。具体做法是所谓的"双转移",即劳动力和产业向西部、内地转移。近 3年来珠三角 9 市转出近 6000 家企业,同时引进来的 1.8 万家企业,主要是先进制造业、现代服务业和高技术企业,占了 55%。佛山有超过 500 个企业转移到清远、云浮两个转移园区。这些企业包括铝型材、陶瓷、家电等佛山传统优势产业。2011 年,一汽大众、彩虹集团(LED)进入佛山(王缉慈,2010)。

# 第四章　温州产业区的起源、演化与重构

以民营经济起家的温州总是不乏外界关注,自 1985 年 5 月 12 日的《解放日报》首次使用"温州模式"表述开始,政府和学界对"温州模式"掀起了讨论热潮。温州模式研究集中于两大主线:一是经济发展主线,侧重于温州私营经济发展模式对中国经济改革的示范作用;二是制度变迁主线,认为温州模式的成功是以诺斯所说的"有效率的经济组织"①推动了自下而上的"(需求)诱致性制度变迁"和区域经济的持续增长(史晋川、朱康对,2002)。西方的"区域复兴"带来对"新产业区空间"现象的大量关注(苗长虹等,2011),笔者发现除了从正统经济学的内生增长和新制度主义的制度变迁来解释温州现象外,新经济地理理论为温州这一中国最典型的地方产业区的内涵、起源、演化和重构问题提供了不同的讨论视角。本章对温州产业区的起源、演化和重构进行研究文献的回顾,温州产业区疑似进入区域锁定和重构阶段,本章还将对这一发展现状做出描述性分析。

## 第一节　"温州模式"的内涵:与"产业区"的概念对应

西方"产业区"研究复兴的时间阶段与温州模式兴起的阶段几乎同时,由于理论的传播时滞,20 世纪 90 年代初,国内学者才开始引入产业区理论,并将国外文献中的地方案例与国内的产业区相对应。李小建(1997)较为系统地将我国农村工业化地区与新产业区进行了对应,他认为"(类似于温州的)这些'村村点火,处处冒烟'的农村工业根植性强,企业联系密切,完全有可能发展成为新产业区"。2000 年 6 月,"21 世纪浙江民营经济(非国有经济)国际合作研讨会"上,"产业区"这一表述首次出现在浙江(温州)的官方

---

①　道格拉斯·诺斯.西方世界的兴起[M].厉以平,蔡平磊,译.北京:华夏出版社,2009.

话语中①。进入 21 世纪以来,产业区理论的引入与中国地方经济的争相繁荣,构成了理论与案例研究的互动条件,关注浙江和温州的国内外经济地理学家开始从产业区视角讨论温州模式。

温州模式的内涵表述很多,张仁寿(1990)将其概述为:以家庭经营为基础,以市场为导向,以小城镇为依托,以农村能人为骨干。在 1985 年,温州家庭经营占了全市农村农业总产值的 93.4%,家庭工业有 11 万多家,呈现典型的小企业群聚特征。这与马歇尔(1910;1916)通过对英国当时 Sheffield 的刀具工业和 West Yorkshire 的毛纺织区的观察,所提出的"产业区"的概念非常相似。魏也华(2007)对温州模式从产业区视角进行了系统阐释,认为传统的温州模式(orthodox Wenzhou model)类似于最初的马歇尔产业区,即利用外部规模经济获得竞争优势的小企业在区域上集聚;温州模式实际上代表了一种成功的区域发展路径:以小规模制造和以市场导向的灵活生产、内生化增长为特征的家庭企业为中心,并辅以本地分销网络、多年的本地资本积累和地方厚制度等条件。

当把温州看作地区性产业区时,学者们更多地拿温州和第三意大利进行比较,代表性的比较如表 4-1 所示。

表 4-1　第三意大利与温州模式的比较

| | 产业类别 | 企业规模 | 产业文化 | 本地生产系统 | 市场 | 发展阶段 |
|---|---|---|---|---|---|---|
| 王缉慈的比较 | 都集中在分散型的轻工业部门,企业之间有社会分工和协作 | 都以中小企业为主 | 都有经商传统、创新意识、个人创业冒险精神 | 温州的部分产业区已具备了类似意大利的本地生产系统雏形和企业网络 | 除了出口,温州相比第三意大利还有整个中国市场的需求潜力 | 温州相比意大利还处于初级阶段,市场体系不健全 |
| Walcott S.的比较 | 产业类别 | 区位 | 网络 | 结构 | 迁移 市场 | 产品 | 创新 |
| | 第三意大利 | 孤立的落后地区 | 家庭扩张 | 垂直地方专业化 | 全球 全球 | 定制利基*(custom niche) | 信任多元转化 |
| | 温州 | 相同 | 相同 | 相同 | 国内 国内 | 相同 | 相同 |

*　利基(niche)是商业营销中的用语,指针对企业的优势细分出来的市场。

资料来源:王缉慈,2000;Walcott S.,2007,Table 2。

---

①　研讨会上许多产业区案例来自温州。参见:晓扬.特色产业区:浙江经济发展的战略选择——访浙江省体改办改革与发展研究所所长颜春友研究员[J].浙江经济,2000(7):8-9.

王缉慈(2000)认为温州产业区与第三意大利非常相似,并特别强调了浙江(温州)产业区内存在一种"创新氛围"(innovation air)和"产业文化",有利于信息和知识的迅速流通,促进创新的持续增值。Walcott(2007)对温州模式和第三意大利模式的比较更为细致,她认为温州与意大利北部艾米利亚-罗马涅地区的相似在于:以信任为基础的本地社会网络、专注于利基部门、内生资本投入等。同时她谈到,由于温州依托着巨大的国内市场,因此二者在企业迁移和市场腹地方面有所不同。王钢(2009)等温州本地学者对温州与第三意大利的比较也得出类似的结论。

Wei(2007)认为,从 20 世纪 80 年代后期开始,为了保持市场竞争力,温州产业区内的中小企业不得不"提升尺度"(scale up),并将强化本地根植性和整合国内外资源相结合。因此,温州模式开始经历重构,传统的 MID 概念已经无法很好地对应温州模式的特征。而充分考虑到本地化与全球化协同作用的"新马歇尔产业区"(neo-MID),或许是对当前温州模式更好的概念化对应。如温州乐清的低压电器产业区,由于后来正泰、德力西等几家大型企业的出现,众多本地中小企业围绕其开展配套生产,其"轮轴式产业区"[按照 Markusen(1996)的分类]的特征较传统的 MID 要更为明显。

## 第二节　温州产业区的起源

在全球"滑溜溜"的生产空间中,为什么一些"黏结"性地区得以存在?正统经济学认为,分工与专业化的演进对经济活动的空间集聚具有重要意义(Young,1928),斯密定理告诉我们分工由市场扩大而引发,但市场扩大为什么会在温州(而不是别的地方)引发分工的开始?从文献中看出,经济地理学家们认为偶然性、创新是温州产业区的逻辑起点,而历史传统和产业特定要素是偶然事件"黏结"在温州的重要条件。

### 一、偶然性与创新

马歇尔最初将地方性工业的起源归于自然条件、宫廷庇护等因素,认为偶然的事件也许会决定某种工业是否在一个城市繁荣起来。Krugman 所说的达尔顿地毯制造之都,也是源于一个女孩为了送朋友结婚礼品而做的簇

温州产业区重构:
空间、演化与网络

状床罩。温州的许多行业性产业区的发起都类似于这种偶然事件,如朱康对(1999;2001)探讨的两个案例:一是温州永嘉的纽扣产业,源于1978年桥头(永嘉县的一个镇)人在江苏镇江玻璃纽扣厂偶然发现的一种很像金鱼眼睛的纽扣;二是温州平阳萧江镇的塑编产业,最初是该镇一个叫毛传臻的购销员出差时带回的一些编织袋(他当时并不知道这种袋子是什么),本来是带回来做麻袋用的,而后来的模仿生产竟造就了温州萧江镇的塑编产业区。1970年,柳市镇陈庆瑶(音译)从安徽某煤矿得到需求信息,回家后敲打出温州第一批低压电器产品(触头),造就了现在的"中国电器之都"(史晋川等,2002;吴逢旭等,2008)。王缉慈(2010)则将产业区偶然种下的"第一粒种子"归纳为关键性的企业,并以温州打火机产业区为例,认为其产生是源于新创的本地民营企业——周大虎创办的大虎公司带起来的。

朱康对(1999;2001)、史晋川(2002)进一步将上述"偶然性"理解为一种创新行为。根据熊彼特的创新理论,产业群落的发源就是在一个特定区域内引入一个新的产业,实际上是一种从来没有过的生产要素与生产条件的新组合(新的生产函数),例如桥头镇的纽扣,实为一种偶然间的市场发现,是一种市场创新;也可能是技术或产品的创新,如温州苍南的宜山,古时素有土纺织传统,1979年,60岁的孙阿茶老太太改造了开花机、纺织机,纺出了当地第一代再生腈纶纱,促使该产业迅速成长。柳市镇的第一个电器触头也是两位陈姓农民和家庭成员一起模仿创新出来的。创新产生垄断利润,带来大量模仿,使某一产业在当地不断扩大,继而才是分工的深化。

## 二、偶然中的必然:历史传统与产业特定要素

学者们进一步探求这些"偶然性"何以在温州生根发芽,正如Martin和Sunley(1996)所强调的,现实世界的"偶然"中可能包含着特定的关键决定因素。相关文献较为一致地认为,温州的"历史传统"及其所拥有的"产业特定要素"起到了"土壤"作用。

首先,从上述提到的"偶然"市场发现说起,为什么温州会有大量的供销员在全国奔走?温州先天资源不足,人地矛盾促使前近代时期的大量温州人学习手艺外出谋生,甚至出海渡洋(杜润生,2002;陈丽霞,2011)。大规模的劳务输出,为温州人发现新的市场机会创造了条件,同时也提高了农民的素质、积累了资金(张仁寿、李红,1990)。一个偶然的事件可以在温州商人间迅速扩散,也源于温州基于"业缘"和"乡缘"的行会自治传统,即温州人

"善于抱团"(任晓,2011)。其次,温州是"百工之乡",工商传统悠久。胡兆量(1987)对温州模式产生的人文地理背景进行了考察:温州在晋朝时就有东成缥瓷(青瓷)出口;唐时织布、造纸、酿酒等手工业兴起;南宋时期是陪都,优质贡纸堪称东南一绝,贩漆大量外销。温州制鞋业有500多年的历史,制鞋行业的师带徒传授模式,市语(行话)、工艺诀窍等世代相传的知识,以及工匠们地理集聚所形成的社区氛围等,都是后来形成温州制鞋产业区的重要基础(朱康对,2008;金祥荣、朱希伟,2002)。再次,温州的商业文化的作用。傅允生(2003)认为温州产业区的生成首先是受商业文化的影响,南宋永嘉学派"义利之学"促成了注重功利、崇尚实务这一工商业文化传统的形成,明清时期江南市镇经济的出现为地方特色产业的发展奠定了基础。张靖龙(2002)认为以冒险与进取精神为特征的海洋文化造就了温州的企业家精神,是温州产业区产生的文化动力。

更进一步,金祥荣和朱希伟(2002)通过对温州鹿城鞋业的研究,认为温州产业区兴起的历史逻辑是产业特定性要素的空间累积,产业特定性要素包括:(1)产业特定性知识,如只有身临其境才能潜移默化学习的默会知识;(2)技术工匠和特质劳动力;(3)产业氛围,类似于马歇尔所说的"产业空气"(industrial atmosphere)。产业特定要素具有低流动性特征,导致这些要素一旦在一定区域内生成便很难向四周扩散,从而经过漫长的内生演化与累积过程,形成空间集聚。臧旭恒和何青松(2007)将偶然性背后的关键决定因素归结为文化习俗、传统工艺等"集群租金",当生产要素在某地区预期可以获得地理租金与产业租金时,集群萌芽就会发生。

## 第三节　温州产业区的形成与演化

关于温州产业区从"第一粒偶然的种子"变成"森林"的演化过程(机制),相关文献展开了多角度的探讨,可分为三类:(1)规模报酬递增下的自我强化;(2)降低交易成本带来的分工深化;(3)运用演化经济地理学相关概念的解释。

### 一、传统的解释:规模报酬递增与自我强化

马歇尔强调产业区的形成得益于外部规模经济所产生的自我增强机

制。Krugman(1991)通过著名的"两区域模型"证明了在规模报酬递增的前提下,若给定了初始状态,工业生产活动的空间格局演化是趋于集聚的。金祥荣(2000)认为在浙江(温州)的块状经济中,生产同种产品的各种可分割性功能操作不断从企业内部剥离出去并达到最适当的生产规模,企业由此获得内部的规模报酬递增效益。而且,这种企业内部分工的社会化过程,促使每个企业相互提供丰富的外部规模经济,表现在对专业化、辅助性服务的联合需求、共享销售网络(专业市场)等方面。石大力(2007)通过温州鞋业产业区的案例,说明了专业化产业区的形成是优势超过一定的临界点后,由于循环累积作用不停地自我强化,使大量企业加速向此地集聚,形成分工网络体系。但不同于 Krugman(1991)那样绝对的观点,他认为不是所有的累积过程都能必然导致产业的空间集聚,还需要一定的经济条件,需要经过市场竞争的自然选择过程。

## 二、分工理论的解释:降低交易成本带来的分工深化

分工和专业化的一个主要副产品是"地区专业化"(盛洪,1992)。因此,有了"历史的起点",可以把接下来的产业区演进看作分工持续演进的过程。温州产业发展初期生产单位以家庭工厂为主,其经济和技术实力十分有限,因而在地理上的集聚便于互相之间通过专业化分工和协作来共同完成产品的生产,以实现家庭工业小规模生产条件下的大批量生产(张仁寿、李红,1990)。Huang(2008)认为温州制鞋产业分工深化后的生产单元大大降低了固定资产的投入规模,降低了企业加入门槛,解决了初始资本投入问题。

而进一步的问题是,分工持续深化的机制是什么? Young(1928)提出了"分工深化—生产迂回方式演进—技术进步和市场扩展—分工进一步深化"的自动机制,即一旦分工发生,在报酬递增作用下,分工深化是一种自我积累过程。分工深化会导致交易费用增加,在弹性积累模式下,企业通过本地化降低分工带来的空间成本或交易费用(Scott,1988;宁越敏,1995)。具体来看,金祥荣(2000)认为在浙江(温州)的块状经济中,由于每个单项功能操作上都有大量企业存在,使得促进分工深化的同时存在竞争机制,克服了因资产专用性的提高可能产生的投机行为(交易成本),有利于分工继续深化。仇保兴(1999)也认为,威廉姆森所说的"特质交易"一旦集中到一个较小的区域空间,并满足竞争机制发生的数目条件,资产专用性程度就会降低。金祥荣(1998)还强调了专业市场的作用,认为外部规模经济、信息集散、降低

交易不确定性的风险成本是专业市场降低交易费用的三大功能。

另外,社会关系网络和信任机制在降低交易成本、促进分工深化方面的作用被更多强调。张苗莹(2008)认为凭借血缘、地缘关系,温州人得以快速动员、集中资本,社会资本与关系网络在温州模式形成中扮演了重要角色。林竞君(2005)引用了 Platteau 和福山(Fukuyama)的信任扩展理论,认为温州是受宗族文化影响较深的区域,家族主义的群体内文化在温州产业集群的形成初期起到了降低交易成本的作用,并加速了交易的空间集聚。随着分工和交易的扩张,信任类型由群体内信任扩展为普遍性信任(温州现代企业制度的创新),推进集群继续成长。

### 三、演化理论的解释:企业衍生、知识学习、自组织机制与路径依赖

演化经济地理学对产业区的形成研究主要涉及的是企业惯例的形成和扩散、新的习惯产生、变异,以及与环境的互相适应性,新奇是演化的根本动力(刘志高等,2011);演化经济地理学主要从三个角度来解释地理不平衡发展:广义达尔文主义、复杂性科学和路径依赖理论。对温州产业区的演化理论解释文献也体现了这种思路。

#### (一)广义达尔文主义的解释

广义达尔文主义的解释主要是企业衍生、新奇、学习、环境等概念。Boschma(2007)提出企业衍生是惯例遗传和扩散的主要机制。李永刚(2012)认为企业的裂变衍生是浙江专业化产业簇群发展中同类企业大量衍生集聚的重要原因,浙江的家族成员经过一段时间共同经营后常裂变为各成员分头掌管的多个独立企业;默会知识在裂变中被扩散,促进地方产业区快速发展。胡建绩(2005)认为社会网络、无形资源和弹性专业化是浙江、温州块状经济形成中,导致"企业衍生"的重要因素,而且其衍生模式主要是"内部繁殖"。

郑亚莉(2003)强调了温州产业区演化的动力是知识和学习,特别是生产组织与环境之间相互学习的作用机制。她将温州产业区演化过程总结为两个阶段:第一阶段是生产组织的复制与产业区在地理上的扩展;第二阶段是产业区小生境在地理上延伸,原始产业区快速成长。她认为温州皮鞋产业区在改革开放前属于第一阶段,一些具有相同技能的皮鞋工匠的集聚构成了原始的专业化产业区,而温州区位偏僻、语言交流不便等限制了以技术工匠为核心的产业组织的学习行为,在一个知识总量很小的小生境中,手工

作坊式的生产组织演化受到限制。改革开放后,温州皮鞋产业区逐渐向第二阶段演化:随着与外界交流互动的地理和制度环境的改善,小生境得到拓展,在外部性、因素集聚、收益递增和自组织等各种机理作用下,产业区最终得以形成。

### (二)复杂性科学角度的解释

一些学者利用复杂性科学的自组织理论来解释产业区的演化过程。如别春静(2006)提出,浙江企业集群具有自组织特性,集群演化分三个阶段:第一阶段是集群形成即系统创生,改革初期外部条件改变引起地区内部"涨落"——商品经济出现,一些家庭企业形成了具有极强集聚和衍生功能的集群单元,围绕集群单元形成了一个个块状经济体,实现从无序到有序的转变;第二阶段是集群扩散及系统微调,市场机会和外部需求的变化促使集群内部组织机制调整,如温州鞋业和低压电器的"质量革命",企业加快衍生;第三阶段是集群的高级化演化即系统升级,浙江、温州民营企业在邓小平"南方谈话"后的一系列制度创新、市场创新,体现了耗散结构理论中系统不断从外界吸收物质、信息、能量使负熵增加,以抵消系统内产生的熵增加,使系统保持有序状态。

### (三)路径依赖理论的解释

关于产业区演化过程,路径依赖理论也有一定的解释力。如郭金喜(2007)认为产业集群(产业区)是一个由路径依赖性质主导同时又不断受到外部冲击影响的复杂系统。他以温州打火机产业为例,提出最初的偶然性导致路径依赖的形成(1987年第一只"猫眼"打火机的出现,大批企业涌现);在后续过程中,一些事件(他称为"蝴蝶效应")可能冲击原有的路径依赖生成新路径(1993年前后侨贸盛行、贸易惩罚事件等导致温州打火机规范经营、产品升级),也可能由于路径依赖过强,经受不住冲击而崩溃(外贸狂潮诱发企业大量产生,但利益驱动下的以次充好等质量问题又使90%的企业倒闭)。其探讨类似于 Martin 和 Sunley(2006)所讲的区域发展路径依赖的交替性特征(正锁定与负锁定的不同作用形成不同路径)。

## 第四节　温州产业区的重构：现象描述与文献回顾

### 一、温州产业区的发展阶段和增长乏力的表现

温州产业区的发展过程可以划分为四个阶段：(1)从改革开放到1990年左右是第一阶段。这一时期产业区出现并快速成长，完成经济起飞，但在1989年陷入停滞，这与全国政治形势有关。(2)1990年至1995年可以看作第二阶段。这短短5年中，由于全国市场经济的松绑(特别是1992年邓小平"南方谈话"后)，温州产业区以更快的速度发展，许多行业性产业区奠定了在国内外市场的优势地位。(3)1995年至2008年金融危机前夕为第三阶段。在1994年至1996年，温州实施了"质量立市、品牌兴业"整顿计划[①]，无序、疯狂的发展状态趋于平稳、收敛，开始放慢步伐。(4)2008年以后为第四阶段。2008年全球金融危机对温州产业区产生较大冲击，温州经济掉头向下。从图4-1温州GDP和三次产业的发展指数所衡量的增长率[增长率＝发展指数－100(发展指数以上年为100)]来看，上述阶段的表现非常明显，1996年开始，温州经济没有再显现前十几年的大起大落，但平稳中呈现下降态势，特别是2008年以后。

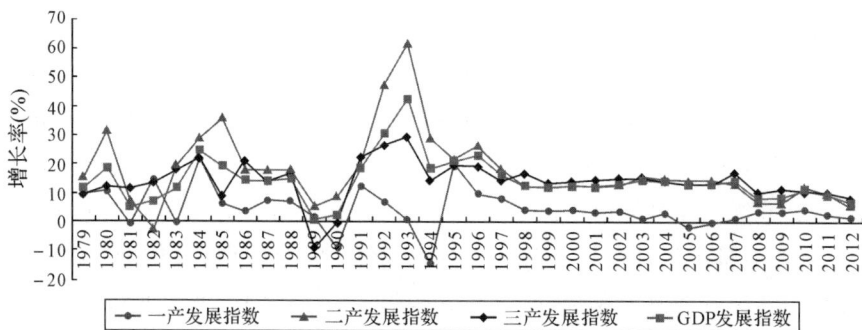

图 4-1　温州 1979—2012 年 GDP 及三次产业增长率(%)

数据来源：《温州统计年鉴(2013)》。

---

① 在利益驱使下，温州假冒伪劣产品盛行，严重影响产业区的持续发展，政府以此计划开展大力的整治，并取得成效。

改革开放以来,温州三次产业结构呈现同西方城市相似的转变趋势,第二产业增加值占 GDP 比重逐步下降,第三产业比重快速上升,同时第一产业比重下降。但在 1990—1995 年的快速发展阶段,工业比重呈现阶段性上升,如图 4-2 所示。

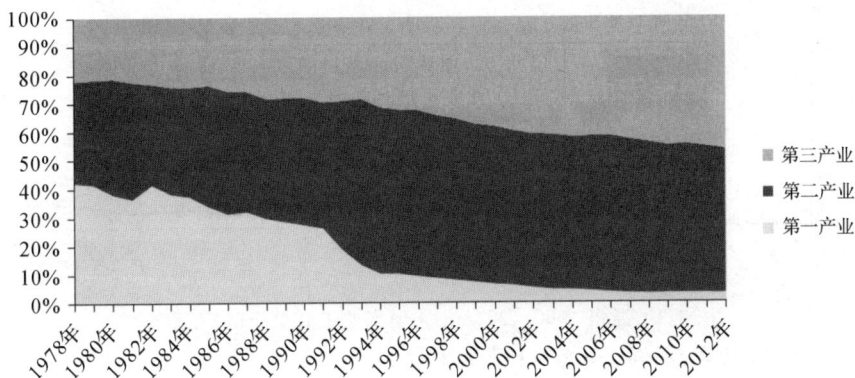

图 4-2　温州 1978—2012 年三次产业结构变化

数据来源:《温州统计年鉴(2013)》。

从分行业工业总产值来看,温州主要的行业性产业区也出现了"增长的限制"。如图 4-3 所示,温州电气、鞋革、机械、服装等主要的专业化产业区的工业总产值在 2008 年以后均出现了增长放缓甚至降低的态势。以三年为单位计算自 1990 年以来的"三年平均增长率",可得到图 4-4 所示的曲线,大部分行业的增长率下调是从 2002 年开始的,并在最近两年(2013 年数据暂缺)转为负增长。

温州是浙江省第三大城市,经济总量仅次于杭州、宁波。但进入 21 世纪以来,温州与杭州、宁波的差距明显拉大,而第四大城市绍兴超过温州也只是时间问题。通过计算 2002—2012 年上述三个城市的 GDP 和工业增加值与温州的差值,绘出图 4-5 所示的曲线。可以看出,温州与杭州和宁波的 GDP、工业增加值差距在不断拉大,且 2009 年以来呈加速趋势;同时,绍兴的工业增加值从 2007 年开始超过温州,GDP 也在 2012 年几乎与温州持平。温州产业区经济相对浙江省环杭州湾城市出现了发展乏力迹象。

虽然还无法观察更长的阶段,但从目前的经济数据来看,温州产业区确实出现了增长乏力的态势。从新闻报道和笔者野外调查的情况来看,企业数量减少、龙头企业迁移等去地方化的问题比较突出;大部分劳动密集型产

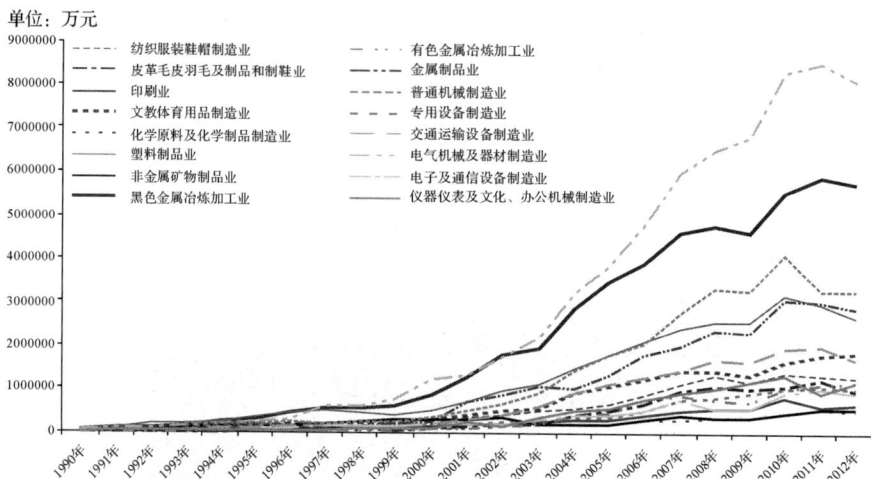

图 4-3　温州 1990—2012 年主要行业工业总产值（万元）

数据来源:《温州统计年鉴》(1990—2013)。

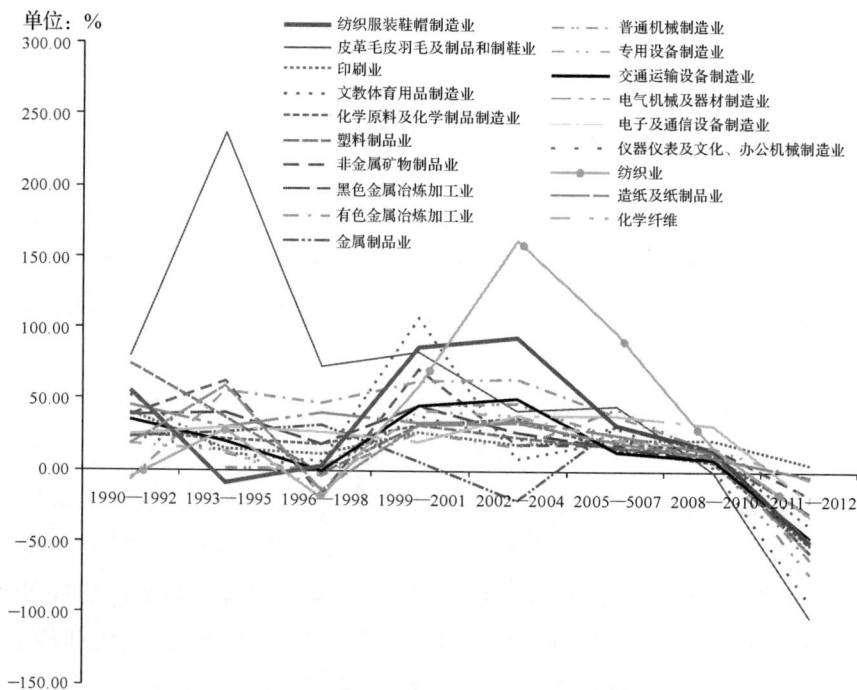

图 4-4　温州 1990—2012 年主要行业工业总产值连续三年平均增长率(%)

数据来源:作者根据《温州统计年鉴》(1990—2013)计算而得。

单位：亿元

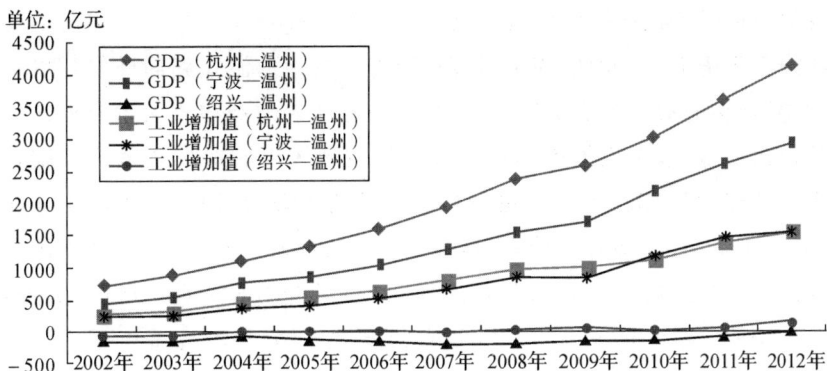

图 4-5　2002—2012 年温州与杭州、宁波、绍兴的 GDP、工业增加值差距（亿元）

数据来源：《温州统计年鉴》(2003—2013)。

业区被锁定在低端技术层次。这些问题引发了 2003 年前后，国内（特别是浙江）学术界对"温州模式"是否过时的大讨论。其中，史晋川（2004）根据从温州观察到的"人格化交易方式"等现象，做出了"现在的'温州模式'将在 25～30 年后消失"的预言。而张仁寿（2004）则认为"最突出的问题在于制度创新陷于式微，但温州模式处于动态演化中，现有的温州模式将被更符合现代市场经济规律的方式取代"。笔者赞同后者的观点，产业区总是处在动态演化过程（Ashiem，2000）。实际上，近年来关于温州产业区重构的关注正在增多，从现有文献来看，主要包括空间重构、融入全球化和技术升级，当然技术升级的重构并不顺利。以下对温州产业区重构文献做简要回顾。

**二、温州产业区的空间重构**

在意大利和德国等西方产业区重构过程中，迁移是对区域锁定的重要策略响应。魏也华（2007）认为温州企业的多元化和迁移是温州模式重构的两个主要类型，小企业更倾向于整体外迁，而大企业则更倾向于通过多元化来规避单一经营的风险，外迁过程中也常常伴随多元化和再次集聚的现象。总部和研究机构的外迁主要存在于温州的大企业。而本地网络和制度支撑则弱化了温州企业的外迁动力。王缉慈（2010）认为温州的企业外迁从产业集群的角度讲就是企业离开集群（去地方化，re-localization）而到另外一个地方再造集群或融入集群的过程（再地方化），而对于产业迁出地而言，产业区升级的关键是生产者服务业的发展。

基于产业梯度转移理论，一般认为我国沿海发达地区的企业迁移是企业优势延伸或再造的扩张型迁移,但实践中,温州迁移却呈现了多元的动力和路径。朱华晟(2009)发现温州灯具产业从发达的温州到同样发达的广东中山,其迁移的动力有所不同,突破核心技术瓶颈的制约成为企业外迁的重要的内部动力,基于集体创新能力和集群治理效率的地区竞争优势则构成了企业迁移的外部推力。魏也华(2009)认为温州鞋业的空间重组(spatial restructuring)存在多元途径:一是将生产向其他低成本地区(包括土地和劳动力成本)转移,如浙江省内欠发达地区(如丽水)、国内西部地区(如成都、重庆)、国外(越南、俄罗斯等);二是在沿海的广州、深圳等城市建立市场中心、研发中心和信息中心,因为这几个城市最接近女鞋设计潮流和国外鞋业市场。在另外一篇关于温州服装产业区的论文中,魏也华(2011)分析了温州服装产业区空间重组的特点:(1)到成本低、潜在市场大的地方设立生产基地;(2)到上海等领导性的世界城市(leading globalizing cities)建立市场营销、研发和信息服务中心;(3)迁往服装产业更为集聚的珠三角地区(广州、东莞),甚至将 OEM 外包给当地的企业。可见由于存在行业差异,不同的专业化产业区的外部扩张有着各自不同的路径选择。

### 三、全球化与温州产业区重构

东亚(如新加坡的纺织产业区)与西欧(如意大利的运动鞋产业区)等地区的产业区成功案例证明了全球化资源配置对于地方产业区重构的重要性(Hassink 和 Shin,2005;Sammarra 和 Belussi,2006)。产业区企业可以将低附加值的生产活动转移出去,而更加专注于研发、营销等功能的升级。近年来的文献也开始将温州产业区的发展置于全球化的视野中。

赵伟等(2005)将温州鞋业产业区的发展问题纳入全球价值链的框架下分析,认为鞋业是典型的采购商驱动的全球价值链,全球采购商在生产网络的协调中发挥着重要作用,而温州鞋业面临的问题就是一直在这个价值链网络中充当代工角色,受到全球采购商的控制。在这一背景下,温州鞋业要在全球价值链上占有更高位置,可以通过在全球市场上收购当地的品牌制造商、以国内市场换取自有品牌的海外网络、在海外自建营销网络等策略实现。盛世豪(2004)认为温州产业集群尚未融入全球化的生产体系中,而加入全球生产体系是企业获得竞争优势的一条捷径,因为全球价值链可以为企业和产业集群提供产品创新、工艺创新和职能创新的途径,促使产业集群向新的、更有利可图的价值链方向移动,从而提升区域产业整体的竞争力。温州经济建设规划院课题组(2008)对温州各专业化产业区进行了分类,认为在全球价值链的不同驱动模式下,温州的泵阀、汽摩配、电气等行业应当以生产者驱动的方式融入全球价值链并实现产业升级;而服装、鞋业等行业应当以购买者驱动的方式融入全球价值链并实现产业升级。王钢等(2009)强调以"价值链片断专业化"指导温州产业区升级;认为在集群化发展模式下,价值链片断的专业化水平对于竞争优势的提高具有决定性作用;温州要将高附加值的价值环节作为产业战略环节,通过更为精细的专业化分工提高全球产业分工地位。

Wei(2011)魏也华通过对温州服装产业区的重构研究,认为由于温州背靠中国广大的内部市场,与跨国公司结合并不是唯一的区域发展路径,"going national"常常与"going global"交织在一起,产业区重构的关键是放大区域发展尺度(scale up regional development),而具体如何选择取决于个体企业战略及所处的产业(区域)环境。

### 四、创新、学习与温州产业区重构

内生增长理论强调,通过学习的知识创造可以保持区域经济的持续增长(Romer,1990)。创新与学习是温州产业区重构的重要途径。杨焕春(2006)对温州225家企业技术创新的问卷显示,温州主要行业的产品以低技术、低附加值为主,主导技术以引进和模仿为主,缺少发明专利。渐进式创新模式由于不需要大规模技术投入、创新门槛低,而成为温州产业区的主导创新模式。在高度专业化分工的温州产业区,企业在分工范围内降低成本和改进质量,使其在各自细分领域的生产效率不断提高。这种"干中学"和"用中学"的方式是基于隐性知识的本地化集体学习过程,被Gottardi(1996)认为是"没有研发的创新"(innovation without R&D)。辜胜阻(2006)通过比较硅谷与温州的创新模式,认为温州局限于相对封闭的社会资本网络,外部创新资源较难进入,而产业区过分注重本地化学习容易造成认知锁定。因此,从创新模式角度,温州的产业区重构需要由渐进式向突破式转变,并加快融入全球知识网络。

将创新置于全球价值链框架下,马述中(2010)通过对温州鞋类企业200份问卷的因子分析发现,在跨国公司的帮助下,OEM企业在嵌入全球价值链初期的技术升级较快,但随着依存度和嵌入期限的延长,其自主创新能力有减弱的趋势。王俊(2010)用社会网络解释了温州代工企业的创新问题:由于缺乏自身的研发投入和消化吸收能力、不具备与跨国公司交换的互补性知识等原因,代工企业无法通过与跨国公司结成的网络"强关系"获得持续的创新能力。同时,在跨国公司主导的网络关系中,代工企业不占据"结构洞",无法获得创新所需要的资源。而"大虎打火机"的成功为以 OEM 为主的温州打火机产业区提供了重构思路:与多家跨国公司合作以结成网络弱关系并获得各种互补性知识,强化内部研发以吸收国外技术中的"隐含知识",构建上下游联系的"结构洞"等。

龙头企业拥有外部知识联系和内部研发能力,在产业区创新和学习中的作用越发重要。来自温州电气产业的案例证明,龙头企业壮大的同时将技术诀窍、经验知识在企业内部静态积累,关键的知识共享并不强。近年来,电气龙头企业掌控纵向产业链,将市场价格竞争压力转嫁中小配件企业,抑制了这些企业的创新拓展(魏江、申军,2003)。"技术看门人"(产业区龙头企业)对于温州电气产业区整体的创新能力提升作用有限。

张一力(2006)比较了温州、西安和深圳的人力资本结构与区域创新模式。人力资本分为专业人力资本和企业家人力资本,"温州模式"的制度创新源于温州是典型的企业家人力资本富裕型地区,在区域经济起步初期,制度创新与技术创新可以一定程度上相互替代,但随着经济发展,温州需要升级区域创新模式,朝企业家、专业人力资本双密集型转变。

### 五、其他响应

一些学者将国外产业区重构的经验引入国内。王周扬、魏也华(2011)认为第三意大利作为产业区模式的典型区域,其重组经验值得包括温州在内的浙江专业化产业区借鉴:一是通过集团化,发挥龙头企业在产业治理结构中的领导作用;二是增强企业技术创新能力,构建开放式的学习型产业区;三是加快融入全球经济步伐,增强本地网络与全球网络的互动。

大规模定制的生产范式使多样化的产品与低成本结合起来,为温州产业区走出低端锁定提供了思路。大规模定制能够通过灵活性和快速响应来实现多样化和定制化,并通过大规模生产低成本、高质量的产品和服务,为满足多样化市场需求及细分市场提供可能。如秦政强(2008)提出用大规模定制方式改造温州的家具产业,认为许多温州家具企业已由以手工为主、简单机械为辅的传统生产模式转化为机械化流水线生产模式,并在全球价值链下向大规模定制的方向发展。

温州产业区的重构案例也丰富了国外学术界产业区研究素材。魏也华

(2009)经过多年跟踪研究,认为温州鞋业产业区从 20 世纪 80 年代末期开始经历重构,主要表现是:(1)规模扩大,通过股份制改革,出现了大型企业和无区域集团;(2)多样化,产业优势从生产控制转型为市场控制,这一过程伴随着向温州以外区域的网络扩张;(3)技术升级;(4)空间重组。他认为温州鞋业产业区的经验挑战了新区域主义过分强调小企业和本地网络的理论片面性,也偏离了一般的全球价值链和全球生产网络视角——在温州鞋业空间扩张的过程中,并没有领导性的跨国公司的身影。

现有文献对温州产业区重构的研究,拉开了学术界从产业区视角看待温州区域经济演化的序幕。从空间、全球化和技术学习角度的重构研究反映了温州产业区对区域锁定的现实响应。笔者认为温州的产业区重构研究还有以下可以深化的空间。

其一,产业区空间重构往往表现出形式多样化、部门差别化、空间尺度叠加化、动力机制复杂化的特征。现有文献只是针对电气、鞋、服装、灯具等少数行业案例做出判断,仍缺乏更为广泛和代表性的温州行业性产业区案例,样本数量也有局限;对迁移空间的观察也缺乏多尺度的叠加,包括区域内、跨区域和跨国界等;对于迁移动力机制的分析仍停留在企业地理和行为理论层面,而产业区是一个企业集聚的区域概念,分工演进与空间重构应作为理论解释的切入点。本书第五章将予以讨论。

其二,对于全球化背景下的温州产业区重构研究只是涉及全球价值链升级的认识,缺少地方生产网络与全球生产网络互动,以及全球生产网络嵌入的权力分配和升级阻力问题的考察。其实温州的许多产业已经开始了以嵌入全球生产网络为特征的重构,本书第七章将讨论温州汽车零部件产业区案例。

其三,关于产业区的技术升级,现有文献虽然有所涉及,但并未观察到真正的成功案例,换句话说,温州通过区域创新系统的构建实现技术升级,或向所谓的学习型产业区转化,还得不到有力的证据支持。因此,现有文献的研究多是"对策建议型"。但本书在对温州产业区空间重构的调查和探讨中,发现温州出现了明显的跨地域学习,以及本地与全球知识沟通渠道的建立,这种"放大尺度的学习型产业区"构建或许是创新边缘城市技术升级的可行路径,这将在第五章的最后部分予以讨论。

其四,产业区重构是一个动态过程,但现有文献缺少对温州产业区重构过程的全面考察,本书运用演化经济地理理论和分析框架,讨论了温州水头皮革产业区的重构和演化过程,这部分内容放在第六章。

# 第五章　温州产业区的空间重构

产业区作为一个动态的概念,其持续演化的一个重要表现是基于企业迁移的产业转移。纵览 20 世纪中期以来的欧美国家及东亚国家,这种现象不胜枚举(Schamp,2005;Hadjimichalis,2006;迪肯,2007;Wei,2007,2011;王缉慈,2010;朱华友、王缉慈,2013)。企业作为产业区的微观组成单元,其空间组织的演化反映到产业区层次上,就是产业区的空间变迁。这种变化可以是区域内的(intra-regional)或是跨区域的(inter-regional),在信息化和全球化背景下,更可以是跨国界的(international)。由于产业区内部的企业并非均质的主体,其规模、绩效、结构与战略都是有差异的(Porter,1998),因此产业区的空间重构展现出多重特征。产业区发展的初期,本地化经济带来报酬递增效应,产业区成为全球"滑溜溜"空间上的地方"黏结";而在成熟期以后,一些产业区出现了区域锁定和经济衰退,并发生去集聚化、去地方化,直观的经济景观就是企业区位的变化。从开放的角度看,地方产业区的空间重构可以概念化为产业区发展尺度的放大(Wei,2007;2011)。

温州的制造业在经历了 1980—1995 年的本地集聚后,大量家族式的小企业逐步成长壮大。20 世纪 90 年代中期开始,作为对区域锁定的响应,企业外迁现象增多,涵盖了温州大部分的专业化产业区,有些甚至是整体性的产业转移,并在外迁地图、动力机制上表现出多重特征。本章将首先回顾企业空间组织与产业区空间重构的研究进展;然后分析温州产业区空间重构的主要地理特征,区分区域内、跨区域(国内与全球)尺度;进一步探讨这种空间特征背后的动力机制,并归纳出产业区空间重构的主要类型和模式。

# 第一节　企业迁移、产业去地方化与产业区空间重构

## 一、企业迁移与企业空间组织变化

传统区位理论原本只关注静态的经济活动区位问题，直到 20 世纪中期，随着企业迁移现象的增多，所谓动态的区位问题（即企业如何再选址、为什么一个区位比另一个更合适）受到学者们关注。1949 年，McLaughlin 和 Robock 针对美国制造业迁移发表了"Why industry moves South?"一文，成为最早研究企业迁移问题的文献。究竟什么原因导致了企业迁移？过去的研究可以分为三条主要脉络：新古典区位理论、行为理论、制度理论（Pellenbarg 等,2002）。而在此基础上,公司地理理论与企业空间组织理论也给出了更新的解释。

新古典区位理论用新古典经济学的成本收益比较来解释企业迁移。根据 Rawstron(1958)、Taylor(1970) 等的分析,将企业最大化的空间收益面（spatial revenue surfaces）除去企业运输成本、劳动力成本、经济的外部性叠加形成总成本面（total-cost surface）,将得到一个区域边界,边界内是有利润的,边界外没有利润；在均衡状态下,企业的最佳区位固定,没有必要迁移；当打破均衡的条件出现,企业将通过迁移重新选择最佳区位。然而,通过企业空间边际利润率（spatial margins to profitability）划分的受益区和非受益区往往非常大,在此边界里的变化常常不足以解释为什么企业想要迁移；新古典理论的理性人、完全信息假设,也没有考虑到在信息不完全情况下的企业迁移动力问题,且可能受益最大化并不是企业的最终目标。

Simon(1955)在非完全信息和非理性假设下创立了企业行为理论。行为理论用"满足行为"取代"优化行为"来解释企业迁移,基于企业行为特征和决策过程,重点考虑经济或非经济因素对迁移的影响,填补了新古典区位理论的不足。Hayter(1997)将企业迁移分为四个过程：(1)决定是否迁移；(2)搜寻可替代区位；(3)评估该区位；(4)选择这个新的区位,实施迁移。企业迁移行为是一个复杂决策,以上步骤可能有反馈环,在方式上也有多种可能。企业迁移动机包括推力、拉力与阻力。内部推力主要是企业成长因素,即扩张空间受限；外部推力包括本地有限的可达性、环境条件、劳动力供应

和高企的区位成本等。而拉力因素与推力刚好相反,某一替代区位具备了原区位所没有的条件,将导致企业迁移。行为理论还关注迁移的阻力,认为不完全信息、利用信息的有限能力、心理地图(mental maps)、不确定性这四个方面导致了企业迁移决策过程的空间阻力(spatial bias)(Pellenbarg 等,2002)。行为理论的缺点是基于问卷调查的经验分析,以及社会学、心理学等软变量,常常忽视经济因素(Scott,2000)。

新古典区位理论与企业行为理论均将企业看作迁移决策的主体,而外部环境是固定不变的。制度区位理论(institutional location theory)则认为经济活动被社会制度、文化和价值体系所形塑,而不是企业行为,企业与环境是交互作用的。企业不得不和分销商、供应商、本地(区域、国家)政府、劳工组织、其他机构等进行谈判,迁移是谈判的结果(Hayter,1997)。由于大企业更有谈判权力并影响环境,制度区位理论也因其缺乏对中小企业的关注而一度受到批评。Pellenbarg 等(2002)进一步强调,有两种制度环境对中小企业的迁移影响最大:(1)政府。至少在 20 世纪 60—70 年代,政府的促进政策(基础设施、区划、补贴及税收减免等)改变了企业的总成本面,让一部分企业进入了空间受益范围,触发迁移。(2)地产市场。对于中小企业,办公场所、产业区位、商业环境等对其迁移决策影响较大。

公司地理(企业地理)建立了企业迁移的另一套解释框架。自麦克尼(McNee)1960 年提出"公司地理"开始,企业与环境的相互关系、企业组织结构的空间意义、企业的增长与空间演化等成为关注焦点。海默(Hymer)、弗农(Vernon)、邓宁(Dunning)在企业组织理论与国际贸易理论基础上探讨了跨国公司空间组织与区位选择。克拉克和泰勒提出了公司与环境作用模型,公司内部结构是公司与其环境(目标环境和大环境)作用的结果(费洪平,1993)。20 世纪 70 年代末,Hakanson、Watts、Dicken 分别以多级扩张模型、市场区域扩大模型、多厂企业的全球转移模型等来展示企业的空间扩张过程,起初的单厂企业多是地方化的,并在不断的规模经济要求和市场渗透下走向多厂的跨国公司(费洪平,1993)。企业内部结构与其地理结构相关,公司内部结构可以分为功能型、产品结构型、区域结构型和控股公司型,功能型和产品结构型的公司分布较为集中;区域结构型公司各部分地理分布最为分散;控股公司型分布则既可以十分广泛,也可以较为集中(李小建,1991)。在新的国际劳动分工背景下,跨国公司的空间组织、信息化条件下的工业组织变化、企业空间组织模式被更多关注,企业迁移问题被纳入全球价值链、全球生产网络、新信息技术应用与企业空间组织、全球研发网络等范畴下考虑(Gereffi,1999;Coe 等,2004;迪肯,2007;宁越敏,1995;宁越敏、石崧,2011;刘卫东等,2004;Wei,2007;杜德斌,2001,2009)。

### 二、产业转移与去地方化

企业迁移与企业空间组织变化反映到产业区层次就是产业转移,或所谓的产业去地方化、再地方化。产业转移从集群角度讲,是企业离开集群(去地方化)而到另外一个地方再造集群或融入当地集群的过程(再地方化)。学者们用梯度转移、雁行转移、蛙跳转移、"竹节资本主义"等理论解释产业集聚的转移现象。特别地,低成本竞争的集群或产业区往往是不稳定的,即"会跑的"、"长在轮子上的",这种集群总在寻找成本更低的区域(王缉慈,2010)。这种低成本追逐式的产业转移自 20 世纪 50 年代开始就在全球不断上演(见图 5-1)。

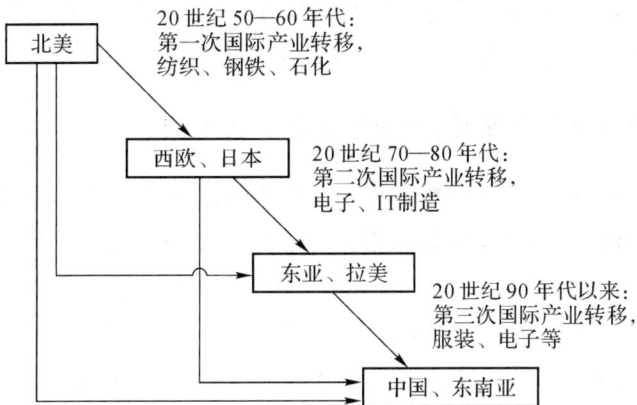

图 5-1 20 世纪 50 年代以来的全球产业转移

资料来源:陈秀山,2005;作者整理。

去地方化过程往往发生在产业集聚的"离心力"大于"向心力"阶段,可能的离心力来源于区域拥挤、环境压力、过度专业化、土地与住房成本飙升、人工成本飙升、技术雷同、制度锁定等(Martin 和 Sunley,2003)。王缉慈(2010)将产业集群的去地方化分为两种基本形式。一是集群扩散或转移,即产业集群所包括的所有产业活动的转移,原集群微缩甚至消失(空洞化),集群在其他地方重新兴起。如果迁移出的产业是当地要淘汰的,迁移就是产业升级的一种内在要求。二是集群裂化,即集群所处产业的部分活动的转移,这种空间演化的结果是地域劳动分工及价值链的空间片段化。产业转移或去地方化一旦出现,对原地方可能产生重大影响:一种可能是原地方由于产业外迁又没有新产业出现而陷入经济衰退;但也可能由于出现了替代产业,或是保留了优势部门而继续充满活力。第二种情况的例子并不少见,如好莱坞电影产业中的部分转移到多伦多,但并没有削弱好莱坞的产业竞争力(Scott,2005)。

企业迁移与企业空间重组理论与方法重在围绕"企业"展开工业经济变化的分析,在全球化与信息化背景下,更关注跨国公司的空间组织与结构变化问题;产业转移、集群的去地方化研究框架,结合了企业与产业层次的考察,但正如文本前言中所强调的,"产业"不同于"产业区",产业转移并不等同于产业区的某种特定变化;同时,去地方化与再地方化的分析相对局限于较为单一的维度①,而地方产业的空间重组在实践中往往是多维度、多重机制的展现。特别地,对于像温州一样的中小企业集聚、产业较为多样化的地区性产业区,其空间变迁的过程、特征、尺度与机制均隐含着更多(对国内工业化后进地区而言)有价值的信息,这也正是本章研究的重点。

### 三、产业区空间重构:一个多维的分析框架

按照本书对产业区重构的概念,企业迁移、产业转移及去地方化是产业区空间重构的表现,而空间重构则是产业区企业对区域锁定的一种战略响应,是产业区主要的重构方式(Wei,2007)。在德国、意大利、美国及东亚的一些产业区,这种空间维度的重构已经得到经验证明,并展现了功能、形式、空间尺度、机制动力上的多重特征(Schamp,2005;Hadjimichalis,2006;Wei,2007,2009,2011;王缉慈,2010)。国内系统研究产业区空间重构的文献不多,更多是基于企业迁移、企业空间组织变化、集群演化等的讨论。有趣的现象是,以产业区为研究对象的空间重构文献多来自于温州,这或许和温州人的经商传统有关②,也可能源于温州有着大量的案例素材。Wei(2007)发表在《经济地理》(Economic Geography)上的论文,以温州乐清电器产业

---

① 如仅仅是产业转移的原地与目的地两地的比较。

② 受"海洋文化"影响,温州人善于在外经商,温州官方的数据是:有245万温州商人在国内外创业经商;有50多万温籍华侨在世界131个国家和地区,成立了260多个侨团(温州市发改委,2013)。

区为例,首次将产业区空间重构概念化为产业区摆脱区域锁定的一种重要响应策略。他在 2009 年、2011 年的两篇关于温州制鞋产业区、服装产业区的英语论文中,对产业区的空间重构问题又做了进一步探讨:由于存在行业差异,不同的专业化产业区的外部扩张有着各自不同的路径选择,产业区空间重构在动力、路径和方式上存在多元特征。朱华晟等(2009)、王周扬(2012)、王钢等(2013)则分别对温州的灯具产业区整体向广东迁移、乐清低压电器产业区的空间演化、温州民营企业的全球化扩张等问题做出了比较深入的探讨。上述研究已经有了很好的基础,但仍缺乏一个全方位、多维度的考察。

　　本书认为,温州产业区的空间重构表现出典型的多重性:(1)空间重构尺度多重叠加。包括区域内的空间结构变化、跨区域的外迁、跨国界的外迁等,这种空间重构的不同尺度又在不同的历史阶段存在差异。(2)空间重构形式多样化。企业外迁既有整体的外迁,也有部分部门的外迁;既有企业多元化扩张式的外迁,也有仅仅规模化发展需求的外迁;既有主动的优势寻求型外迁,也有被动的劣势规避型外迁;不同行业的企业也表现出不同的外迁特征;在对外投资形式上也存在差异。(3)空间重构部门的差别化。包括生产或总部、研发、销售部门的外迁;但生产与研发是主要的两个空间重构部门;由于温州缺乏必要的知识资产,温州产业区的技术升级与空间重构并行,出现了跨区域的学习空间的重构。(4)空间重构模式多样,其机制有待深入挖掘。温州产业区空间重构的驱动机制在不同的产业上存在差异,并可以区分一些共同因素和行业特定因素。产业区劳动分工的演进可以较好地解释空间重构现象;在此基础上,不同行业和企业又出现了不同的迁移类型和空间重构模式。本章后续的分析将建立在上述框架下(见图 5-2)。

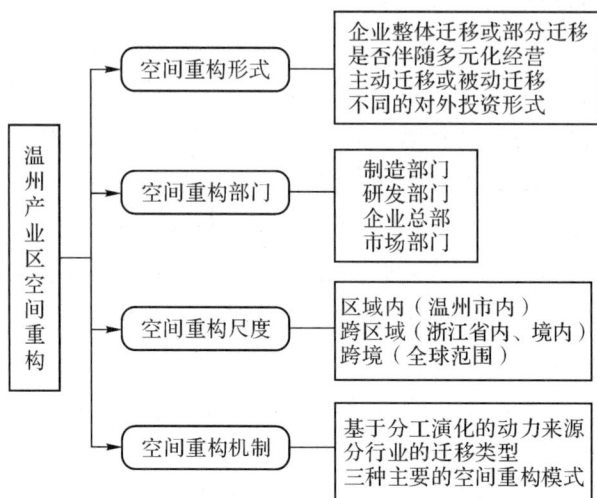

图 5-2 温州产业区空间重构研究框架

资料来源：Wei,2007,Figure 2;作者整理。

# 第二节 多尺度的空间重构过程

## 一、区域内的空间重构

本书将温州市域范围界定为"区域内"，企业在温州市域范围内发生的迁移行为即所谓的"区域内迁移"，而对应于企业所在的专业化产业区的空间重构，即为区域内的空间重构①。区域内的空间重构过程可以大致分为家庭作坊产生的初始期，1985 年以来的镇域范围就地扩张期，1994 年以来的向工业园区拓展的跨镇扩张期，以及 2000 年以来的向沿海围垦区转移的跨县扩张期（见表 5-1）。

---

① 本书所研究的"温州产业区"口径中，还包含了大量不同行业的专业化产业区，它们在空间上呈现集聚特征，但又均属于温州产业区这一大的概念下。具体区分见本书第一章。

表 5-1　温州产业区的区域内空间重构阶段划分

| 阶　段 | 初始期 | 就地扩张期 | 跨镇扩张期 | 跨县扩张期 |
|---|---|---|---|---|
| 时　间 | 1978—1985 年 | 1985—1994 年 | 1994 年至今 | 2000 年至今 |
| 主要形态 | "户户冒烟"的家庭作坊 | "一乡一品"的块状经济（工业小区） | 规模以上的工业园区（基地） | 规模以上的沿海产业开发区 |
| 空间特征 | 以村为单位分散分布，沿江、沿河、沿路、平原 | 以乡镇①为单位，小规模集聚 | 向郊区的国家级、省级、市级工业园区较大规模集聚 | 通过开发区扩容等方式，向沿海围垦区大规模集聚 |
| 企业制度 | 家庭工业 | 挂户经营，股份合作制 | 股份合作制演变为有限责任公司和股份有限公司，出现无区域集团 | 有限责任公司股份有限公司无区域集团 |
| 企业迁移 | 就地（村内） | 乡镇内 | 跨镇、县域内 | 县域内跨县域、市域内 |
| 企业平均产值 | 20 万～30 万元 | 36 万元（1991 年） | 493 万元（1995 年） | 4293 万元（2005 年） |
| 平均雇工人数 | 1～5 人 | 10～50 人 | 70 人（1995 年） | 178 人（2005 年） |

注：最后两列的企业平均产值与平均雇工人数采用规模以上企业口径。

资料来源：《温州统计年鉴（2013）》，史晋川等，2002；作者整理。

　　20 世纪 70 年代末 80 年代初，温州的专业化产业区常常发迹于一个"能人"的创新，这些遍布温州农村的"偶然性的种子"在某地落脚之后，就会通过血缘、亲缘、地缘和朋友关系，以技术模仿的方式向外扩散传播（张仁寿，1990；史晋川等，2002；朱康对，2001）。人格化的信任关系降低了交易成本，并决定了最初的家庭工业是在本村或周边近域地区扩散的。1987 年，温州全市的农村家庭工厂有 14 万多个。以苍南宜山生产再生腈纶纺织品为例，全区 10 个公社、140 个大队，几乎村村都有自己的专业产品，有的村生产再

——————————

　　①　或区公所，区公所包含若干乡镇。

生布,有的村生产再生腈纶,有的村生产塑料编制等①。在"挂户经营"和"股份合作"阶段,由于大量的"地下家庭加工厂"所寻求庇护的集体法人企业多是本镇的,所以仍是以就地扩张为主,但已经在空间上从本村拓展到了镇域。而"股份合作制"这一温州的制度创新,实际上还是依托家庭经济组织,是亲友间以股份方式联合办企业,只是在当时政治背景下,加了"合作"二字更安全(史晋川,2002)。挂户经营与股份合作都是温州家庭企业成长后的一种过渡性制度形态,家庭经济组织的特征使得企业布局的近域本地化指向非常明显。但在上述两个阶段,温州从"村村点火、户户冒烟"的初始期步入了"一乡一品"的块状经济就地扩张期。产业空间集聚产生的外部性经济通过报酬递增效应而不断自我强化,这些块状经济在市场的筛选下,其中一些可能没落②,很多则逐步形成规模。

20世纪90年代的中国东部沿海地区掀起了兴办开发区热潮,温州市1992年设立了国家级经济技术开发区,下辖各沿海县(市、区)也陆续设立了一批省级经济开发区。全市9个省级以上开发区规划总面积51.05平方千米(平均一个开发区5.67平方千米),至2004年,完成开发总面积30.01平方千米(平均一个开发区3.33平方千米)③。20世纪90年代初,温州各乡镇的特色产业进入快速成长期,一批上规模的企业向镇域外寻求扩大生产的用地空间。由于温州土地资源紧张,有限的经济开发区成为本地企业竞相入驻的地方,各个开发区的管委会基本不用招商。在县域行政分隔和税收体制下,各个县政府为了避免税收流失,优先为本地的特色产业龙头企业提供工业用地;在温州独特的企业家与政府的互惠关系下,本地企业也优先选择本县的开发区继续发展。于是,温州产业区的区域内空间重构进入第三个阶段,在各自村镇发展起来的优质企业开始跨出镇域,向本县的经济开发区拓展生产基地。这一阶段,温州企业制度发生重要变化,随着1993年中国第一部《公司法》发布,虽然还有家族企业的烙印,但许多温州企业已经开始

---

① 洪振宁. 温州民营经济发展30年(新闻报道卷)[M]. 杭州:浙江人民出版社,2008.

② 如瑞安场桥镇的羊毛衫产业,1996年全镇4000户有3000户从事该行业,年产值8亿元,占全镇工业总产值的76%;20世纪90年代末期,在缺乏品牌、同质化竞争以及桐乡和黄岩等地的竞争挤压下,逐步没落。

③ 数据来源:《温州统计年鉴(2005)》。

建立现代企业制度①,更多的形式是有限责任公司;温州产业区的地理景观
也发生了比较明显的变化,除了容纳家庭作坊的村镇工业小区,也出现了道
路宽敞、厂房整齐的工业园区。

表5-2　温州产业区分阶段的产业集聚形式与企业(区域内)迁移路径

| 阶　段 | 产业集聚形式的空间变迁 | 企业迁移路径(以正泰为例) |
|---|---|---|
| 初始期 | 以初始企业出现的村落为集聚地,20世纪80年代温州有代表性的乡村工业有:<br>永嘉桥头镇桥头村(纽扣)<br>永嘉瓯北镇珠岙村(童装)<br>鹿城区府前街一带(制鞋)<br>鹿城区信河街一带(打火机)<br>苍南江山乡新河村(再生腈纶)<br>平阳萧江镇毛家处村(塑编)<br>龙湾沙城镇七甲村(不锈钢阀门)<br>乐清柳市镇后街、马仁桥等村(低压电器)<br>瑞安塘下镇韩田村(汽摩配) | 在农村起家:<br>1984年,南存辉与同学胡氏兄弟在当时的乐清县柳市镇上创办了求精开关厂。工厂是典型的家庭作坊,雇工5名 |
| 就地扩张期 | 从发源的村落向周边乡镇区域延伸,每个县都形成若干个专业镇块状经济,如:<br>鹿城区双屿镇(中国鞋都)<br>龙湾区沙城镇(中国食品制药机械产业基地)<br>瓯海区娄桥镇(中国眼镜生产基地)<br>永嘉桥头镇(中国纽扣之都)<br>平阳萧江镇(中国塑编城)<br>乐清柳市镇(中国电器之都)<br>瑞安塘下镇(中国汽摩配之都)<br>苍南龙港镇(中国印刷城) | 镇域内或紧邻区域扩张:<br>1991年,中美合资正泰电器有限公司成立,除了柳市镇的老厂区,又在紧邻柳市镇的白象镇大桥工业区建设了新的总部与厂房,现在成为正泰在温州最大的生产基地 |
| 跨镇扩张期 | 各县通过上规模的工业园区,为本县优质企业提供生产扩大空间,各县省级开发区如:<br>温州经济技术开发区(服装、制鞋、机电等)<br>鹿城轻工园区(鞋革等轻工产业)<br>瓯海经济开发区(眼镜、服装、机电等)<br>龙湾扶贫开发区(合成革、不锈钢、阀门)<br>乐清经济开发区(电器、电子等)<br>瑞安经济开发区(汽摩配)<br>平阳经济开发区(塑编、机电)<br>苍南工业园(包装印刷、仪器仪表等) | 跨镇扩张:<br>1994—1996年,正泰发展成为一个拥有多层结构的集团公司,有6个子公司和2个股份有限公司。子公司大部分位于乐清柳市镇(中国电器之都)和北白象镇。1995年在温州经济技术开发区(跨出乐清市,在温州市区东部)成立了成套设备子公司 |

---

①　虽然还不能脱离家族企业的实质,但相比无证经营的家庭作坊,最起码形式上
已经是规范的公司。

| 阶　　段 | 产业集聚形式的空间变迁 | 企业迁移路径（以正泰为例） |
|---|---|---|
| 跨县扩张期 | 通过产业基地新建、原有园区扩容向海涂围垦拓展生产空间，产城结合，主要有：<br>乐清经济开发区扩容（乐海、翁垟围垦）<br>瓯江口产业集聚区（半岛浅滩围垦）<br>温州经济技术开发区扩容（滨海园区、丁山、天成围垦）<br>空港新区产业基地（永兴、海滨围垦）<br>瑞安经济开发区扩容（阁巷、丁山三期围垦）<br>平阳经济开发区扩容（宋埠—西湾围垦）<br>苍南临港产业基地（江南围垦） | 跨县向沿海扩张：<br>2008年，正泰集团在温州经济技术开发区（滨海园区）征地建设正泰光伏生产基地 |

资料来源：作者根据《温州市志》《温州市产业布局规划》及企业访谈信息整理。

21世纪以来，温州局促的土地空间成为制约产业区扩张的主要障碍，企业外迁逐步增多。在温州区域范围内，政府开始大范围地围垦造地，并随之建设了一批大规模的工业基地；这些工业基地以省级以上园区扩容的形式得以合法化并享受产业政策。如温州经济技术开发区原来只有5.11平方千米（国家商务部批复范围），1998年通过园区扩容在龙湾区沿海建设了滨海园区（20平方千米）；2007年开始，通过新一轮的园区扩容，将龙湾沿海的围垦区纳入，又新增了17平方千米。在此背景下，一些急于获得发展用地又不愿离开温州的企业（特别是一些用地面积较大的电气、阀门、汽车零部件、机电等企业）开始向温州沿海区域迁移。2000年以来，温州产业区的区域内空间重构进入第四阶段，并仍在继续。其主要特征是大企业为主导，特别是那些向政府表达了外迁意愿的本地龙头企业。这些大企业是各个专业化产业区的最大规模企业，或是拥有先进技术的高新技术企业，很多已经成为无区域集团。对于这些大企业的用地需求，本县无法解决的，甚至会上升到市级层面来统筹，跨县给予沿海围垦用地。

综上所述，温州产业区的区域内空间重构经历的四个阶段，从空间上呈现出企业从发源地向更高层级区域扩展的路线图，并呈现出由西向东、从内陆向沿海（围垦区）迁移的特征①；从企业规模和企业制度上，则是从家庭作

①　在温州"七山两水一分田"的土地约束下，温州东部沿海相比内陆的土地资源宽裕，企业的市域内迁移也呈现出由西向东的过程指向。

坊逐步壮大,成为现代企业和无区域集团的过程。以温州乐清柳市镇的电器龙头企业正泰集团为例(见表 5-2 第 3 栏),正泰的区域内迁移路径很好地反映了上述阶段过程。当然,温州产业区的企业在区域内迁移的同时,也在进行着跨区域和跨境的迁移,如正泰在出乐清向温州经济技术开发区拓展生产基地的同时,也在上海、杭州、嘉兴等地建立了自己的研发中心和生产基地。温州产业区的区域内空间重构与跨区域的空间重构有时间上的并行和交错性。通过区域内的空间重构,温州的各个专业化产业区扩大了发展尺度,再造了本地产业地理格局。关于区域内空间重构的动力机制,将在本章第三节具体分析。

**二、跨区域的空间重构**

产业区跨区域的空间重构有多种尺度,按照中国的行政区划制度,本书将其界定为企业迁移出温州地级市范围的情况,而将突破境内的情况列为"跨境"的空间重构。本节重点分析温州产业区跨区域空间重构的主要地理特征和行为特征。

温州人有在外经商的传统,号称"东方吉普赛人"。第六次全国人口普查(简称"六普")的温州外出人口中,84%的外出人口从事行业为工业、批发零售商贸及其他服务业;60%的外出人口外出原因填报为"务工经商"[①]。而且,温州人口外出逐年增加,"六普"显示温州外出市外半年以上人口 127.31 万人[②](不包括在境外工作和学习的 10.11 万人),占户籍人口总数的 16%,比 2000 年"五普"增长 49.4%,年平均增长 4.1%,温州外出市外人口在 2000—2010 年的 10 年间增加了 42.07 万人。外出人口在全国省域空间分布上存在显著差异,2000—2010 年的 10 年间,外出省内人口减少了 14.41 万人,外出省外人口增加了 24.62 万人。10 年间,温州外出上海、江苏和广东等三省市的人员增加了 16.38 万人,占增量的 66.5%。企业外迁伴随人口外出,温州改革开放以来形成的以中小企业、劳动密集型产业为主的传统产业区正在放大空间发展尺度,并呈现由省内向省外扩大的趋势。在选择

---

① 不包括随迁家属。

② 外出人口指户籍在温州市,外出半年以上的人口。由于许多温州人外出经商办企业时,为了办事方便,将户口迁入当地,因此本书的分析数据口径只能部分反映外出人口情况。据温州市有关部门估计,在外务工经商的温州人总数约 200 万在国内,70 万~80 万在境外。

外迁省外目的地时,大致上呈现沿海(长三角、珠三角、环渤海地区)集聚特征,而内陆则相对集聚在四川、云南、湖北、山西等省份。从人口外出情况可以初步看出温州产业区企业向外扩散的趋势,但要深入分析企业迁移问题,还需要行业和企业层面的观察。

表 5-3　2000 年和 2010 年温州外出各省(市)人口

| 外出省(市) | 人数(万人) | | 比重(%) | | 十年增加人数(万人) |
|---|---|---|---|---|---|
| | 2000 年 | 2010 年 | 2000 年 | 2010 年 | |
| 外出省(市)外人口总计 | 96.12 | 71.50 | 100.00 | 100.00 | 24.62 |
| 前十位小计 | 64.87 | 45.94 | 67.5 | 64.25 | 18.94 |
| 上海 | 11.52 | 5.90(3) | 12.0 | 8.25 | 5.62 |
| 江苏 | 11.32 | 6.47(2) | 11.8 | 9.05 | 4.85 |
| 广东 | 11.07 | 5.16(5) | 11.5 | 7.22 | 5.91 |
| 北京 | 8.47 | 7.15(1) | 8.8 | 10.00 | 1.32 |
| 福建 | 5.25 | 5.19(4) | 5.5 | 7.26 | 0.06 |
| 山东 | 4.34 | 4.22(6) | 4.5 | 5.90 | 0.12 |
| 云南 | 3.58 | 2.83(9) | 3.7 | 3.96 | 0.75 |
| 山西 | 3.28 | 3.29(7) | 3.4 | 4.60 | −0.01 |
| 湖北 | 3.07 | 2.82(10) | 3.2 | 3.94 | 0.26 |
| 四川 | 2.97 | 2.91(8) | 3.1 | 4.07 | 0.06 |

注:表格中第 3 列括号中数字为 10 个省(市)2010 年的排名。

资料来源:温州市统计局 2000 年第 5 次、2010 年第 6 次人口普查资料。

### (一)基于 2006 年温州市统计局抽样调查数据的分析

温州企业的对外扩张与产业转移究竟有多大规模?在空间上和结构上具有何种特征?[①] 本书通过两种方式获取了可以反映问题的数据:一是通过对温州市统计局、温州市经贸委(现为经信委)的调研,了解到 1996—2006 年全市总体上的企业在外(境内)投资数据;二是通过笔者自己对 8 个主要行业协会(商会)和 96 家有迁移行为的温州典型企业的调查访谈,得到了一手数

温州产业区重构:空间、演化与网络

---

① 数据获取有一定难度。一方面调查难度大,企业为了在本地维持良好的政企关系而不愿提及外迁情况;另一方面,由于"外迁"在温州政府看来是一个忌讳的话题,即使政府或协会做了调查,也严格控制外传。

据。下面用这两套数据来展现温州企业迁移的空间特征。

温州市统计局 2006 年对全市 1996 年以来 10 年间的企业在外①投资项目情况做了一次调查。据不完全统计,1996 年以来,全市工业企业在外创办各类投资项目 1030 个,投资总额 237.6 亿元。调查抽样主要集中在轻工行业(不包括电气、汽摩配、阀门等装备行业)(见表 5-4)。鞋革、塑料、灯具行业的外迁行为比较多见,其中鞋革企业在外投资的项目个数占调查总数的近 1/4,投资额占调查总投资额的近 1/3。

表 5-4　1996—2006 年温州轻工企业在外(境内)投资项目的部分行业分布

| 行　业 | 温州轻工企业在境内的投资项目情况 | | | |
| --- | --- | --- | --- | --- |
| | 项目个数(个) | 比重(%) | 投资额(亿元) | 比重(%) |
| 纺织服装行业 | 51 | 10.32 | 30 | 24.94 |
| 鞋革行业 | 114 | 23.08 | 35 | 29.09 |
| 塑料制品业 | 90 | 18.22 | 14 | 11.64 |
| 食品饮料业 | 48 | 9.72 | 14 | 11.64 |
| 印刷包装行业 | 35 | 7.09 | 6.5 | 5.40 |
| 灯具行业 | 80 | 16.19 | 8 | 6.65 |
| 眼镜行业 | 30 | 6.07 | 6 | 4.99 |
| 纽扣拉链行业 | 46 | 9.31 | 6.8 | 5.65 |
| 合　计 | 494 | 100 | 120.3 | 100 |

资料来源:温州市统计局调查(2006);浙江省和温州市经贸委调研组(2009);作者整理。

表 5-5　1996—2006 年温州轻工企业迁移的调查结果

| 问题分类 | 调查选项 | 选项比例(%) |
| --- | --- | --- |
| 产业转移的实体类型 | 1.开设分(子)公司 | 45.8 |
| | 2.生产基地迁移 | 31.3 |
| | 3.营销部门迁移 | 21.4 |
| | 4.研发机构迁移 | 8.5 |
| | 5.企业总部迁移 | 4 |
| | 6.企业整体迁移 | 5.5 |

---

①　这里调查的市外投资不包括跨境的对外投资,只是温州市外、我国境内的空间范围。

| 问题分类 | 调查选项 | 选项比例(%) |
|---|---|---|
| 产业转移的地域分布 | 1. 浙江省 | 44.4 |
| | 2. 长三角地区(不含本省)<br>　其中:上海 | 36.2 |
| | | 23 |
| | 3. 其他东部地区 | 18.4 |
| | 4. 中西部地区 | 16.3 |
| 产业转移的领域 | 1. 本行业制造业 | 80.1 |
| | 2. 其他制造业 | 23 |
| | 3. 服务业<br>　其中:房地产业 | 8.7 |
| | | 6.6 |
| | 4. 采矿业 | 2.6 |

资料来源:温州市统计局调查(2006);浙江省和温州市经贸委调研组(2009);作者整理。

与此同步,温州市统计局与温州市经贸委对全市 600 家大中型工业企业做了一次抽样调查。统计后发现,已在国内进行企业区位调整、实施迁移的企业共有 201 家,占被调查企业总数的 33.5%。企业迁移目的地中,长三角地区占 80.4%。其中,浙江省内占 44.4%,转移到杭州、金华和丽水等地较多;不含本省的长三角地区占 36.2%,其中上海比重最大,占 23%;迁往中西部地区的占 16.3%。温州轻工企业也有部分在外地涉足服务业和采矿业,但比重不大,分别是 8.7% 和 2.6%。服务业主要是进行房地产开发。产业转移到外地后,仍从事制造业的企业比例高达 88.7%;其中仍坚守本行业的占 80.1%。整体迁移和企业总部迁移还比较少,企业整体迁移多见于鞋革、灯具、塑编、纽扣、食品等行业,以中小企业为主,投资规模较小,但小企业的群体性迁移开始出现,比如温州灯具行业整体迁往广东中山。

温州市统计局和经贸委的调查具有样本量大、内容详细的特点,较为整体性地反映了温州轻工企业外迁的情况,但缺陷是:(1)只是反映了轻工行业,即政府部门所理解的轻工行业主要是鞋革、纽扣、打火机这些温州的传统小商品行业,而没有包括像电气、汽车零部件、泵阀等装备行业,这些行业也是温州的主要行业;(2)只做了 1996—2006 年的调查,时间较早,而近 7 年(至 2013 年)的企业迁移情况没有反映;(3)缺乏学术性的分析和挖掘,这也正是本书做野外调查的重点。

**(二)基于对温州主要行业协会与典型企业调查数据的分析**

笔者对温州 96 家具有迁移行为(包括生产、研发、销售、总部等的转移,以及多元化型的外迁)的样本企业进行了调查,包括服装(12 家)、眼镜(12 家)、包装印刷(17 家)、制鞋(12 家)、电气(9 家)、汽车零部件(15 家)、泵阀(13 家)、制革(6 家)共 8 个行业。主要抽样方式是:首先通过行业协会访谈,了解该行业外迁的典型企业(包括大企业及有群体性企业的小企业),再通过电话、实地访谈等方式,搜集这些企业的外迁目的地、外迁时间、迁移原因等信息。由于企业外迁还包括跨越国境的尺度,本书将在下一节对全球尺度的外迁特征做完分析后,再一并对温州企业外迁、产业区重构的模式和动力机制等进行探讨。

本书在调查及下文的论述中,将温州企业迁移行为分为 5 种类型,即生产性迁移、研发性迁移、市场性迁移、总部性迁移、多元化迁移[1](见表 5-6)。

表 5-6　企业迁移行为分类

| 迁移行为分类 | 说　明 |
|---|---|
| 1.生产性迁移 | 企业跨区域的生产性项目投资(设立生产基地) |
| 2.研发性迁移 | 企业跨区域设立研发中心或部分产品的研发部门 |
| 3.市场性迁移 | 企业跨区域设立信息中心、市场运营中心、销售中心、国际贸易中心、区域性的销售总部 |
| 4.总部性迁移 | 企业将管理总部外迁 |
| 5.多元化迁移 | 企业跨区域的多元化投资项目,包括住宅或商业地产、资源矿产、金融投资公司、农业投资、专业市场等其他服务业投资、跨越自己行业的制造业投资等 |

1.总体空间特征

总体来看,样本企业合计发生了 252 个迁移行为,其中:183 个生产性迁移行为(占 72.6%)、32 个研发性迁移行为(12.7%)、40 个市场性迁移行为

---

①　实际上,几乎每家温州企业都有涉及本地或在外房地产投资,以及近几年的民间借贷等资本运作;本书对多元化的调查结果主要反映了该样本企业在外注册设立房地产开发公司,进行地产项目开发的行为,而不包括一般的房地产投资;另外,由于一些样本企业对"炒房"、"炒矿"、民间借贷等行为避而不谈,会存在一定的漏统计的现象。

（15.9％）、7个总部性迁移行为（2.8％）和38个多元化迁移行为（15.1％）①。生产性的外迁是企业的主要迁移选择，总部性的迁移最少。

表5-7显示了样本企业的迁移目的地分布。最集中的区域是长三角，其次是珠三角和以四川、重庆和江西为代表的中西部地区。上海是企业外迁的首选地，这与上文通过迁移人口和统计局官方调查的结果一致；排名前十位的省市依次还有：浙江、广东、安徽、江苏、四川、江西、重庆、山东、湖北。而内蒙古、甘肃、青海、西藏、贵州、湖南、海南则没有出现迁移行为。

表5-7　温州96个样本企业所有迁移行为及目的地汇总

| 省市 | 总数 | 迁移行为分类 | | | | |
| --- | --- | --- | --- | --- | --- | --- |
| | | 生产性 | 研发性 | 市场性 | 总部性 | 多元化 |
| 上海 | 49 | 29 | 15 | 14 | 4 | 5 |
| 浙江 | 37 | 30 | 2 | 2 | 1 | 7 |
| 广东 | 25 | 20 | 9 | 9 | | 1 |
| 安徽 | 19 | 18 | | | | 2 |
| 江苏 | 17 | 15 | 1 | | | 4 |
| 四川 | 15 | 12 | 2 | 2 | | 1 |
| 江西 | 11 | 11 | | | | 1 |
| 重庆 | 9 | 6 | | | | 3 |
| 山东 | 8 | 6 | | | | 2 |
| 湖北 | 9 | 6 | 1 | | | 2 |
| 北京 | 7 | | 1 | 6 | | 1 |
| 福建 | 6 | 5 | 1 | | | 1 |
| 河北 | 6 | 4 | | | | 2 |
| 河南 | 5 | 3 | | 1 | | 1 |
| 辽宁 | 5 | 4 | | 1 | | 1 |
| 吉林 | 4 | 4 | | | 1 | |
| 香港 | 4 | | | 3 | 1 | |

———————————

① 由于许多企业的某一迁移目的地存在多种职能（如既有生产性项目，又有研发中心或多元化项目），因此分职能的统计之和大于总数，下同。

| 省市 | 总数 | 迁移行为分类 | | | | |
|------|------|--------|--------|--------|--------|--------|
| | | 生产性 | 研发性 | 市场性 | 总部性 | 多元化 |
| 山西 | 3 | 1 | | 1 | | 1 |
| 广西 | 3 | 3 | | | | |
| 黑龙江 | 2 | 1 | | | | 1 |
| 宁夏 | 2 | 1 | | 1 | | |
| 天津 | 2 | 2 | | | | |
| 陕西 | 2 | 1 | | | | 1 |
| 新疆 | 1 | | | | | 1 |
| 云南 | 1 | 1 | | | | |
| 合计 | 252 | 183 | 32 | 40 | 7 | 38 |

注:表中空缺表示样本企业在该地区(各类别)不存在迁移行为。

数据来源:作者调查汇总。

样本企业的外迁行为在国内省市的职能分布上呈现显著差异。

(1)生产性迁移

从迁移行为的绝对数来看,上海、浙江省内、广东、安徽、江苏、四川、江西等是迁移总数最多的省市,同时也是生产性迁移行为最多的地区;从占比来看,江西、吉林、广西、天津、云南五地100%为生产性迁移;生产性迁移在当地占比超过80%的还有浙江、广东、安徽、江苏、四川、福建和辽宁。生产性迁移在空间分布上具有向长三角和珠三角沿海地区、临近的中部地区、西部地区集中的特征。

(2)研发性迁移

研发性迁移显著收敛于少数几个省市,绝对数最高的是上海,有15家企业将研发中心设在该地,其次是广东(9家),另外还有浙江省内、江苏、四川、北京、湖北、福建(均有1~2家);从占比来看,广东最高(36%),上海次之(30.6%)。

(3)市场性迁移

市场性迁移在空间上也较为收敛,从绝对数上看,上海最高,其次是广东、北京、香港等;而占比最高的地区是北京(85.7%)和香港(75%)。

（4）总部性迁移

总部性迁移最多的是上海，其他几个地区是浙江省内、香港和吉林。需要说明的是，由于样本企业涉及的总部性迁移行为相对较少，因此调查结果的代表性值得探讨，偶然性因素较大。

（5）多元化迁移

多元化迁移在国内空间上的分布相对研发性、市场性、总部性迁移都要广泛，仅次于生产性迁移。从绝对数上看，依次是浙江省内、上海、江苏、重庆等省市；从占比上看，依次是新疆、陕西、黑龙江、河北、山西、重庆等省市。

从样本企业迁移涉及的省市来看，有几个值得关注的地区。

其一是上海。上海是温州企业外迁最集中的城市，不但生产性迁移多，而且表现出迁移职能的多样化特征，研发性、市场性、总部性迁移都是最多的城市。反映了上海的国际化大都市综合优势对温州企业的吸引力。

其二是广东。广东是温州企业外迁第三多的省份，不但生产性迁移多，也是研发性、市场性迁移第二多的地区；然而没有发现总部性迁移，多元化迁移也很少。这一定程度反映了温州企业到广东去做实业的目的性单一，多元化的投资很少选择该省。

其三是安徽、江苏、四川、江西。安徽、江苏、四川、江西这四个省份是温州企业单纯以生产性迁移为主的地区，其中四川还伴有一定的研发性和市场性迁移；同时，这四个省份均有多元化迁移现象，调查发现许多外迁企业的多元化投资总是在它们建有生产工厂的城市，这样便于共享当地关系资源。

样本企业在省内的迁移行为以生产性迁移和多元化迁移为主，在空间上也表现出典型的集聚性。在浙江省11个地市中，96家样本企业的迁移覆盖了其中的6个，从总数上看，最多的是丽水，其次是嘉兴、杭州、绍兴、台州和金华。而到丽水（地级市）的迁移行为主要集中在青田、云和两个县。从迁移的职能分类看，丽水和嘉兴几乎都是生产性迁移；杭州则是多元化迁移最多的省内目的地，同时研发性、市场性迁移行为也均发生在杭州（见表5-8）。

表 5-8　样本企业省内迁移目的地汇总

| 浙江省内地市 | 总数 | 生产性 | 研发性 | 市场性 | 总部性 | 多元化 |
|---|---|---|---|---|---|---|
| 杭州 | 8 | 6 | 1 | 1 | | 3 |
| 绍兴 | 4 | 2 | | 1 | | 1 |
| 嘉兴 | 10 | 9 | 1 | | | |
| 丽水 | 11 | 11 | | | 1 | |
| 台州 | 3 | 1 | | | | 2 |
| 金华 | 1 | 1 | | | | |
| 合计 | 37 | 30 | 2 | 2 | 1 | 7 |

注:表中空缺表示样本企业在该地区(各类别)不存在迁移行为。

数据来源:作者调查汇总。

### 2.分行业的跨区域迁移空间特征

本书所选择的 8 个行业都是温州典型的传统行业,这些行业性产业区均具有各自的产业特征,在跨区域的产业区空间重构中表现出不同的空间特征。下面逐一说明。

#### (1)服装行业

温州服装样本企业的垮区域迁移目的地相对集中在以上海为代表的长三角地区、以广东为代表的珠三角地区,和以安徽、四川为代表的中西部地区。12 家样本企业中,有 6 家迁往上海,其中迪丰和美特斯·邦威是将总部整体迁往上海,还有 4 家企业是将品牌运营中心放在上海,生产性迁移的有2 家企业。访谈中了解,考虑到服装是时尚产品,上海是时尚的国际化大都市,样本企业希望将品牌运营和销售职能放在上海。有 5 家样本企业迁往广州、深圳、石狮等,主要是生产基地、设计中心、销售中心、物流中心等,其中有 4 家企业在广州设立生产基地。由于广东紧邻时尚之都香港,广东的服装制造承接了香港的转移,工艺比温州好,熟练劳动力丰富,款式时尚,产业链完善。因此企业反映在广东生产方便,易于获得时尚信息,并有利于品牌扩张。法派和欧诗丽则直接将采购中心和总部放在了香港。浙江省内的绍兴和嘉兴(嘉善)则是服装外贸企业迁移的主要目的地,如戴斯特、菲斯特、红黄蓝等,这两个地方临近上海,温州服装外贸企业出口主要走上海、宁波的港口。另外,为了寻求生产的低成本,也有 3 家企业将生产迁往四川简阳、安

109

徽宿州等中西部地区。森马和美特斯·邦威是所谓"虚拟经营"的两家代表企业，他们在保留运营总部的同时，将生产加工部分大量外包到长三角、珠三角和中西部地区的制造工厂，企业空间组织大范围扩散。不同的是，森马将总部留在温州，而美特斯·邦威为了上市和运作更加国际化，将总部迁到了上海。

（2）眼镜行业

温州眼镜样本企业的跨区域迁移目的地相对集中在广东深圳、江苏丹阳、江西余江和上海等地，迁移的地区指向性比较明显。深圳是国内眼镜高端品牌的设计、销售和生产基地，12家样本企业中有3家迁往深圳，主要是为了能接触到世界一线客户，如顺成将生产迁往深圳后，拿到了BOSS的订单；样本企业中唯一一例（信泰）外迁设计中心的目的地也是深圳。江苏丹阳是国内眼镜的市场中心和镜片制造基地，4家样本企业迁移到丹阳，包括销售中心与镜片制造等。近年来，江西鹰潭的余江以低成本招商方式打造眼镜基地，温州有一批眼镜企业整体外迁到当地。本次调查涉及2家样本企业（亨达利和超达）；但这两家企业都是将框线加工、注塑等配套工序外迁余江，主要考虑到当地产业链仍不完善，而眼镜对产业链的依附度较高①。有3家样本企业将品牌运营中心或总部放在了上海。随着温州眼镜产业的技术提升，产业链最低端的一些眼镜制造厂商向外转移，省内的台州临海形成了国内低端眼镜的制造基地，温州一些家庭作坊迁往该地。样本企业中发现了多元化现象，如信泰在省内金华市投资光伏、泰恒在国内多个一线城市参与投资眼科医院等。

（3）包装印刷行业

温州包装印刷样本企业的跨区域迁移目的地较为分散，涉及东部沿海、中西部、东北等16个省市，相对集中的是上海、四川、浙江省内。包装印刷属于配套性产业，其产品用于其他产品出厂前的保护性、宣传性外包装，这决定了该产业对下游主要客户群的空间接近布局需要。17家样本企业中，伯利克朗斯在吉林通化设立总部和生产基地是为了便于向修正、万通、吴太等制药企业客户提供包装服务；鸿海在四川泸州的生产是为了泸州、沱牌、舍

---

① 眼镜生产对配套产业链的依附度高，一副眼镜包括镜片、镜架，以及镜架上脚丝、框线、托叶、脚套、紧固件多个小配件和注塑、电镀等工序。眼镜虽小，但也是组装工业，整镜厂靠外购配件组装成镜。

得等高端酒业客户的包装需求;南方包装在河北的生产是为了嘉里、中粮等粮食包装需求。因此,在"配套半径"的引力下,样本企业分别向自己最重要的下游客户"靠拢",外迁地区相对分散。由于温州包装印刷产业在本地没有一个集中的园区,企业生产扩张对土地需求紧迫,温州约 100 家包装中小企业整体迁往山东临沂,投资 8 亿元建设 1000 亩的包装工业园①;笔者在访谈中了解到,样本企业华联(生产包装印刷机械)将生产迁往江苏吴江,也主要是寻求生产扩大的土地空间。由于高端的包装印刷对品牌、设计、时尚的要求高,6 家样本企业将研发中心、销售中心外迁到上海,2 家企业将销售中心外迁到广州,这两地都是包装印刷销售基地和设计人才集聚地区。调查发现,包装印刷企业存在多元化行为,以住宅和商业地产投资为主,集中在省内杭州、绍兴等地,以及企业生产外迁的城市,如江苏宿迁、安徽桐城、辽宁盘锦等地。

(4)鞋业

温州鞋业样本企业的跨区域迁移目的地相对集中在广东、安徽、四川和浙江省内,共涉及 15 个省市。12 家样本企业中,6 家迁移到广东,其中 4 家企业是研发中心的迁移,3 家企业涉及生产外迁,2 家企业在广东建立了销售中心(包括电子商务),这主要源于广东是国内制鞋业基地、接近国际市场、引领鞋业时尚潮流等。5 家企业选择外迁安徽(主要是宿州),除 1 家是做房地产开发外,其他均为生产性迁移;安徽宿州近年来着力打造国内制鞋生产基地,以政策优势引进了包括广东百丽在内的国内龙头鞋企,样本企业康奈、泰马、东艺都将生产迁往了当地。3 家样本企业迁往四川和重庆,奥康在重庆璧山县建立的"中国西部鞋都"工业园,不但自身将中低端品牌生产迁往当地,还带动了 100 多家温州中小配套鞋企一同进驻;红蜻蜓在重庆铜梁县的鞋业园区与奥康的"大带小"式外迁模式类同。奥康的生产外迁还捆绑了多元化外迁,"中国西部鞋都"工业区由其参股的置信房产主导开发;样本企业蜘蛛王和名典则是将研发中心也迁到了成都。鞋业样本企业向低成本地区的生产性迁移涉及较大地区范围,包括浙江省内的丽水、江西鹰潭和上饶、河南驻马店、云南昆明等地。3 家样本企业在上海建立了销售中心。鞋业样本企业的多元化行为多见,空间上也较为分散,如奥康在四川的生物产业和湖北、山东、安徽的商业开发;康奈在河北、湖北、浙江台州的地产开

---

①　这其中有土地需求因素,也有接近当地市场的考虑。

发;巨一在江苏的小额贷款公司;意尔康在福建晋江转向体育用品领域等。

(5)电气行业

温州电气样本企业的跨区域迁移目的地主要集中在上海、浙江省内和江西、四川等地,在样本企业多元化和产业链延伸的趋势下,迁移涉及的省市也很广泛(涉及20个省市)。9家样本企业均为温州电气行业的大型企业,其中7家样本企业迁移到上海,包括4个研发性迁移、6个生产性迁移;由于温州本地的电气产业区以技术相对中低端的低压电器设备生产为主,样本企业向上海的研发和生产迁移几乎全是中高压、大功率、智能电网等高技术业务。浙江省内的杭州、嘉兴也是样本企业研发性迁移的主要目的地(3例)。8家样本企业涉及向低成本地区转移的生产性迁移,主要是安徽、江西、山东、四川、陕西、河南、吉林、湖北,以及省内的丽水等地。近年来温州电气企业的产业链纵向、横向延伸也体现在迁移行为中,如正泰向太阳能光伏领域延伸,在宁夏建立下游的光伏发电场,而光伏电池的生产和研发放在杭州和上海;德力西向节能环保电气领域拓展,在广东江门、省内嘉兴、山东临沂设立了LED、节能环保设备生产基地,在省内台州投资垃圾焚烧发电厂;华仪的风电场投资遍布辽宁、陕西、吉林等省;人民电器集团则是向产业链上游的原料铜领域延伸,在江西抚州建立铜冶炼基地。可能由于本次调查的电气企业规模较大,多元化行为在9家样本企业中大量存在,主要涉及物流(四川、河南、新疆、辽宁)、住宅和商业地产(新疆、南京、河北)、金融投资(北京)、矿产投资(北京、江西)、粮食生产(黑龙江)、汽车销售(江西)等。

(6)汽车零部件行业

汽车是典型的组装工业,虽然汽车工业已经实现了生产组织的空间分离,但整车对零部件的配套距离仍有要求。温州汽车零部件样本企业的跨区域迁移目的地指向性非常明显,主要是国内有汽车整车生产基地的14个省市,选择最多的地区是上海(7例),其他依次是安徽、四川、广西、湖北、江苏、吉林、重庆、浙江省内、广东、北京、河北、山东和山西。94%的迁移属于生产性迁移,且生产性迁移伴随研发性迁移和市场性迁移,研发性迁移一共3例,目的地是上海、苏州和武汉。15家样本企业中,有7家迁往上海,其中包括5例生产性迁移、4例研发性迁移和1例多元化迁移。值得注意的是,样本企业向天津、广州等日系车企集中地区的迁移行为较少被观察到,访谈中了解到,可能是由于日系车苛刻的配套要求①。温州汽车零部件企业更多寻求对国产品牌、欧系和美系品牌的配套,从而形成了上述迁移空间特征。

(7)泵阀行业

温州泵阀样本企业的跨区域迁移目的地最集中的是上海和浙江省内,其他还包括福建、安徽、河南、河北、辽宁等地区。由于泵阀属于通用装备产业,产品体积大,企业占地规模大,且对钢铁等原材料和大型铸件厂的依赖性较强。13 家样本企业中,有 10 家将生产迁移到上海,主要是靠近宝钢,其中 3 家同时将研发中心一并迁移。笔者在调研中了解到,温州泵阀行业缺乏大型铸件厂以及用地紧缺是企业迁移的主要原因,有 5 家样本企业将生产迁移到紧邻温州的丽水市,就是看中丽水土地空间和用地成本优势,且其中的 2 家样本企业在丽水建立了铸件基地,为企业在温州的泵阀制造提供上游供应。另外,泵阀产品主要用于石化、燃气、水利、冶金、核电、建筑等重化工和大型工程领域,这也是样本企业迁移目的地的主要选择因素,如上海、沈阳、郑州、合肥、石家庄等迁移目的地均是这种情况。

(8)制革行业

皮革与合成革均为环境污染性产业,温州产业区的发展阶段已经无法容忍企业环境成本对本地社会的转嫁;同时,制革是温州鞋业的主要上游产业,这阻碍了制革企业过远距离的迁移,于是出现向就近的省内丽水、福建福鼎、江西抚州等地的生产性迁移,这在样本企业中有所反映。温州制革样本企业的跨区域迁移目的地最集中的是浙江省内的丽水。据行业协会介绍,目前丽水共有温州合成革企业 27 家,生产线 110 条,2 家样本企业被观察到迁往丽水,均是生产性迁移。而皮革生产则出现了生产工序的空间分离,如样本企业侨信、世挺都是将污染严重的皮革前道鞣制工序放在环境容忍度相对较高的地区(如江西抚州、山东青岛、湖北大冶等),而污染较少的 2 道深加工工序则仍在温州。由于近年来温州对制革业污染治理的力度加大,企业通过多元化分担风险的意愿更为强烈,皮革企业到山西"炒矿"就是典型例子,这在样本企业中也能观察到。

3.迁移的时间

本次调查的 96 家样本企业,平均成立年份是 1991 年,这是温州大部分

---

① 部分样本企业谈到,日系品牌整车对下游零部件企业的生产、工艺要求相当苛刻,进入其配套体系的门槛很高(而一旦进入则更具合作稳定性)。

家庭作坊开始向现代企业过渡的阶段。通过计算每家样本企业首次实施迁移行为的年份,得到平均外迁年份为 2003 年,从成立到首次外迁的间隔平均年数为 12.16 年。分行业来看,服装产业的外迁间隔年份最短(7.13 年),泵阀产业的外迁间隔年份最长(15.56 年);平均来看,最早开始外迁的是电气产业(2002 年),最晚出现外迁的是眼镜和包装印刷行业,均为 2005 年(见表 5-9)。

表 5-9  8 个样本行业的企业外迁时间

| 序号 | 行业 | 平均成立年份 | 平均外迁年份 | 从成立到首次外迁平均间隔年数 |
|---|---|---|---|---|
| 1 | 服装 | 1996 | 2004 | 7.13 |
| 2 | 眼镜 | 1992 | 2005 | 13 |
| 3 | 包装印刷 | 1993 | 2005 | 12.25 |
| 4 | 制鞋 | 1990 | 2004 | 14.67 |
| 5 | 电气 | 1990 | 2002 | 11.88 |
| 6 | 汽车零部件 | 1992 | 2004 | 13.75 |
| 7 | 泵阀 | 1987 | 2003 | 15.56 |
| 8 | 制革 | 1994 | 2003 | 9 |
| 平均 | | 1991 | 2003 | 12.16 |

资料来源:作者调查汇总。

从迁移时间来看,这些样本企业从成立初的家庭生产到雇工生产、再到确立行业地位并建立现代企业制度,许多企业经历了从小作坊到无区域集团的转变,这个阶段一般需要 10 年以上时间(至少在温州是这样)。根据访谈了解,大部分的外迁行为发生在企业本地生产和市场渠道稳定以后,开始寻求更大的战略扩张阶段,而这个阶段往往遇到了温州本地条件的一些制约,如土地、技术人才、市场信息、区域政策等。平均外迁的 2003 年,也正是温州经济的转折期,浙江内外学者对"温州模式"是否依然存在的大讨论也在 2003 年前后[①]。

4. 迁移的距离

通过"搜狗地图"计算分年度的每家样本企业迁移目的地城市与温州的

——————————

① 见第一章导论所述。

距离①（以下简称"迁移距离"）。全部样本企业的平均迁移距离为810.18千米。在这个平均迁移半径下，缓冲区覆盖了浙江、上海、江苏、安徽、江西、福建的全境，以及山东、河南、湖北、湖南、广东的部分区域。

图5-3显示了分年度的样本企业迁移距离。由于在2000年以前的几个年份中，有迁移行为的样本企业数较少，因此在年度迁移平均距离上出现一些不稳定的波动；进入2000年以后，迁移距离趋于稳定，除了2000年和2009年两个年份，其他年份的平均迁移距离均处于500～1000千米区间。进一步查看分行业的年度迁移距离和相关省市目的地可以发现，在2009年，服装、电气、汽车零部件、包装印刷四个行业均出现了向四川、吉林等较远省市的迁移，且均是生产性迁移；2009年的迁移距离跃升是偶然巧合，还是与2008年全球金融危机刺激下的温州企业寻求低成本的战略响应有关，目前无法确切得知。

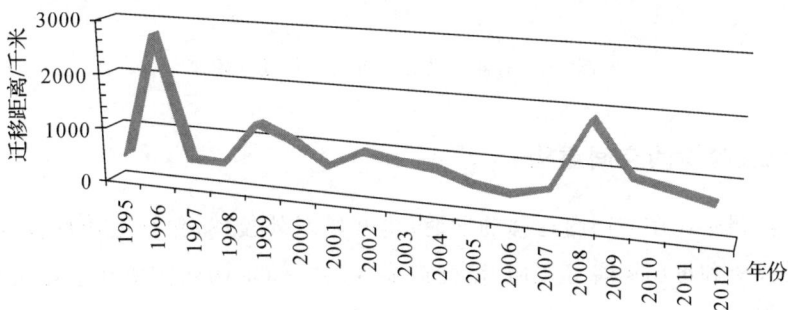

图5-3　样本企业1995—2012年的平均迁移距离

分行业来看，电气产业的平均迁移距离最远，为1155.54千米，这一定程度上源于电气企业广泛的下游客户分布和其龙头企业大量的多元化行为；超过全部样本的平均迁移距离（810.18千米）的行业还有汽车零部件（967.87千米）、包装印刷（888.50千米）、服装（850.31千米）和眼镜产业（821.83千米）。平均迁移距离最小的行业是泵阀（484.75千米）和制革产业（533.58千米），泵阀样本企业多在就近的区域（如丽水、上海）寻找上游钢

---

①　由于考虑到以产品物流为主的企业生产联系主要靠公路解决，本书选择了公路距离，而没有选择空中直线距离。具体方法是：在搜狗地图（http://map.sogou.com）上选择"自驾"，以温州为起点，各个迁移目的地城市为终点，将生成自驾的公路距离。

材和大型铸件资源,而最终生产仍在温州,原材料和产品的重量大,"拖累"了迁移距离;而制革样本企业多就近寻找可以承受环境污染成本的地区(如丽水),温州制革业主要的下游行业——制鞋仍在温州,这种产业链的依附"拖累"了迁移距离(见图 5-4)。

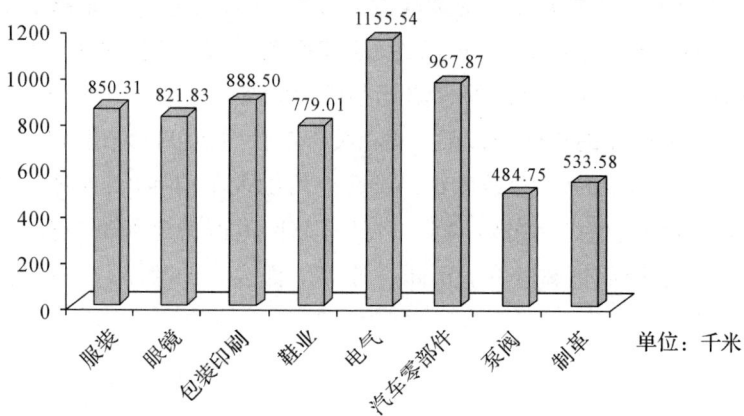

图 5-4　样本企业分行业的平均迁移距离

### 三、跨境的空间重构

温州企业在向国内迁移的同时,也开始对外投资,包括生产性投资、研发性投资和市场销售等领域,温州产业区的空间重构还需要在全球尺度上进行考察。本书结合对 96 家样本企业的调查,并重点采用温州市商务局(原外经贸局)的 1991—2008 年温州企业对外投资数据①来分析企业组织向国外扩张或迁移的空间及行为特征。

1991—2008 年,温州外经贸部门共批准了 512 个企业对外投资项目②,这些项目分布在全球 71 个国家和地区。从温州企业对外投资国家(地区)分布可以看出,北美洲、欧洲、东南亚和西亚、非洲沿海地区是投资项目最为集聚的区域。其中,美国(77 例)、阿联酋(67 例)、俄罗斯(49 例)是温州企业对

---

①　这些数据的获得益于王钢 2009 年的努力,特此感谢。数据在王钢的博士论文《中国民营企业对外直接投资研究》中已有所应用;根据研究需要,作者对这些数据做了不同的处理。

②　包括中方独资、中外合资、收购并购等形式,以及现汇或实物投资两种方式。所有投资项目在境外均由实体公司注册。

外投资最多的三个国家；处于第二梯队（20 例以上）的有意大利（26 例）、中国香港（22 例）、德国（21 例）；处于第三梯队（10～20 例）的有西班牙（17 例）、越南（15 例）、法国（14 例）、乌克兰（13 例）、尼日利亚（12 例）、匈牙利（11 例）、英国（10 例）；其他国家和地区均少于 10 例。

与上一节对温州企业境内迁移行为的分类类似，按照生产性、市场或贸易性、研发或技术合作性、多元化四种类型分别计算各个国家（地区）的温州企业投资项目。总体来看，市场或贸易性投资最多，共有 395 个，占总数的77.15%；其次是生产性投资，共有 77 个，占总数的 15.04%；研发性投资和多元化投资都比较少，分别有 21 个和 17 个，分别占总数的 4.10% 和3.32%。表 5-10 显示了温州企业对外投资项目各类别前十位国家（地区），可以发现，与综合总数累计相比，各个类别表现出一定的分布差异。

**（一）生产性投资**

虽然在总数上次于美国和阿联酋，但俄罗斯是温州企业对外生产性投资项目最多的国家，这部分得益于"灰色清关"事件①引致的温州鞋业在俄罗斯莫斯科郊区及乌苏里斯克等地的制鞋工业园建设；美国是生产性投资排第二位的国家（地区）；而排前十的其他八个国家（地区），均来自于东南亚（越南、斯里兰卡、马来西亚、泰国）、西亚（土耳其、阿联酋）、东欧（罗马尼亚）和非洲（尼日利亚），显示出温州企业生产性跨境迁移的低成本指向。

**（二）市场/贸易性投资**

阿联酋是温州对外市场性、贸易性投资最多的国家（地区），阿联酋是自由港，大部分企业以其为支点做全球转口贸易；美国和俄罗斯依靠其庞大的市场需求分列第二、第三位；而其余的排名前十的国家（地区）中，除了我国香港，全部来自于欧洲，依次是意大利、西班牙、德国、法国、乌克兰、英国，表

---

①　20 世纪 90 年代初苏联解体后，俄罗斯急需进口大量便宜货品，于是大批华商在中俄间做起民间贸易。但俄海关清关手续烦琐，关税混乱，为了鼓励进口、简化海关手续，俄罗斯海关委员会允许"清关"公司为货主代办进口业务。所谓"灰色清关"，是指通过俄罗斯一些官商勾结的"清关公司"，帮助进口商品以低于法定水平的税率进入俄罗斯国内市场。2008 年 9 月 11 日，俄罗斯官方以打击"灰色清关"为由，对阿斯泰（ACT）市场进行突击检查，查封了华商储存在仓库里的鞋、服装、袜子等日用品。这是有史以来在俄罗斯发生的最大一次针对中国货的查抄事件，货值高达 60 亿美元，其中仅浙江就有 7000多个集装箱的货物被查抄——这里的中国商家大多是租用旧集装箱作为货物的存放仓库。（资料来源：http://baike.baidu.com/view/783432.htm.）

明欧洲是温州产品最大的市场之一。市场/贸易性投资的主要形式是企业在当地注册销售分公司、办事处、进出口贸易公司等，以转口贸易、市场开拓、产品促销、搜集信息、售后服务等为主要功能。

## (三)研发/技术性投资

研发和技术性投资总数较少，只涉及 7 个国家(地区)，最多的是意大利和美国，其次是韩国和我国香港，以及法国、德国和日本。大部分的服装、制鞋等与时尚相关的对外研发设计性投资选择了全球时尚之都意大利、法国，以及亚洲的韩国等；而与装备(电气、汽车零部件)技术研发有关的投资则选择了美国、德国等装备大国。

## (四)多元化投资

美国(金融投资、房地产)是温州企业多元化投资相对集中的国家(地区)，其他多元化国家(地区)则较为分散，包括俄罗斯(商业地产、木材)、阿联酋(住宅及商业地产)、越南(矿产)、柬埔寨(矿产)、赞比亚(矿产、农场开发)、芬兰(商业地产)、朝鲜(矿产)等。在发达国家(地区)做金融和房地产投资，在发展中国家(地区)做矿产等资源性投资是温州企业对外多元化投资的主要特征。

表 5-10　温州企业对外投资项目各类别前十位国家(地区)

| 综合总数 | | 分类项目累计 | | | | | | | |
|---|---|---|---|---|---|---|---|---|---|
| | | 生产性 | | 市场/贸易性 | | 研发/技术性 | | 多元化 | |
| 国家(地区) | 个数 | 国家(地区) | 个数 | 国家(地区) | 个数 | 国家(地区) | 个数 | 国家(地区) | 个数 |
| 美国 | 77 | 俄罗斯 | 9 | 阿联酋 | 61 | 意大利 | 4 | 美国 | 6 |
| 阿联酋 | 67 | 美国 | 8 | 美国 | 59 | 美国 | 4 | 俄罗斯 | 2 |
| 俄罗斯 | 49 | 越南 | 5 | 俄罗斯 | 39 | 韩国 | 3 | 阿联酋 | 2 |
| 意大利 | 26 | 尼日利亚 | 5 | 意大利 | 24 | 中国香港 | 3 | 中国香港 | 1 |
| 中国香港 | 22 | 罗马尼亚 | 3 | 西班牙 | 16 | 法国 | 2 | 越南 | 1 |
| 德国 | 21 | 土耳其 | 3 | 德国 | 15 | 德国 | 2 | 柬埔寨 | 1 |
| 西班牙 | 17 | 斯里兰卡 | 3 | 中国香港 | 15 | 日本 | 1 | 智利 | 1 |
| 越南 | 15 | 阿联酋 | 3 | 法国 | 13 | | | 赞比亚 | 1 |
| 法国 | 14 | 马来西亚 | 2 | 乌克兰 | 12 | | | 芬兰 | 1 |
| 乌克兰 | 13 | 泰国 | 2 | 英国 | 10 | | | 朝鲜 | 1 |

数据来源：作者根据样本企业调查及温州市商务局数据整理。

温州企业对外投资的时间阶段如图 5-5 所示。中国加入 WTO 的 2001 年是一个关键时间节点。就全国来看,据商务部统计,从 2002 年起,我国企业的对外直接投资呈爆发式增长态势,2002—2010 年投资额从 27 亿美元上升到 688.1 亿美元(王钢,2013)。这种增长趋势同样反映在温州,512 个温州对外投资项目集中分布在 2000 年以后,而 1991—1999 年每年只有 1~6 个。温州跨境投资最高峰出现在 2005 年,并随后在 2006—2008 年逐年降低。笔者认为,这种趋势反映了温州人"跟风投资"的个性,即短期内出现投资高潮;而随着全球金融危机的临近和企业经营状况的恶化,这种跨国扩张行为出现收敛,企业投资更加谨慎。

通过比较表 5-9 和图 5-5,发现另一个值得注意的现象,温州 8 个行业 96 家样本企业的国内迁移时间集中在 2003—2005 年,这与企业全球扩张的高峰期(上升期)一致,说明温州产业区的空间扩张在国内和全球两个尺度上具有时间上的"并行性"。

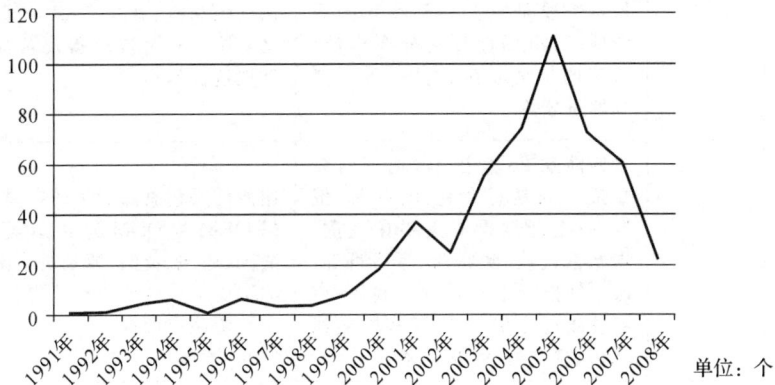

图 5-5　1991—2008 年温州企业对外投资项目累计

数据来源:作者根据温州市商务局数据整理。

分行业来看,鞋革(包括制鞋与皮革)是对外投资项目最多的行业,其次是服装、电气和汽车零部件行业。本节列出了主要 7 个行业的对外投资情况,这些行业与上一节笔者调查的 8 个行业相同[①],便于比较。表 5-11 显示了每个行业的企业对外投资项目个数、空间特征和典型企业的外迁行为。

———————————

①　由于制革行业的对外投资量很小,将其并入鞋革行业分析,因为不太严格地讲,皮革是制鞋的上游行业。

行业差异体现在外迁地区差异上,例如:并不是所有行业都像鞋革、服装一样将生产迁往低成本的东南亚、非洲和东欧地区,为了寻求和国际电气行业巨头(如通用)的合作以及技术的优势,电气企业将生产基地放在了美国。汽车零部件企业的生产基地则是集中在美国和东南亚国家,因为东盟是全球汽车产业新兴的制造基地;而在美系跨国车企更加市场化的招标模式下,零部件企业更易进入其配套体系,所以也有一些企业将生产放在美国;而温州企业在日本则没有生产性的投资。

表 5-11　温州企业对外投资的分行业特征

| 行业 | 项目数量(个) | 空间特征 | 典型企业 |
|---|---|---|---|
| 鞋革 | 153 | 总体涉及 34 个国家(地区),总数最多的是俄罗斯、阿联酋、美国;生产性投资主要在俄罗斯、罗马尼亚、尼日利亚等;研发性投资主要是意大利等和我国香港地区;市场性投资分布广泛,最多的是阿联酋、美国、俄罗斯和西班牙等 | 哈杉鞋业总部在温州,生产基地在尼日利亚和意大利,设计中心在意大利,销售和进出口贸易公司在阿联酋、美国、乌克兰、巴拿马等国。协力皮革将皮革加工基地迁往越南 |
| 服装 | 82 | 总体涉及 28 个国家(地区),总数最多的是意大利、阿联酋、俄罗斯;生产性投资主要在老挝、埃塞俄比亚、阿联酋、摩洛哥等;研发性投资主要是意大利等;市场性投资分布广泛,最多的是阿联酋、意大利、俄罗斯等 | 迷西仕服装总部和生产在温州,以 OEM 和 ODM 为主,在美国、法国、德国、英国、挪威及东南亚国家设立设计公司和销售公司,在欧盟注册商标 |
| 眼镜 | 14 | 总体涉及 8 个国家(地区),总数最多的是美国、英国;生产性投资主要在土耳其;研发性投资主要是美国;市场性投资最多的是美国、英国等 | 明明光学总部在温州,在土耳其设立外加工生产基地,在土耳其、希腊、西班牙建立销售中心,并向箱包、电子、文具等多元化进出口贸易延伸 |
| 电气 | 61 | 总体涉及 29 个国家(地区),总数最多的是美国、德国;生产性投资主要在美国、斯里兰卡、越南、泰国等;研发性投资主要是美国、德国等和我国香港地区;市场性投资分布广泛,最多的是美国、德国、阿联酋、越南等 | 德力西电气总部在温州,在美国设立生产基地,在德国、法国设立研发机构,在智利、越南、法国、韩国等设立销售中心 |

| 行业 | 项目数量（个） | 空间特征 | 典型企业 |
|---|---|---|---|
| 包装印刷 | 14 | 总体涉及 12 个国家（地区），总数最多的是美国、越南；生产性投资主要在阿联酋、越南、斯里兰卡；无研发性投资；市场性投资最多的是美国和东南亚国家 | 华联包装机械总部在温州，在埃及和美国的纽约和加州设立了销售中心；运城制版将凹印制版生产基地迁往斯里兰卡 |
| 汽车零部件 | 35 | 总体涉及 13 个国家（地区），总数最多的是美国、阿联酋、德国和我国香港地区；生产性投资主要在泰国、美国、印度；研发性投资主要在美国和我国香港地区；市场性投资分布广泛，最多的是阿联酋、美国、欧洲和东南亚国家 | 冠盛总部在温州，在美国迈阿密州设立生产基地，在佐治亚州、南卡莱罗纳州设立销售和技术中心，在我国香港地区设立部件采购和技术中心，在德国设立销售和信息中心 |
| 泵阀机械 | 9 | 总体涉及 7 个国家（地区），总数最多的是美国、阿联酋；生产性投资主要在美国；无研发性投资；市场性投资分布在美国、阿联酋和东南亚国家 | 三维阀门总部在温州，在美国设立生产基地和销售中心，在阿联酋设立进出口贸易中心；方正阀门在新加坡、荷兰、阿曼、伊朗、美国、沙特等设有子公司或办事处，成为当地石油或工程公司供应商 |

资料来源：作者根据样本企业调查和温州市商务局数据整理。

## 第三节　温州产业区空间重构机制与模式

新古典区位理论、行为主义、制度主义及一般的公司地理对企业迁移行为的解释主要关注企业单元，特别是在以跨国公司为代表的企业空间组织演化。集群理论通过地区成本比较，解释了去集聚化、去本地化的原因，并认为"集群裂变"的结果是地域劳动分工及价值链的空间片段化（Martin 和 Sunley，2003；王缉慈，2010）。上述理论对产业区的空间重构分析具有重要借鉴意义。Wei(2007)最早从产业区层面讨论了温州产业区空间重构的现象，将其概念化为应对区域锁定的一系列战略响应，并针对温州电气、服装、鞋业等行业提出了产业区空间重构的不同特征和响应机制。本书探讨的问题是，温州产业区作为一种地方专业化和企业空间集聚的地理现象，从集聚的发生、演化到分散（空间重构）的过程、动力机制是什么？笔者试图在企业迁移理论、集群演化理论和新产业区分析的基础上，将 Wei(2007;2009;2011)关于"产业区通过空间尺度放大摆脱区域锁定"的学术思想适当延伸；结合 Scott(1988)、宁越敏(1991;1995)的劳动空间分工理论及方法，以分工演进为主线，融入野外调查得到的多重动因，来解释上文关于温州产业区的区域内、跨区域(包括境内和境外)空间重构现象，并总结出一些重要的重构模式。

## 一、"产业区分工演进—空间重构"模型及解释

下面建立分工演进与产业区空间集聚、分散的过程关系，建立"产业区分工演进—空间重构"模型。为了便于讨论，本书提出三个假设。

假设 1：将产业区的产生、成长到成熟过程等价于分工的持续演进(或专业化程度的不断加深)；当产业区开始去地方化过程(开始大量出现企业迁移)，即认为分工演进停止。

假设 2：不考虑市场规模随专业化演进而同步扩大，产出增加意味着收益增加。

假设 3：为了简化分析，假设某种产品的生产过程分为两个阶段，先生产一定数量的中间产品 $x$，再把 $x$ 作为第二道工序的投入生产出一定数量的最终产品 $y$。

$P(x)$、$P(y)$ 分别表示生产 $x$、$y$ 产品的生产函数；将交易成本纳入模型，设 $T_i$ 表示内部交易成本，$T_e$ 表示外部交易成本。按照盛洪(1992)的分类，企业内部交易成本包括企业组织生产以及生产工序衔接的费用、一般管理费用、获取和集中生产要素的费用以及效率损失等；企业外部交易成本包括企业间交易成本和企业与政府的交易成本等。$C(x,y)$ 表示总成本，是生产成本与交易成本之和，即：

$$C(x,y)=P(x)+P(y)+T \tag{5-1}$$

以 $G(x,y)$ 表示企业总产出，$Y$ 表示企业净产出，有：

$$Y=G(x,y)-C(x,y) \tag{5-2}$$

以 $K$ 表示专业化程度(或分工深度)，在产业区出现时，最初只有一家企业，这家企业的总产出就是产业区的总产出。随着分工演进，专业化程度加深，在报酬递增下，$G$ 不断增加，因此 $G$ 是 $K$ 的增函数，且有 $dG/dK>0$；在静态均衡出现后，产出开始递减，有 $dG/dK<0$。随着分工的深化、专业化更加细分，交易成本 $T$ 增加，有 $dT/dK>0$；当 $K=0$(只有一家企业将所有生

产内化)时,$T=0$。随着专业化加深,地方拥挤效应导致生产成本 $P$ 随之增加,有 $dP/dK>0$。分工演进可划分为三个阶段。

**(一)产业区初始阶段**

由于偶然性因素,产业区的第一家企业出现,可以将其看成产业内分工的阶段,所有生产活动集中在空间一点并由该单厂企业独立完成。如图 5-6(a)所示,由于 $x$、$y$ 两种产品均在企业内生产,无企业间交易成本,有:

$$C(x,y)=P(x)+P(y)+T_i \tag{5-3}$$

$$Y=G(x,y)-C(x,y) \tag{5-4}$$

**(二)产业区成长阶段**

这一阶段也可以理解为纵向分解和空间集聚阶段。如图 5-6(b)所示,生产 $x$、$y$ 两种产品的劳动过程在组织上分离,但在空间上却趋于集聚;或者说,产业区出现了分工深化基础上的企业裂变衍生,企业数量增加,产业区快速成长。企业裂变(纵向分解)情况下,最终产品企业不再自己直接生产中间产品 $x$,而是在市场上购买,$P(x)$ 为其市场价格;此时内部交易成本消失,即 $T_i=0$;但出现了外部交易成本 $T_e$。由于空间集聚导致交易成本下降,因此 $T_e \to T_e'$,且 $T_e>T_e'$。当然,空间的集聚还产生了诸多外部性效应,如隐性知识的有效传递,激励了技术创新,使得中间产品和最终产品能以更低成本生产,总产出也增加。

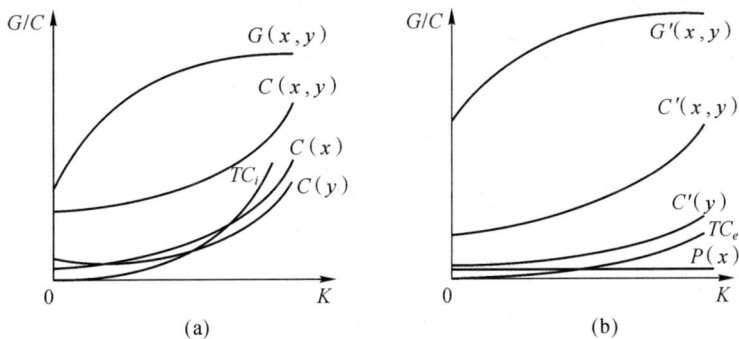

图 5-6 产业区初始阶段和成长阶段的分工示意图

**(三)最优分工度与产业区分工退化**

上述第二阶段分工演进的最终结果,是形成大量企业的地域空间集聚。在产品内分工不断深化下,最初的 $x$、$y$ 两种产品发展为 $n$ 种产品(包括中间投入品)的生产企业,这时,模型演变为地方产业区总体层面的分工。下面来求产业区层面的最优分工度。

用 $Y_{ID}$ 表示产业区净产出,有:

$$Y_{ID} = G_{ID} - C_{ID} = G_{ID} - (P_{ID} + T_{ID}) \tag{5-5}$$

对上式两边求分工 $K$ 的导数,并令导数为 0,则有:

$$\begin{aligned}
\mathrm{d}Y_{ID}/\mathrm{d}K &= \mathrm{d}G_{ID}/\mathrm{d}K - \mathrm{d}C_{ID}/\mathrm{d}K \\
&= \mathrm{d}G_{ID}/\mathrm{d}K - \mathrm{d}P_{ID}/\mathrm{d}K - \mathrm{d}T_{ID}/\mathrm{d}K \\
&= 0
\end{aligned} \tag{5-6}$$

由此可以绘出图 5-7。根据式(5-1),在 $G_{ID}$ 与 $C_{ID}$ 线上分别找出平行切线的点,该处为 $G_{ID}$ 与 $C_{ID}$ 的最大纵坐标差值,即在 $K^*$ 处,$Y_{ID}$ 达到最大值,$K^*$ 为最优分工度。

(1)当 $0 < K < K^*$ 时,产业区净产出 $Y_{ID}$ 增加,收益递增,分工持续演进,专业化不断加深;

(2)当 $K^* < K < K_m$,产业区净产出 $Y_{ID}$ 开始减小,即收益递减,但分工的继续演进仍可以带来产业区总产出 $G_{ID}$ 的正值;

(3)当 $K > K_m$ 时,由于持续分工和专业化产生的交易成本 $T_{ID}$ 快速上升,并超过了生产成本 $P_{ID}$,最终导致总成本 $C_{ID}$ 线穿越 $G_{ID}$ 线,此时产业区达到最大分工度 $K_m$,产业区总产出 $G_{ID}$ 进入下降通道,产业区已经没有了继续分工深化的空间,分工开始退化,产业区出现衰退或空间上的去集聚化。

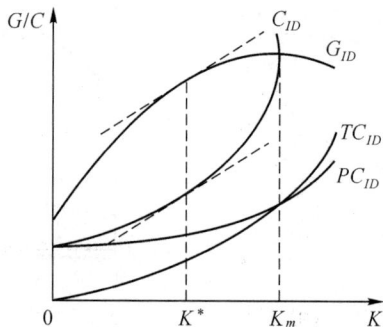

图 5-7 最优分工度与产业区分工退化示意图

从模型分析来看,本书认为温州产业区的空间重构是劳动空间分工演进的结果。现实中可分为三个阶段。

第一阶段:20 世纪 90 年代中期前,属于 $[0, K^*]$ 区间,分工深化带来产业区净产出增加,企业加快空间集聚,如果本村土地空间受限,企业就会就近向周边扩展,表现为区域内(就地、乡镇内、县域内)的企业扩张或迁移。

第二阶段:2000年开始,属于$[K^*,K_m]$区间,分工深化带来产业区总产出增加,但净产出已经开始下降,进一步的企业集聚受到限制,产业区开始"拥挤",以至于部分大企业开始寻求向外拓展,表现为区域内(跨县域、市域内)或跨区域的企业扩张或迁移.

第三阶段:2005年前后,属于$[K_m,-]$区间,产业区交易成本和生产成本高涨,分工继续在本地深化的条件已不具备,企业出现分化;部分企业就此退出(如完全多元化),部分企业出现跨区域迁移,即产业区的继续分工演进不再是在本地进行,而是放大尺度到国内甚至全球范围。

### 二、温州产业区企业迁移类型

温州产业区企业为了寻求更低的生产成本和交易成本(以及其他原因),开始了空间分散过程。不同的行业表现出迁移动力的差异,以及在产业区空间重构特征上的区别,根据笔者对8个样本行业的调查访谈,可以总结为5种类型。

#### (一)低生产成本寻求型(PC)

对于温州产业区,低生产成本寻求型的企业外迁主要是源于本地产业区已经失去了低成本优势,如果企业依然选择通过低成本参与市场竞争,就必须向更低成本地区转移生产。这里的生产成本主要是劳动力成本、原材料成本、土地等要素成本等。随着"刘易斯拐点"到来,中国沿海地区在21世纪开始出现"用工荒",温州制造业的劳动力成本快速上涨,访谈中了解,近10年来,温州企业普工工资从约1000元/月涨到约3500元/月,上涨了250%左右。温州土地成本也在近10年快速上涨,主要是由于地方本身的土地稀缺,以及温州房地产市场的暴涨。对温州沿海围垦区的调查显示,围垦区工业用地的平均土地价格是40万元/亩左右,比国内中西部地区的2万~6万元/亩的工业土地价格高出数倍。钢材、铜材、化工原料等温州产业常用原材料也在国际大宗原材料调价中不断上涨。

8个样本行业的企业迁移几乎都带有低生产成本寻求的因素,如服装和制鞋对低劳动力成本的寻求,眼镜、包装印刷对低成本树脂原材料的寻求,电气、泵阀等对低成本钢材、铜材等原材料的寻求。访谈中发现,对低成本工业用地要素的寻求几乎也存在于每个样本行业。

## （二）低交易成本寻求型（TC）

对于温州产业区，低交易成本寻求型的企业外迁源于两个方面。

一是企业外部交易成本。一是企业与政府间的交易成本，温州政府行政审批效率、政府公共服务提供方面均不如国内江苏、广东和中西部地区，访谈中了解，一部分企业的迁移源于对这种交易成本的规避。二是企业间的交易成本，虽然本地集聚降低了企业间交易成本，但当企业发展到一定程度，要素要求发生了变化，如果这些要素均在外地，企业相应的交易成本将显著增加。比如，随着温州制鞋和服装企业的长大，更需要接近广东的品牌客户、OEM雇主和高端的制造产业链配套企业，为了降低与这些企业的交易成本（增加面对面交流机会），温州制鞋、服装企业多迁往广东。

二是企业内部交易成本。包括企业组织生产以及生产工序衔接的费用、一般管理费用、获取和集中生产要素的费用以及效率损失等。比如，温州汽车零部件企业迁往江苏、上海及一些整车厂集聚的地区，是为了降低生产工序衔接的费用，因为优质电镀、关键配套零部件等相对高端的工序配套在温州本地已经难以找到。服装、制鞋、电气、眼镜等调查的多个行业为了降低技术人才、研发资源、市场信息等生产要素的获取和集中费用而迁往上海、广州等地。一些制鞋企业为了规避国际贸易摩擦的交易成本而选择向国外俄罗斯等地转移生产，出现跨国的迁移。

8个样本行业的企业迁移几乎都带有低交易成本寻求的因素，因为与政府的交易费用、人才获取的费用等在温州各个行业普遍存在。

## （三）产业升级型（UG）

对于温州产业区，产业升级型的企业外迁主要是源于企业为了技术升级而迁往符合其创新和知识环境要求的要素富裕地区。比如，温州电气企业在本地以低压电气产品生产为主，为了向中高压电气和成套设备、智能电网、光伏等新能源发电领域升级，企业纷纷在上海、杭州、南京等建立生产、研发分公司。虽然温州医学院的眼视光中心具有很强的研发实力，但与本地低端的眼镜制造企业长期脱节（徐剑光、王钢，2010）。温州眼镜企业在本地以生产镜架和组装技术相对低端的太阳镜为主，为了向曲光镜产品、镜片等高端产品升级，企业纷纷向浙江东阳、广东深圳等地区转移，这些地区的科研资源与生产联系更为紧密，且具有高端产品的配套产业链。

## （四）生产网络转换型（PN）

对于温州产业区，生产网络转换型的企业外迁主要是源于企业的本地化生产网络已经无法适应企业战略发展需要,企业需要重新嵌入外部生产网络(包括全球生产网络),以降低成本、获取新的战略要素。典型的例子是温州汽车零部件企业,由于本地的汽车零部件配套网络以中低端的针对售后服务市场的技术和产品为主,企业为了进入整车配套体系、嵌入汽车全球生产网络,就需要脱离本地生产网络。生产网络的转换导致企业空间迁移,主要是迁往国内整车厂和上级零部件企业集中的地区,如上海、长春、重庆、广西、武汉等地。

### (五)经营风险规避型(RA)

对于温州产业区,经营风险规避型的企业外迁主要是源于企业在本行业的主业发展遇到困境,或有更大获利途径,而开展多元化经营,以规避主业风险。温州模式的文化充满着"逐利"和"抱团"元素,只要出现高额利润的获取渠道,温州人往往"趋而逐之",如房地产、商业开发、矿产资源等。多元化行为几乎存在于每个样本行业,但有些行业会更明显,如电气行业、制鞋和服装行业等。由于多元化经营不再将业务限于本地,而是在国内甚至全球寻找投资机会,因此总是伴随企业迁移。调查发现,很多多元化行为发生在企业生产迁往的地区,样本企业相关人员反映这是由于企业为当地创造了税收,他们利用了由此带来的(与当地政府的)关系资产。

综上所述,"产业区分工演进—空间重构"模型的主要结论是:在生产成本和交易成本综合上涨的情况下,温州产业区进入了$[K_m,-]$的本地分工退化区间,部分企业外迁。对于上述提到的5种企业外迁类型,均可归结为"生产成本"或"交易成本",如产业升级型(UG)迁移,实际上可以理解为升级企业在本地的人才搜寻成本、高技术知识获取成本等大大高于上海等研发中心城市;或是为了降低与高端配套企业间的交易成本。汽车零部件企业迁往接近ATNCs的地区,可以理解为降低与这些整车核心企业的交易成本。本书区分5种迁移类型,只是为了突出一些较为典型的迁移特征(动力)。因此,可以绘出图5-8,将成本上涨与迁移类型做出对应,当然,图中连的线是一些主要的对应关系①。将上述5种类型的企业迁移按照行业进行汇总,见表5-12。

---

① 包括工业用地成本、城市拥挤成本、与政府的交易成本等在内的成本是多数行业都存在的,图5-8只是标出各种迁移类型主要涉及生产和交易成本。

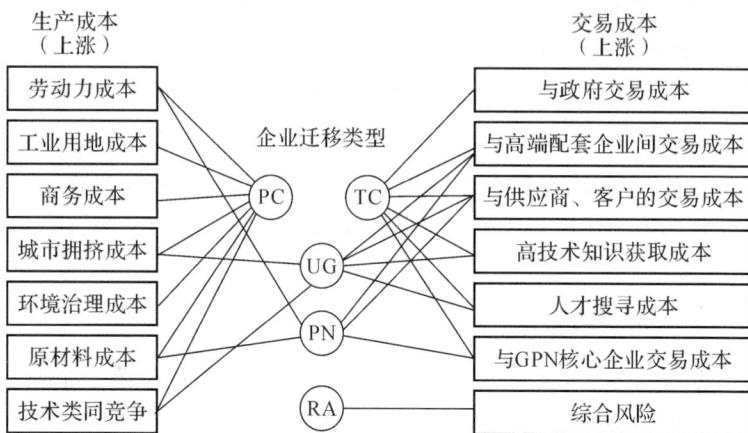

图 5-8　温州产业区成本上涨与企业迁移类型的主要对应关系

**表 5-12　8个样本行业的企业迁移类型**

| 样本行业 | 主要迁移目的地 | 企业迁移类型 | | | | |
|---|---|---|---|---|---|---|
| | | PC | TC | UG | PN | RA |
| 服装 | 上海 | | ● | | | |
| | 广州 | | ● | ○ | | |
| | 重庆、四川 | ● | | | | ○ |
| | 嘉兴、绍兴 | | ● | | | |
| 眼镜 | 深圳 | | ○ | ● | ○ | |
| | 江苏丹阳 | | | ○ | ● | |
| | 上海 | ● | | | | ○ |
| | 江西余江 | ● | | | | |
| 包装印刷 | 上海、广州 | | ○ | ● | | |
| | 四川、吉林、河北 | ● | ○ | | ○ | |
| | 江苏、嘉兴、安徽 | ● | ○ | | | ○ |
| 制鞋 | 上海 | | ● | ○ | | |
| | 广州 | ○ | ● | ○ | | ○ |
| | 重庆、四川 | ● | | | | |
| | 江西、安徽 | ● | ○ | | | ○ |
| | 意大利、香港 | | ● | ○ | | |
| | 俄罗斯、非洲 | ○ | ● | | ○ | |

| 样本行业 | 主要迁移目的地 | 企业迁移类型 | | | | |
|---|---|---|---|---|---|---|
| | | PC | TC | UG | PN | RA |
| 电气 | 上海、杭州、南京 | | ○ | ● | | |
| | 安徽、江西、山东 | ● | ○ | | | |
| | 北京、黑龙江等 | | ○ | | | ● |
| | 美国、德国等 | | ○ | ○ | ● | |
| 汽车零部件 | 上海 | | ○ | | ● | ○ |
| | 长春、安徽、重庆、广西、武汉等 | ○ | | | ● | |
| 泵阀 | 上海 | ● | | ○ | | ○ |
| | 丽水、嘉兴 | ● | ○ | | | |
| 皮革 | 丽水、山东、江西、湖北等 | ● | ○ | | | |
| | 广东 | | ○ | ● | | |
| | 山西 | | | | | ● |

注：其中●代表主要的迁移类型，○代表次要或附带的迁移类型。

资料来源：作者根据调查访谈整理。

由于生产成本和交易成本合并上涨导致的总成本大于产业区总收益，产业区收益递减甚至为负，企业的外部性优势不再。如果产业区的企业还有继续发展的战略意图，那么它们将开始空间分散过程。企业自发的迁移有了一个附带的后果，那就是在扩大了的空间尺度下，产业区回到最大分工界限，甚至回到最优分工区间。但是，产业区的地方化烙印却被渐渐抹去，放大尺度的产业区不再完全是地方的了。接下来的问题是，超越企业迁移的类型，如何一般化地总结出温州产业区空间重构的几种模式？而产业区的空间重构究竟对本地产生何种影响？

### 三、温州产业区空间重构模式

有三种产业区空间重构模式应给予关注：一是通过寻求低成本的空间扩散，在更大空间尺度上继续分工深化。这种空间重构将导致产业区的生产空心化。二是生产网络转换的空间重构。在全球化背景下，这种生产网络重构表现为对全球生产网络的嵌入，以及嵌入过程中，本地生产网络与全球生产网络的耦合与互动。由于中国腹地广阔，不同于东南亚等国家，温州的 GPN 嵌入出现了以国内尺度代替全球尺度的现象。三是产业区学习空间的重构。这种空间重构在缺乏本地知识要素的条件下,通过放大空间尺度,建立跨界学习系统,促进产业区技术升级,这是温州产业区空间重构的一种重要模式。下面分别对这三种空间重构模式给予解释。

**(一)寻求低成本、放大空间尺度的分工深化**

正如"会跑的集群"情形,产业区总是处在动态的变化过程。当高成本导致产业区的分工深化出现停滞,企业纷纷外迁到更低的生产成本和交易成本地区,由于分工程度 K 又回到了最大分工度甚至最优分工区间,分工得以继续深化,但已经是放大了空间尺度的、超越地方化的分工演进了。这种类型的产业区空间重构几乎存在于笔者调查的每个行业,比较典型的是制鞋、服装、泵阀、印刷包装等行业。

温州制鞋产业区的空间重构具有典型的寻求低成本、放大空间尺度延续分工的特征。进入 21 世纪以来,温州制鞋成本快速上涨①。2003 年开始,奥康集团在重庆璧山县先后投资 10 亿元,建设了面积 2600 亩的"西部鞋都"工业园,并吸引了 90 多家温州制鞋配套厂商入驻。一位跟随外迁的配套厂商说:"璧山每亩工业用地只要 3 万~4 万元,温州要 300 多万元,我为什么不走?"随迁企业反映,璧山制鞋成本比温州节省 20%;其中,工业电价每度便宜 0.15 元,员工工资低 200~300 元/月,原材料便宜约 50%。在璧山,不论鞋眼、搭扣还是电脑打样一应俱全,入驻企业可以维持既有的低成本、低价格经营方式。以同样的模式,2004 年,红蜻蜓集团在与璧山县邻近的铜梁县建设了"西部鞋业基地";康奈集团在俄罗斯投资开设了一个经贸合作区,专门接纳从温州搬迁过去的皮鞋企业;东艺鞋业则在安徽宿州建立了占地 600 亩的大型工业园,将一些大批量的低端鞋型转移到内地生产。至于为什么奥康去了重庆、东艺去了宿州,调查中了解,企业家的战略决策具有一定偶然性,这与行为主义所说的迁移不确定性、企业家心理地图(mental maps)等有关(Pellenbarg 等,2002)。这些低成本的寻求不仅仅是生产成本,还有

---

① 温州制鞋龙头企业奥康集团的王振滔曾算过一笔账:以一双出厂价 15 美元的普通女鞋为例,2006 年到 2008 年,原材料从 10.05 美元涨到 10.85 美元,劳动力成本从 2.23 美元涨到 3.3 美元,水电及物流成本从 0.18 美元涨到 0.23 美元。扣除其他综合费用节省 0.32 美元,出口单价升至 16.2 美元的利差,这双鞋的毛利润从 1.1 美元下降到 0.7 美元。再加上人民币持续升值的减利 0.29 美元,以及出口退税减利 0.3 美元,那么,这双鞋的税前利润,从 2006 年的 1.2 美元下降到 2008 年的 0.21 美元。

交易成本。例如,中西部地区政府迫切招商,工业项目投资审批一路绿灯,企业与政府的交易成本很低。

在这种空间重构模式下,原本在本地集聚的分工链条发生了空间扩散,这是一种产业内分工下不同产品的空间分离。奥康、红蜻蜓、东艺等鞋企均是将低端鞋型的生产迁往中西部地区,通过创造针对低端市场的品牌①,使得其需要低成本要素的产品在中西部地区获得发展。或者说,温州无法维系的分工深化被转移到了内地,大量配套企业跟随外迁,并在当地发展出上千家的鞋革配套厂商(仅成都武侯区就有 3000 多家)。这些企业的温州本部则以生产自有的高端品牌或与国际一线、二线合作的品牌为主。当然,企业又在上海、广州、意大利等人才、品牌、时尚、信息集中的城市设立了研发、销售中心,这类似于魏后凯(2007)所说的产业链分工的空间分离现象。总之,温州制鞋产业区的分工深化超越了本地,在跨区域尺度下实现了重新布局。

**(二)嵌入全球生产网络的产业区空间重构**

产品内分工使得劳动过程空间可分性大大增强(卢锋,2004)。地方产业区在本地围绕特定产品生产演化形成了专业化的分工网络,空间上表现为本地集聚。随着产品内分工的发展,一些组装性工业(例如汽车工业)开始全球范围内组织生产,形成全球生产网络。所谓嵌入全球生产网络的产业区空间重构,其内涵是本地分工网络向全球分工网络的嵌入和转换,由地方集聚转向全球范围的空间扩散。温州汽车零部件产业区是典型的案例,由于其发源于为售后市场服务的低端零部件,在 2000 年之前,一直是相对封闭的本地生产网络;当一部分企业成长壮大后,开始进入自主品牌、合资及外资品牌整车配套体系,即开始进入汽车工业的生产网络,特别是全球生产网络。由于地方与全球生产网络在空间上的不一致,温州的区位不再适合这些零部件企业(如技术交流的不便、产品和工序衔接的不便、高端配套的缺乏等),企业不断迁往国内有整车厂布局的区域,如长春、上海、武汉、广西、重庆等地;这些企业在为整车配套的过程中提升了技术,随着上一级客户的要求提高,企业也越发弱化了和温州本地各种小配套企业的联系,开始脱离本地生产网络。由于中国有着广大的腹地市场,以及国内汽车产业政策的限制,跨国车企均采取合资方式在国内建厂,温州汽车零部件企业嵌入

---

① 如奥康在重庆每生产一双鞋至少节约 20% 的成本,奥康旗下的重庆火红鸟鞋业,针对相对低端的西部市场,每年有 700 万双皮鞋在西部完成销售。

GPN 的方式表现出"不出国门"的特征,即 Wei(2010)所提出的在地方与全球之间的"中间道路"(middle ground)。关于嵌入全球生产网络的温州产业区重构的网络嵌入与空间嵌入问题,本书第七章将详细讨论。

### (三)产业区学习空间的重构

20 世纪 80 年代,温州产业区成功形成的重要因素是基于默会知识的本地化学习。随着理论界对于技术学习与创新的"地理接近"向"关系接近"、"制度接近"的认识深化,"跨界技术学习"、"本地蜂鸣"与"全球通道"的交互、"创造场"、"学习场"等被用于解释超越地方化的知识交流与技术学习行为(Amin 和 Cohendet,2004;Williams,2006;Scott,2006;苗长虹、魏也华,2007;Miao 等,2007)。创新和技术升级是产业区摆脱低端锁定的主要途径,但在本地构建区域创新体系需要一些必备的区位性因素(李琳,2004),如人力资源门槛(包括企业家、科学家、工程师、技术员和有技能的劳动力等)和促进技术创新的知识资产(包括大学、公共和私人研究机构、技术孵化器、创新中心、科技园等)。曾刚、林兰(2008)认为高新技术企业的布局主要有 5 个区位指向:智力资源密集区、开发性技术条件好的地区、风险资本市场发达的地区、基础设施完善的地区、生产与生活环境优越的地区。目前,温州缺乏上述条件,温州的人力资本结构是典型的企业家型,而非专业技术型(张一力,2006),温州现有的 300 万外来人口中绝大多数是劳动密集型行业的中低端劳动力;温州知识资产的积累非常匮乏,特别是高校和研究机构。长期以来的城市化滞后于工业化发展也导致了城市基础设施、生产生活环境不如其他城市。

因此,寻求技术升级的企业往往以设立研发设计中心、技术合作机构、信息中心,或者直接建立高端技术的产品生产基地的形式,外迁到符合其创新和知识环境要求的要素富裕地区,如上海、杭州、江苏、广东,以及欧洲、美国等。典型的行业是电气、制鞋、眼镜、服装等。同时,为了促进产业区创新和技术学习,温州地方政府及行业组织、大企业大量引入外部创新资源,采取多种方式丰富本地知识资产。

表 5-13 列出了部分温州引进的外地科研院校,主要以共建技术推广中心、研发中心、孵化器、中试基地、检验检测中心、博士后工作站、专家工作站等形式将区域外知识资产导入本地。另外,温州的行业协会及部分大企业为了创新需要,纷纷走出去与国内外的行业研究机构建立联系,形成长效的技术交流机制,如聘请专家来本地解决技术难题、开展项目研发合作、提供

学生实习与实践基地等。

表 5-13 温州产业区引入的外地科研院校(部分)

| 行 业 | 引入的外地科研院校 | 技术服务对象 |
|---|---|---|
| 电气 | 河北工业大学乐清电气技术研究中心<br>上海电器科学研究所<br>浙江省机电设计研究院温州分院<br>天津电气传动设计研究所(中试基地)<br>西安交通大学(博士后工作站)<br>河北工业大学(博士后工作站)<br>天津科技大学(光机电一体化研究中心)<br>中国科学院电工研究所(研发中心) | 产业区<br>产业区<br>产业区<br>温州海坦磁力电器有限公司<br>人民电器集团<br>德力西集团<br>亚龙科技集团<br>天吉电力金具 |
| 鞋革 | 中国皮革和制鞋工业研究院温州研究所<br>LARIO(意大利)、陕西科技大学<br>中国皮革和制鞋工业研究院<br>陕西科技大学<br>四川大学(中试基地) | 产业区<br>红蜻蜓集团<br>奥康集团<br>侨信皮革、产业区<br>圣雄皮业 |
| 汽车零部件 | 浙江省汽车摩托车配件产品质检中心<br>吉林大学工程学院<br>浙江大学(院士专家工作站)<br>武汉理工大学(研发中心) | 产业区<br>产业区<br>长城换向器<br>浙江科锋汽车电器有限公司 |
| 泵阀 | 兰州理工大学温州泵阀工程研究院<br>北京矿冶总院金属材料研究所<br>合肥通用机械科学研究院(研发中心) | 产业区<br>环球阀门集团<br>凯西姆阀门集团 |
| 综合 | 国家大院名校温州联合研究院<br>华中科技大学温州先进制造研究院<br>天津大学温州技术推广站中心<br>上海理工大学温州技术转移中心<br>哈尔滨工业大学大平阳机电技术研发工作站<br>中科院长春应用化学研究所<br>香港科技大学先进制造研究所 | 产业区<br>产业区<br>产业区<br>产业区<br>产业区<br>产业区<br>产业区 |

资料来源:《温州科技年鉴(2012)》;作者调研整理。

总之,温州的区域创新体系放大了空间尺度,向着跨区域的协同创新网络演化,主要的方式是上文提到的企业研发职能外迁、外部知识资产导入、建立产业区内外知识交流通道。这种情况类似于学习场,产业区创新的本质是交互学习的过程,学习的场域是一个包括制度、文化、社会结构等在内的网络系统。学习场可能随空间分异、随时间演化,是多元地理尺度、嵌入和路径依赖的(Miao 等,2007;苗长虹、艾少伟,2009)。温州产业区在困于本地缺乏创新资源的背景下,为了构建学习型产业区,实现产业的升级,形成了突破区域边界的学习场重构,这也是产业区空间重构的一种重要模式,如图 5-9 所示。

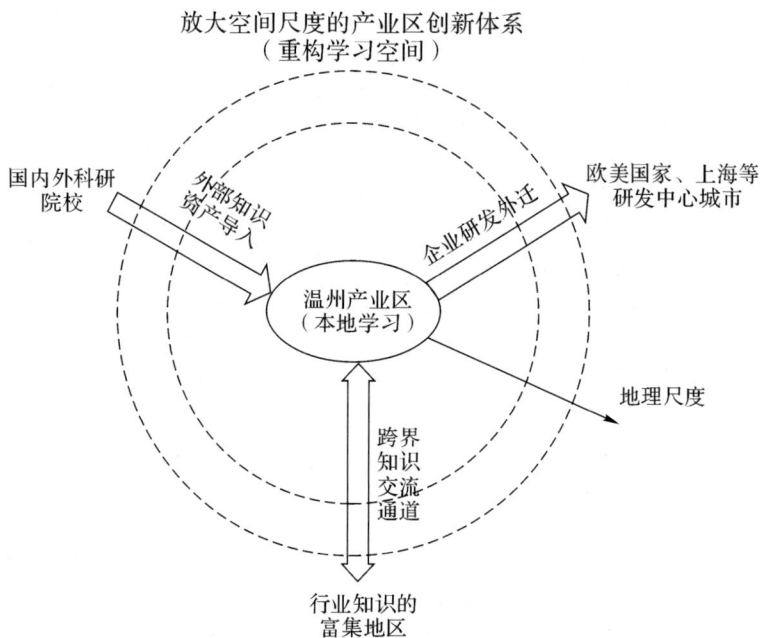

图 5-9　温州产业区学习空间的重构

# 第六章　温州产业区的重构过程：
## 水头镇皮革产业区案例

　　产业区演化过程正成为经济地理学界关注的重点，最有趣的一个问题是：为什么一些产业可以成功更新，而另一些却陷入锁定或衰退？Hassink(2010)的演化经济地理(EEG)理论为这一问题提供了新的探讨视角，可以用于解释企业、产业、网络、城市、区域从最初发生(进入)、成长、成熟到衰退(退出)的(空间)过程，重在对行为主体历史过程的考察，并研究空间不均衡配置的发生机制(Boschma 和 Lambooy，1999a；Martin 和 Sunley，2006；Boschma 和 Frenken，2010)。

　　本章的重点是对温州产业区重构过程的考察，是时间维度的分析，选择的案例是温州平阳县水头镇的皮革产业区，水头皮革产业区20世纪80年代起步发展并在2000年左右达到发展顶峰，却在21世纪开始的10年里经历了戏剧化的重构过程。本章应用了一系列演化经济地理的隐喻概念和分析框架，如锁定、路径依赖与路径创造、触发、机会、惯例、选择、环境、相关多样性等，试图解释这一案例产业区的重构过程，并发掘其有价值的经验；为了进一步探求产业区重构更新的动力机制，本章又选取了温州瑶溪合成革产业区案例，与平阳水头皮革产业区案例进行比较研究，用产业区适应力(或弹性)来说明不同产业区在应对外部冲击、打破锁定的能力和绩效差异。需要说明的是，本书选取的案例只是温州众多专业化产业区中的两个典型，重在剖析其重构过程，是否代表了温州这一地区性产业区的整体重构特征或方向，还有待进一步观察，但这不是本书能够解决的问题。

## 第一节 演化经济地理对产业区重构的解释

### 一、新产业空间形成的起点：触发与机会

Boschma 和 Lambooy(1999a)在 20 世纪末将演化理论引入经济地理学，其发表在《演化经济学》杂志上的代表性论文"Evolutionary economics and economic geography"，用大篇幅讨论一个新的产业如何在特定空间形成，或者新产业如何从区域老产业中脱颖而出。他们介绍了一些重要的演化隐喻，用广义达尔文主义的生物类比来挖掘新产业空间形成的机制。

"触发"与"机会"是 EEG 解释新产业空间形成的基本概念。在 Boschma 和 Lambooy(1999a)的分析中，触发是主要技术创新的潜在"资源"，这些资源可能是一些机遇条件，也可能是挑战；而机会是一个新产业被特定的触发所引发，决定了一个新产业的空间形成。Belussi 和 Senita(2009)列举了一些产业区不同生命周期的触发因素(triggering factors)，其中起源阶段的触发包括：历史既有手工业传统、自然资源禀赋、锚企业(anchor firm)的出现等内部触发，以及跨国公司的进入、本地制度环境等外部触发(见表 6-1)。

**表 6-1 产业区不同生命周期的触发因素**

| 触发因素的特征 | 产业区生命周期 | |
| --- | --- | --- |
| | 起源阶段 | 发展成熟阶段 |
| 内部触发 | 历史既有手工业传统<br>自然资源禀赋<br>出现锚企业 | 技术创新<br>本地公共研究组织<br>本地制度<br>多样化<br>差异化<br>成本导向 |
| 外部触发 | 跨国公司的进入<br>本地制度环境 | 需求增长<br>全球化竞争<br>国际化 |

资料来源：Belussi 和 Senita,2009,Table 1。

触发不一定是机会。不可预知性是机会的基本特征，潜在的触发无处

不在,且有随机因素的成分,不确定会在哪里出现,并形成一个机会①。新产业的形成受到小的、偶然事件的影响②,机会难以被预知(Boschma 和 Lambooy,1999a)。EEG 将产业空间形成的起点与后续过程做了分离处理(Schwarz,2004),机会便是新产业出现的起点。出现机会后,如存在报酬递增和正外部性,企业衍生不断发生,知识作为"惯例"的核心要素在衍生中被继承和传递。Klepper(2007)、Boschma 和 Wenting(2007)等认为这一过程是滚雪球式的,后续企业从成功的父辈企业那里继承了大部分能力,一旦有一个或几个成功企业开始了这种成功的衍生循环(spin-off in turn),新的产业区就在当地形成了,它出现在了那个最初的父辈企业偶然出现的地方。

## 二、拉马克主义的行动者:填平新产业与本地环境之间的鸿沟

虽然机会在哪里出现不可预知,但新产业的空间形成仍受到本地选择环境的影响。不过选择环境的作用可能没有那么大,因为在初始阶段,新技术、新产业的需求(如教育、人力资本、区域设施等)与现存的环境间存在较大的鸿沟(间断性)。

Boschma 和 Lambooy(1999a)、Frenken(2011)区分了两种环境:(1)一般性要素环境,可以对应于大的城市化经济区;(2)特殊性要素环境。他们认为在新产业空间形成中,一般性要素环境还是有一定作用的,像伦敦、巴黎这些高度多样化的城市区,创新的行动者在适应生产结构变化时更为灵活,可以避免负锁定。一般性要素环境在很多地方都有,但由于缺少特殊性要素环境,选择过程仍是弱势的。例如,英国的汽车产业最初在几个城市都出现过,但一段时间后,西密德兰和东南部地区形成了产业区优势,就是得益于这些地区有悠久的冶金历史。

新技术、新产业与环境间的鸿沟可以被填平,因为新产业会有意无意地利用自身能力去改造其发展所需要的条件,如专用知识、技术、资本投入等。

---

① 混沌理论(chaos theory)中关于蝴蝶效应的解释说明了这一点。

② 同时也应当认识到,新产业虽然在建立途径的边际上是偶然结果,但由于嵌入在已有路径上,它又有一定的确定性,这就是选择环境的过渡机制作用(Nelson 和 Winter,1982)。

Saviotti(1998)认为企业及其他组织是拉马克主义<sup>①</sup>的行动者,它们不仅使自身的行为适应环境,也根据自身的发展需要来重塑、改造环境。也就是说,新产业发生的成功区域在最开始不一定是最有效的,是新产业的成长过程为本地生产环境提升了效率。行动者的这种创造性过程,使一般性要素环境转化为特殊性要素环境,使区域对特定产业有了更大的吸引力,获得报酬递增效应(Storper,1997)。对于那些被锁定的老产业区,新产业的出现提供了一个摆脱锁定的"本地机会窗口"(the windows of locational opportunity)(Boschma 和 Lambooy,1999a)。

综上可见,行动者(特别是企业)的作用不应被忽视,这避免了 EEG 中机会形成偶然性、不可预知性对指导实践产生的无所适从。我们应该去深入考察这些拉马克主义行动者是如何填平新产业与本地环境的鸿沟的。

### 三、路径创造中的企业和政府作用

产业区重构问题往往是在一种老产业区陷入路径依赖的负锁定背景下,探讨如何创造新的路径,路径创造理论强调了两个行动主体的能动作用。

一是企业家。Garud 和 Karnoe(2001)认为,路径创造是企业家从现有路径中"有意识的背离"(mindful deviation),或者说是一种故意的偏差。企业家动用资源、思想和人力等专注于新路径的创造。

二是政府。一些学者认为,路径创造过程中不能忽略了政府的作用。华盛顿公共部门在 1970—2000 年的持续大规模裁员为社会释放了大量技术劳动力,为这一地区后来的产业复兴提供了帮助。来自爱尔兰、芬兰在 ICT 产业的路径创造研究也证明了政府不可或缺的作用(Schienstock,2007)。

另外,旧有路径对路径创造很重要,企业家在开辟新路径的过程中,旧有路径的延续和改变是并存的,他们常常是再利用了原来的规则和资源,这是一种路径依赖式的重构。Zook(2005)、Martin 和 Sunley(2006)等认为这是本地特定要素的作用(如圣弗朗西斯科互联网产业的兴起,源于这一区域

---

① 拉马克主义(Lamarckism)是生物进化学说之一,为法国博物学家拉马克所创立。这一学说认为生物在新环境的直接影响下,习性改变,某些经常使用的器官发达增大,不经常使用的器官则逐渐退化(用进废退),并认为这样获得的后天性状可传给后代,使生物逐渐演变,且认为适应是生物进化的主要过程。

一直是风险投资的乐园),当地旧有路径所沉淀下来的技术资源、地方市场、关键企业等,为新路径基于报酬递增的成功发展奠定了基础,这也可以理解为一种地方依赖。图 6-1 显示了新路径创造过程,这是一个有着反馈回流的环形通道。

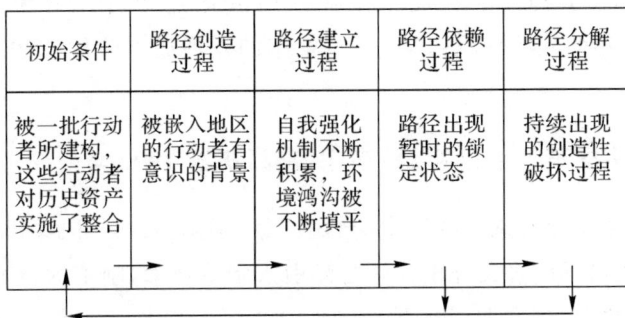

| 初始条件 | 路径创造过程 | 路径建立过程 | 路径依赖过程 | 路径分解过程 |
|---|---|---|---|---|
| 被一批行动者所建构,这些行动者对历史资产实施了整合 | 被嵌入地区的行动者有意识的背景 | 自我强化机制不断积累,环境鸿沟被不断填平 | 路径出现暂时的锁定状态 | 持续出现的创造性破坏过程 |

图 6-1　新路径创造及其反馈环

资料来源:Simmie,2012,Figure 2;作者整理。

## 第二节　水头镇皮革产业区的演化与重构过程

本章的案例——水头镇皮革产业区,被作为一个行业性产业区来讨论。平阳县是温州的 6 个县(市)之一,位于温州南部沿海,与瑞安、文成、苍南等县相邻,温州第三大河流鳌江由西向东横贯全县,丘陵、谷地、平原、河海一应俱全,经济发达,是全国首批沿海经济开放县。全县常住人口 76.2 万人,陆地面积 1051.17 平方千米,与苍南县共有海域 37200 平方千米。水头镇是平阳的第三大镇,是平阳县域副中心城镇,地处鳌江流域中上游,距温州市区 90 千米,与国家级风景区南雁荡山毗邻,西连文成县、泰顺县;南界苍南县,是瓯江南岸经济、文化、交通重镇和物资集散地,是以皮革为主导产品的浙江省百强乡镇、温州市重要外贸出口镇、温州市三十经济强镇。全镇面积 179.9 平方千米,总人口 17 万人[①]。

2012 年,平阳全县皮革产业实现工业总产值约 72 亿元,有皮革(包括皮件)企业 390 多家,其中规模以上企业 102 家。平阳的皮革产业主要分布在

---

①　资料来源:《平阳年鉴(2012)》。

水头镇,有规模以上企业 80 家,占全县的 72%;工业总产值 64 亿元,占全县的 89%。水头镇曾是中国最大的猪皮革生产基地、中国鞋都的鞋料基地,2001 年被授予"中国皮都"、"中国鞋料加工生产基地"称号。水头皮革产业区经历了结构的变迁后,由单一的制革业演变为制革、皮件、宠物制品等多元化皮革产业结构。水头皮革产业区的演化过程可以分为三个阶段:1796—1990 年的起源阶段;1988—2000 年的发展成熟阶段;2000 年以来的重构阶段。

### 一、水头皮革产业区起源:南宋、清嘉庆至 1990 年

水头皮革工业有悠久的历史,据民国版《平阳县志》[①]记载,早在南宋时期,南雁荡山脚下的乡民外出谋生之际引入制革技术,制革的转鼓就安设在近旁的溪流之畔,还发明了一种特制的开皮刀。皮革工业在近代逐步形成规模,据《1993 年版〈平阳县志〉勘正》记载,清嘉庆元年(1796),平阳县北港(水头)"王聚源皮坊"创办,采用熏或明矾鞣皮。清光绪二十五年(1900),水头王怀成发明皮刀,一张牛皮可以剖三层。温州、上海等地制革厂曾派人来水头参观学习剖皮。民国十三年(1924),南雁镇东门"陈顺生皮坊"开始生产纹皮,试用桐树皮为烤胶燃料成功,参加省皮革评比,获浙江省工业厅甲级奖。民国十九年(1930)后,平阳县制革业进一步发展,鳌江、宜山等地相继建立皮革作坊,但由于靠手工制作,发展缓慢。1940 年,水头"拖长发皮坊"购置了德国制的简易压光机、小型轧皮机和 12 马力柴油机,成为平阳县首家用机器制革的皮坊。至 1949 年,平阳县有鳌江的胜益、达利和水头的永胜、施长发、联记 5 家皮坊。还有个体制革坊 19 户,从业人员 46 人,年产皮革 2000 多张(折牛皮)。新中国成立以后的 1956 年,私营皮坊经营改造合并为公私合营鳌江制革厂,个体制革坊成立 5 家生产合作社,社员 64 人。1965 年,水头、宜山、鳌江三家制革厂合并,成立平阳制革厂,是二轻集体企业,有猪皮革和牛皮革生产线,日生产能力猪皮革 600 张,牛皮革 100 张。

皮革工业的真正快速发展是 1983 年引进开皮机后,但这一时期全县的皮革工业并没有集中在水头,而是在鳌江上游的南雁镇。在短短 5 年中(1983—1988),平阳县仅南雁镇家庭制革就有 820 户,人数约 2000 人,年产皮革 40 万张,产值 2000 万元。家庭制革业快速发展的同时,由于没有处理

温州产业区重构:空间、演化与网络

---

① 王理孚修,符璋、刘绍宽纂。民国十四年(1925)刊本。

好污水,污染了水源,影响南雁风景区和南雁溪下游群众生活用水。平阳县政府采取"疏堵结合"的措施,动员南雁镇等地制革户把制革厂全部搬迁到水头,至此水头成为全县皮革工业的生产中心。1990 年,水头金凤、溪心、江屿等村有制革企业 46 家,人数 1200 多人,年产皮革 120 万张,产值 6000万元。

　　在单纯的皮革制革工业发展的同时,全县皮革制品行业也有所发展。1988 年,全县皮革制品企业 64 家,从业人员 1257 人,固定资产原值 134 万元,产值 1387 万元。主要产品是皮鞋、皮带、自行车垫、皮手套、电工安全带、缝纫机带等产品,主要产地就是水头。水头镇皮革制品厂生产的"卡达"牌皮鞋档次较高,1988 年产值 141 万元,而其他地方的皮鞋厂产值多为 10 万～30 万元,产品主要销往江西、福建、湖南、安徽、上海等省市。

　　综上所述,至 20 世纪 80 年代末,平阳皮革工业在历史手工业传统的积淀下,初步形成了皮革工业的萌芽,水头镇成为该产业的集聚中心,但这时的水头皮革产业在全国的影响力还没有那么大。

**二、发展成熟阶段:1988—2002 年**

　　20 世纪 90 年代是水头镇皮革产业快速发展成熟的阶段。中国的改革开放在 1992 年以后为民营经济发展释放了巨大的红利,在市场需求的拉动下,水头皮革产业逐步完成了原始积累。自 1988 年平阳县皮革生产从南雁镇整体转移到水头镇以来,制革厂迅速增加,最高峰的 2001 年全镇有 1200多家制革厂,制革转鼓达 3000 多个,年加工猪皮革达到 1.2 亿标准张,猪皮市场交易量 9000 万张,税收达 1.69 亿元,占全县财政收入的 1/4。水头制革基地扩张到 3 平方千米,涵盖了隔岸溪、金凤、金塔等多个村。皮革生产集中在占地近 1000 亩的制革、皮件加工和方方皮革三个工业园区,并建设了污水处理设施。2000 年 10 月,中国最大的制革污水处理一期工程竣工并投入试运行。制革需要用石灰、脱脂剂、硫酸、盐、铬粉等化工产品,这些化工用品售点也纷纷出现,皮革交易繁荣,浙南最大皮革市场——浙江南方皮革城2001 年有 257 个摊位,年交易额 4.43 亿元。

　　皮革业成就了水头镇的经济腾飞,水头镇生猪皮革产量占全国的 1/4。2000 年,镇政府制定优惠政策吸引大批外迁皮件加工企业回流,皮件加工行业得到发展。2001 年,水头镇皮革产业形成了以猪皮革制革为主,皮带皮手套等皮革制品、宠物用品等为辅的产业结构,三类产业分别占全镇工业总产值的 81％、6％、2％。2001 年,全镇皮革产业工业总产值达到 31.2 亿元,占全镇工业总产值的 89％,有年产值 1000 万元以上企业 32 家;全镇实现外贸出口总值 10.39 亿元[①]。2000 年 12 月,水头镇被中国地区开发促进会命名为"中国皮都"。

### 三、产业区重构阶段:2003—2011 年

水头皮革产业区在 2003 年开始重构过程。诱因有两个,最主要的是 2003—2008 年对制革业水环境污染带来的全面整治,环境整治使水头皮革企业数从 2003 年的 1200 多家骤减到 2007 年的 39 家,2012 年又整合为 8 家,转鼓数从 3000 多个削减为现在的 223 个[②];其次是 2008 年以来的全球金融危机导致的外围市场萎靡,皮革下游市场变化倒逼了制革业的转型。

皮革产业作为水头镇的支柱产业,其经济绩效直接影响着地区经济总量,2003 年以来大刀阔斧的行业整治使直接从事制革环节的行业萎缩,2008 年以来的外部市场变化也直接影响了企业绩效。但水头镇整体的经济发展却没有想象中那么差。图 6-2 显示了调整开始前后(2001—2011)的水头镇工业总产值(现价)增长情况:在上述冲击出现的 2003—2009 年,全镇工业总产值出现明显波动,但总体保持上涨态势,2003—2011 年均仍增长了 8％。

图 6-3 则显示了用可比价格计算的 1992—2010 年水头镇的工业总产值指数;水头镇以工业总产值代表的经济总量经历了 1992—2003 年的稳步增长阶段,在 2003 年达到最高值;随着上述冲击的出现,该指标经历了 6 年的波动,但总体上仍是波动式增长,按照 1992 年为 100 的可比价计算,全镇工业总产值指数 2010 年达到了 2714,仍比调整开始的 2003 年(工业总产值指数为 1583)增长了 71％。有趣的问题出现了,为什么前面提到的行业整治和外部冲击没有影响到产业区的总体经济绩效? 答案便是,水头皮革产业区的内部结构发生了变化,新的替代产业出现,抵消了制革产业衰退的负面影响,产业区实现了一次新旧产业的更新。

---

① 数据来源:《平阳年鉴》(2000、2001、2002)。
② 数据来源:水头商会。

单位: 亿元

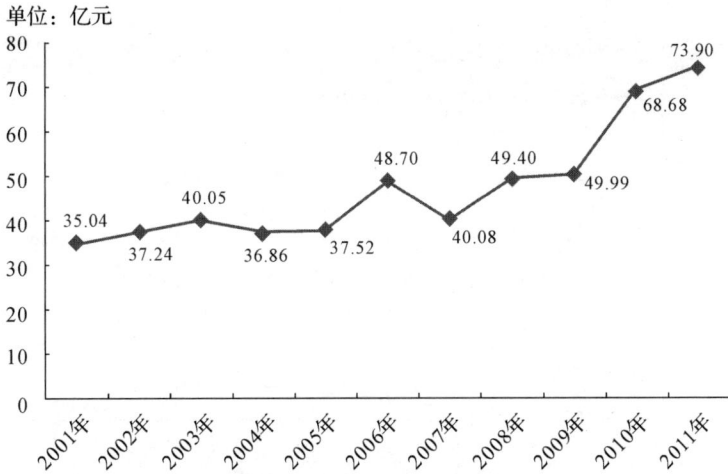

图 6-2　水头镇 2001—2011 年工业总产值(现价)

数据来源:《平阳年鉴(2012)》。

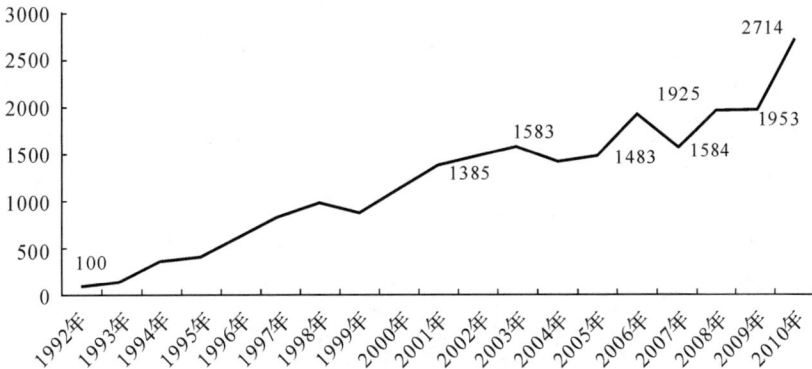

图 6-3　水头镇 1992—2010 年工业总产值指数

注:图中指数以 1992 年为 100 计。

数据来源:《平阳年鉴(2012)》。

水头制革行业从 2001 开始步入产值下行通道,但与此同时,皮件和宠物用品两大行业开始稳步增长。如图 6-4 所示,2001—2011 年,制革行业的工业生产总值从 2001 年的 28.38 亿元降低到 2011 年的 18.96 亿元,年均降低 4%,最低的年份 2007 年(刚刚完成行业整治时)只有 12.38 亿元;而皮件行业工业总产值从 2001 年的 2.10 亿元,增长到 2011 年的 37.43 亿元,年均增长 33%;宠物用品行业工业总产值从 2001 年的 7000 万元增长到 2011 年的 7.95 亿元,年均增长 27%。

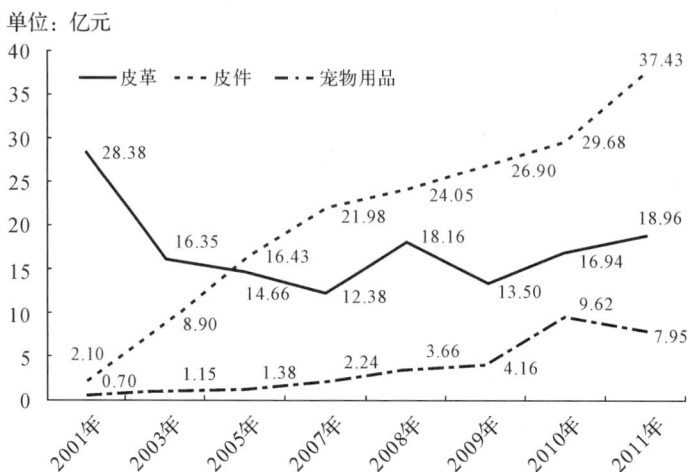

单位：亿元

图 6-4　水头镇 2001—2011 年皮革、皮件和宠物用品行业的工业总产值
数据来源：《平阳年鉴》(2001—2012)。

2001 年以来，水头镇的工业结构发生了变化：2001 年，皮革、皮件、宠物用品三个行业的比例约为 91∶7∶2，2011 年这一比例调整为 30∶58∶12，皮件行业代替皮革行业成为水头镇的第一大行业，从占比不到 10％增长为将近 60％；而皮革行业占比从 91％降低到 30％左右；同时宠物用品行业的占比从 2％提高到 12％（见图 6-5）。

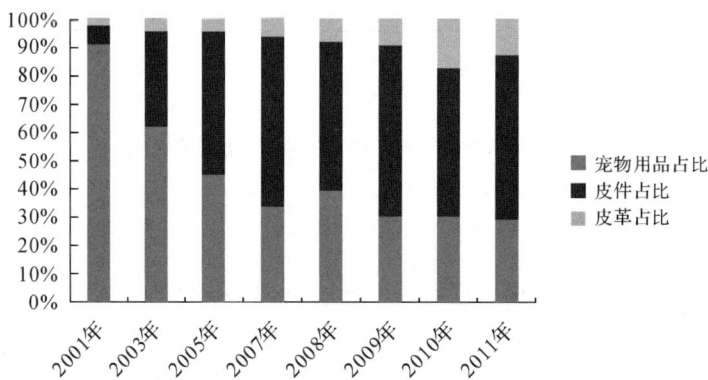

图 6-5　水头镇 2001—2011 年皮革、皮件和宠物用品行业的工业总产值比重
数据来源：《平阳年鉴》(2001—2012)。

水头镇在这 10 年的重构时期，从单一依靠皮革制革，转向制革、皮件、皮革化料、皮革机械、皮革五金、宠物食品、明胶的多元化产业链，特别是皮件和宠物用品两个行业的快速成长,成为制革行业的替代行业,在剧烈的外部冲击下,保证了水头皮革产业区的总体经济绩效持续增长,突破了环境锁定,避免了因主导产业被打击而可能带来的产业区衰退。

## 第三节　产业区的适应性重构:基于 EEG 的分析

### 一、环境锁定与外部冲击

#### (一)产业区陷入环境锁定

水头皮革产业区经历了 1988—2002 年的高速发展,完成了原始积累,但却出现了环境锁定。皮革产业链中制革是一个复杂的物流与化学加工过程,工艺涉及鞣前准备、鞣制、整饰(理)三个流程段(见图 6-6),大多数的废物和污染物是在湿加工过程(浸灰、鞣制)产生,涉及几百种化学品,废水中含有大量的石灰、燃料、氨氮、硫化物以及皮毛等有害物质。

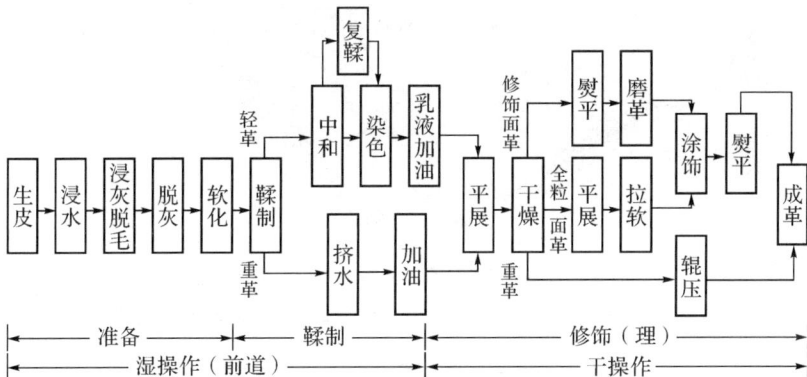

图 6-6　制革工艺流程

资料来源:百度图片(http://tupian.baike.com);水头商会;作者整理。

水头制革企业以年加工 3 万张以下的中小企业为主,1200 多家企业中,规模以上企业只有不到 100 家,企业普遍采用的灰碱法脱毛技术和铬鞣制工艺,都是传统的制革技术,要求使用大量的铵盐、硫化碱、石灰和铬等辅料,加工过程产生大量污水。水头地处浙江十大水系之一鳌江中上游,制革造成的污染也严重威胁着当地和鳌江下游的水环境安全。水头制革实际上陷入了一种严重的"水环境依赖",主要表现在两个方面。

其一,制革生产对本地水资源的依赖。

1988 年平阳县的制革业从鳌江上游的南雁镇整体搬迁到中游的水头镇,除了水头历史既有的皮革手工业传统外,更重要一点是因为这里在地理上位于山坳平原区,南雁山系的溪流在这里汇集并流入鳌江。制革业在前道湿操作工序中,对水的酸碱度也有一定要求,而水头的水质非常适合制革工业。水头皮革产业区的两个主要工业小区都临水而建,其中占地 3000 亩的麻园皮革工业区就像一个内陆"岛屿",四周环水,当地称为"溪心半岛",如图 6-7 所示。

图 6-7　水头麻园皮革工业区(溪心半岛)示意图

资料来源:《平阳县水头镇溪心半岛概念性规划设计》,经作者处理。

其二,企业陷入污染整治的恶性循环。

水头皮革企业依赖本地的水环境,如前文所述,由于生产工艺特点和产业层次低的原因,日排放近 8 万吨的制革污水,在给当地水头镇造成严重污染的同时,也殃及下游各乡镇,群众怨声载道。当时的浙江环保联合检查组的检查报告显示,1992 年,鳌江水系还属于二类水质,1994 年降到四类,1995 年之后,又降到劣五类。污水流经之处漂浮着蓝黑色黏液,河道基本失去功能。2003 年 10 月,水头制革业被环保总局列入全国十大环境违法典型案件的黑名单,同年也被列为浙江省九大严重污染环境案件之一。水头皮革企业面临这样的困境:若实施污染治理,对于企业来讲,安装污水处理设施,缴纳排污费用等,生产成本将提高 10% 以上,企业利润空间被压缩,竞争力下降;不进行污染治理,社会舆论压力与地方政府的政治压力并存,产业发展也不可持续。"温州模式"是典型的内生增长,本地企业家与政府关系密切。制革企业不断游说本地政府希望不进行产能削减式的整治,而是通过建设集中的污水处理厂、企业污水处理设施等相对温和方式,将污染程度降到最低。当地政府不断投入建设污水处理厂,但由于排污企业空间上的分散性和中小企业偷排、漏排严重,这些措施收效甚微。来自民众和上级政府的压力越来越大,关停企业和削减转鼓的信息不断被传出。皮革制革企业在 2000 年以后的几年中,处于无心经营、另寻出路的状态,产业发展的经济绩效一改前 10 年的高速增长,震荡不前(见图 6-8)。

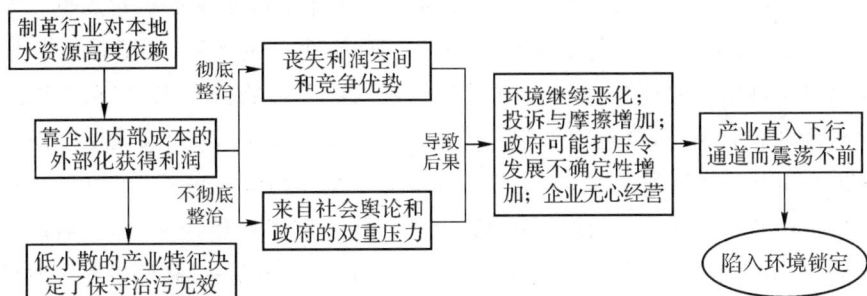

图 6-8　水头皮革产业区的环境锁定示意图

综上所述,制革企业对本地水资源高度依赖,上游来水被用于制革头道的湿法工序,同时污水入河污染环境。低小散的产业特征决定了其无法用污水治理的保守疗法解决,企业内部成本被外部化,环境恶化增加了社会舆论和政府官员的政治压力,在彻底整治的阴影下,企业经营的不确定性增加,许多企业开始另寻出路,行业发展进入停顿,从图 6-4 中就可以看出 2000 年以来行业产值的下降和震荡状态。水头皮革产业区陷入了所谓的环境锁定。

**(二)行业整治与经济危机的双重冲击**

从 2003 年 10 月起,平阳县政府开始对以水头镇为重点的全县制革业进行整治和重组。2006 年 11 月 15 日开始,水头所有制革企业实行全面停产整治,投入整治资金 2.63 亿元,大规模削减生产转鼓,大力度推进治污设施建设。2008 年,制革企业从 1261 家兼并重组成 39 家;转鼓从 3300 多只削减到 469 只;制革废水排放总量从原来 7.15 万吨/日削减到 1.7 万吨/日以下,削减了 76%。① 表 6-2 显示了行业治理在 2002 年、2004 年、2007 年、2012 年四个关键时点的整治效果,企业数量和转鼓数迅速降低,制革工业总产值显著下降。

表 6-2  2002—2012 年水头镇制革行业整治过程

|  | 2002 年 | 2004 年 | 2007 年 | 2012 年 |
|---|---|---|---|---|
| 企业数(家) | 1261 | 168 | 39 | 8 |
| 转鼓数(只) | 3300 | 1200 | 524 | 223 |
| 工业总产值(亿元) | 29 | 15 | 12 | 16 |

数据来源:《平阳年鉴》(2001—2012);水头商会;作者整理。

另一个大的冲击是市场需求的变动。2008 年全球金融危机对皮革下游市场,包括皮鞋、皮制品等造成较大冲击,温州鞋企产量下降、处境艰难②,同年欧盟反倾销对温州皮面鞋出口影响也较大。金融危机以来,广东东莞近千家制鞋企业倒闭,牵连到平阳水头商人的货款损失达 3000 多万元。随着金融危机从美国向欧洲蔓延,出口市场也呈现微缩趋势。另外,2009 年生猪猪皮价格从 30~40 元上涨到 80 元,短短一年上涨了一倍,经过加工后的一张猪皮(劈开分成三层皮革)的市场价格却只有 100 元左右,利润微薄。原材料价格上涨、劳动力成本的上涨、人民币升值等因素伴随着金融危机一并冲击着水头皮革产业。由于订单锐减和成本高企,2009 年全镇 39 家皮革企业,仍继续生产的不足 10 家③。

EEG 认为一旦产业区陷入了路径依赖或负锁定境况,来自内部或外部

① 周娜. 平阳水头制革企业"休克疗法"治污染[EB/OL]. (2007-04-14)[2014-01-30]. http://zjnews.zjol.com.cn/05zjnews/system/2007/09/14/008799462.shtml.

② 温州是"中国鞋都",鞋革行业年产值 600 多亿元,年产皮鞋 6 亿双以上(约占全国皮鞋总量的 1/4),生产企业 4300 多家,从业人员 60 多万。温州皮鞋的皮革原料中,猪皮里革的供应 90% 来自温州本土,主要集中在平阳水头;而水头猪皮革的国内市场(温州以外)主要在广东,广东东莞有 200 多家平阳水头的皮革企业设立了办事处;出口市场则主要是西欧。[资料来源:中国皮鞋和制鞋工业研究所编《温州市鞋革行业科技提升行动计划》(2008)]

③ 姜龙飞. 危机下中国皮都:产皮革到产皮件 转型带来生机[EB/OL]. (2009-04-15)[2014-01-30]. http://www.chinanews.com/cj/kong/news/2009/04-15/1648134.shtml.

的冲击是打破"锁定于旧路径"的重要诱因。在上述政府的行业整治和金融危机两次重大冲击下,水头皮革产业区的环境锁定被打破:一方面,原来盛极一时的制革行业彻底进行了整合;另一方面,有两个新的产业代替制革行业成为水头镇的主导产业。老的发展路径被打破,新的路径被创造,这种产业区的重构方式,本书称其为以产业更新为主要表现方式的适应性重构。下文重点探讨这种产业区重构的方式、过程和动力机制。

## 二、重构方式:产业更新

水头皮革产业区的产业更新式重构的核心转变是,污染严重的纯粹制革行业大大微缩;同时,皮件(主要是皮带)和宠物用品两个行业逐步占据主导地位。上文提到,2001 年,制革、皮件、宠物用品三个行业的产值相对比例约为 91∶7∶2,而到了 2011 年,这个相对比例转变为 30∶58∶12。下面用EEG 的概念及方法来解释皮带与宠物用品产业在水头镇的空间形成机制。

### (一)皮带与宠物用品产业的形成:触发与机会

#### 1. 水头皮带产业的形成过程

在对水头镇 3 家皮带企业的走访中了解,早在 20 世纪 60 年代,水头镇就出现了皮带产品的生产。1967 年,平阳制革厂的皮件制品车间单独分出,另行成立平阳皮件厂(也称平阳皮件三厂),是集体企业,厂址在水头镇。在当时计划经济时期,平阳皮件厂主要为军用皮带做定量供应,也生产一些电工用的防护带等产品。上文提到,平阳制革历史悠久,平阳制革厂是新中国成立后继承清代及民国时期制革手工业的一家集体企业,由于皮革被生产出来后,可以做成一些深加工产品,如皮鞋、箱包和皮带。相对于箱包和制鞋,皮带工艺相对简单,用裁皮剩下的长条形边角料经过加工就能成为皮带产品,所以产量相对较大,于是专门生产皮带的车间从母厂分离出来。可以认为,水头镇的平阳皮件厂是水头后来形成皮带产业的一个"锚企业",按照Belussi 和 Senita(2009)的理解,这就是一个典型的"触发"(triggers),它是由水头制革的历史特定要素诱发的,也带有一定的偶然性。

但触发不止一个,据《平阳县志》记载,20 世纪 80 年代,除了皮带,水头镇曾出现过皮鞋、自行车垫、皮手套、皮箱包等其他皮革深加工产品,"卡达"牌皮鞋还曾经是产量和档次较高的产品。但这些行业都只是一个个触发而已,按照 Boschma 和 Lambooy(1999a)的观点,触发只是创新的潜在资源,可以理解为一些机遇条件。这些机遇条件在选择环境的第一轮筛选下没有成为真正的"机会",下文将结合选择环境进一步阐述。"机会"(chance)是一个新产业被特定的触发所引发,决定了一个新产业的空间形成。皮带行业出现后,在水头缓慢发展,在 2000 年以前,也只有 50 家左右企业,与皮革的1200 家相比只是一个附属的行业,但却成为后来替代皮革产业的"种子"。

### 2. 宠物用品产业的形成过程

宠物用品产业的触发更具偶然性。所谓宠物用品主要是指狗咬胶、宠物带、宠物食品等。在 20 世纪 90 年代,日本、美国、欧洲国家对宠物用品的市场需求很大。1992 年,当时水头镇皮革产业正处于快速发展期,产品 80%出口到欧美国家,一家皮革企业老板在一次与外商的洽谈中,偶然听到一位英国客商讲起给狗用来磨牙和食用的咬胶,其可以用牛皮或猪皮革的下脚料来制作,这种狗咬胶在欧美国家市场很受欢迎。由于狗咬胶是劳动密集型产品,随着发达国家劳动力成本的上涨,20 世纪先后经历了从美国、日本再到泰国等的产业转移过程,当时中国对此产品的生产还几乎没有。水头PD 宠物用品公司第一个开始做狗咬胶,使用的原材料就是水头镇遍地可得的二层、三层皮革边角料①(后来也用皮带的边角料),由于这些边角料常常被丢弃,所以回收价格非常低廉,产品以贴牌方式出口到欧美国家,在当地的超市中售卖,PD 公司得到了丰厚的利润,并快速成长壮大。

宠物用品产业最初的触发,可以认为是来自于一条偶然的市场信息。与皮带产业类似,这次触发也只是在之后的 10 年时间形成了 10 家左右的宠物用品企业,总的工业产值也只有不到 7000 万元,同皮带产业类似,宠物用品行业也为水头产业区的更新埋下了一粒"种子"。

综上所述,水头镇的平阳皮件厂生产军用皮带,以及宠物用品市场信息的偶然获取,是两个典型的触发,在众多"触发群"中,由于在水头镇具备一定的发展条件,宠物用品产业逐步壮大,其发展期与皮革制革产业有时间上的并行性。这两个新产业在 2000 年前后可以看作两个"机会",并在 2002 年以来的选择环境作用、拉马克式的行动主体作用,以及下文将提到的本地厚制度作用下,最终成为水头镇的两个新产业,替代了皮革制革产业,实现了水头皮革产业区的产业更新。

① 头层皮价格昂贵,做狗咬胶也没必要。

### (二)"选择环境"的作用过程与机制

上节已经部分提到了选择环境的作用,新产业机会要最终形成新产业并在地方扎根,就必须经过选择环境的作用,虽然 Boschma 和 Lambooy (1999a)曾认为选择环境的作用并没有那么大(环境鸿沟的存在),但在本书的案例研究中发现,选择环境确实像一个个"筛子",将地方出现的新产业机会进行筛选,留下适应的,淘汰不适应的。对于这些新产业机会而言,选择环境可能是有利的(favourable),也可能是不利的(unfavourable)(Boschma,2007)①。当一个新产业的机会遇到了有利的选择环境,将更容易在当地最终形成新产业;而当它遇到的选择环境是不利的,要么被"扼杀",要么通过行动主体的"环境改造",导入特定的要素资源,填平新产业的需求与实际环境间的鸿沟。本书将"触发—机会—选择环境—新产业空间形成"过程和机制用图 6-9 表示,下面借助图 6-9 来解释水头皮带与宠物用品两个新产业的空间形成过程。

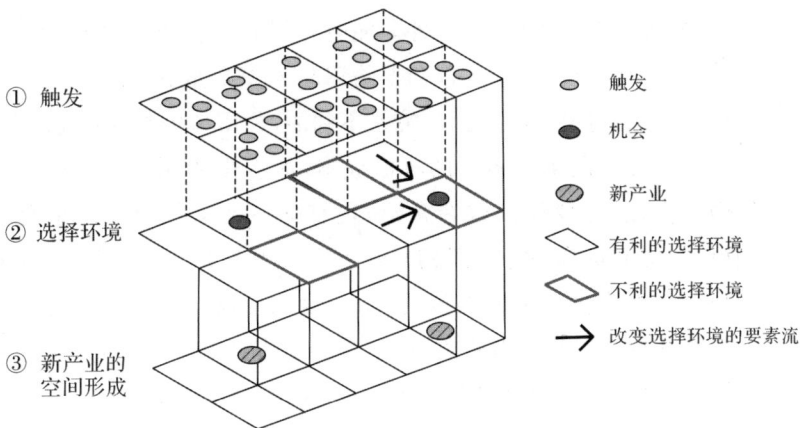

① 触发      ○ 触发
② 选择环境      ● 机会
③ 新产业的空间形成      ◎ 新产业
     ◇ 有利的选择环境
     ◇ 不利的选择环境
     → 改变选择环境的要素流

图 6-9 水头镇皮带、宠物用品两个新产业空间形成的过程机制模型

资料来源:Boschma,2007,Figure 1;作者整理。

由于历史特定要素的延续、不断出现的市场机遇以及大量偶然事件的存在,触发是很不确定的,并大量存在。"触发"层显示了最初一些触发的存在,例如上文提到的皮带、宠物用品、皮鞋、自行车垫、皮手套、皮箱包等,也

---

① 其实对选择环境有不同分类,如上文提到的一般性要素环境、特殊性要素环境等。本书将根据分析需要分别予以阐述。

包括水头镇曾经昙花一现的兔毛产业等。在"选择环境"层可以看到，这些触发中的一些，在选择环境的筛选下成为新产业形成的机会，例如皮带与宠物用品。

为什么皮鞋、箱包没有被环境所选择而偏偏是皮带？笔者在当地的野外调查中得知，当地企业家普遍认为皮鞋和箱包是工序相对复杂的产品，水头地理上处于温州的西部山区，是一个山坳小平原，20世纪八九十年代对外交通还非常不方便；而当时温州鞋业和箱包产业已经在温州的瓯江冲积平原地区（鹿城区）快速发展，配套企业和技术熟练的师傅都集中在鹿城区。因此，水头人选择了工艺相对简单、配件相对少的皮带产品。像自行车垫这些产品，更是会由于时代发展以及温州人快速致富，缺少了市场需求而没落。

皮带和宠物用品产业这两个"机会"还要继续受到选择环境的作用。本地制革行业的大整治更是为这两个机会提供了有利的选择环境，包括地方政府新的重视、地方有限的土地要素的倾斜等。外部市场环境也是有利的选择环境，例如随着经济发展，国内外对宠物用品市场需求的迅速增长。不论是地理环境、市场环境，对于皮带和宠物用品来说都是有利环境，如图6-9中的细线框。当然，也有一些选择环境是不利的，如图6-9中的粗线框所示，本地已经形成了许多制革业留下的沉没成本，如有限的用地空间被废弃的制革业厂房所占用，需要重新改造盘活；现有的专业市场也是皮革交易市场，而没有皮带交易市场；长期环境锁定使当地民众和政府产生了"污染恐惧症"，唯恐皮带生产再产生新类型的污染，由此形成了无形的阻力等。这些不利的选择环境需要行动者去改造，下文会重点阐述。在"新产业空间形成"层，可以看到，经过了选择环境层的作用，皮带、宠物用品这两个新产业在水头镇成功发展起来。

### 三、重构动力：行动者作用

不论是广义达尔文主义还是路径依赖（路径创造）理论，都对新产业、新路径的直接行动者给予重点关注。广义达尔文主义用生物演化隐喻来强调具有"拉马克主义"行动者对选择环境适应和改造的作用，他们可以通过要素流的持续导入，使一般性要素环境转化为特殊性要素环境，使区域对特定产业有了更大的吸引力，获得报酬递增效应（Boschma 和 Lambooy，1999a；Storper，1997）；路径创造理论则更加强调企业家与政府在地方新路径创造中的作用。本书的研究将证明,在水头皮革产业的重构过程中,两个新产业的形成,不仅有企业家和政府的作用,还应重视本地厚制度的影响,这也是"温州模式"的特殊性所在。

**(一)企业家对环境的适应与改造**

皮带与宠物用品两个新产业的企业家在选择环境面前有两种表现,一是适应环境,不管是有利的还是不利的选择环境;二是改造环境,特别是改造不利的选择环境。笔者在水头商会配合下走访了一些皮革、皮带和宠物用品企业,并与企业家进行了沟通,发现以下几个主要的适应与改造行为。

首先,企业家对环境的适应性行为。当成为"机会"后(2000年以后),对于皮带和宠物用品产业最有影响的选择环境就是水头镇2002年开始的皮革行业彻底整治。这个选择环境既是有利的,也是不利的。有利的是,制革行业被整治后,获得了要素的享受空间;不利的是,两个产业的原材料都来自于制革的边角料,制革是其上游产业,如果制革在本地彻底消失,其将承担相对昂贵的原材料引进成本。而且许多皮带生产企业同时也是制革企业(原本就是制革转型而来的),这些企业的做法是,一方面努力游说政府留下一些转鼓,不然原材料没有保障;只是通过企业兼并重组扩大规模,达到污染治理的财务门槛。另一方面,将有污染的"头道"工序迁移到了山东、江西等地,本地工厂只保留污染相对少的二道以后工序①。当地最大的制革兼皮带生产企业QX公司就是这样进行了生产工序在全国范围的重新配置。另外,宠物用品企业为了适应变化的市场环境,将产品从传统的狗咬胶向鸡肉咬胶等拓展,YF公司在山东青岛建立了鸡肉咬胶生产基地(青岛家禽屠宰和食品制造业发达)。

其次,企业家也主动将原来适合制革业的要素环境,改造为适合自身产业发展的特殊性要素环境。

**1. 完善新产业需要的配套产业链**

当皮带产业快速发展起来后,一些当地老板看到机会,主动加入配套产业链,如生产皮带上的金属扣钉、再生革(皮带中间一层材料)、移膜(一种树脂化工材料,敷在皮带表面)、边釉等。本地也开始出现一些生产宠物玩具、澡盆、服装的企业,进行产业链的横向拓展。一些与皮带、宠物用品相关的

---

① 皮革企业的外迁参见本书第五章。

服务行业也开始在镇上出现,如外贸公司、皮带礼品店、宠物生活馆、宠物医院等。

### 2. 建设皮带交易市场

制革业兴起的时候,水头有一个南方皮革城,年交易额曾达到近 5 亿元,是国内最大的皮革交易市场之一,但随着行业整治而走向没落;2009 年,水头皮带企业由水头商会组织发起,企业家筹集资金,在镇上的径川路主干道附近建设了一个"温州水头皮带商贸城",店面 270 多间,入驻了 234 家皮带企业,希望商贸城作为产品展示和销售的平台,并将义乌和广州的市场份额引回水头[①]。皮带商贸城的建设,是企业家为新产业改造本地设施环境的一种主动性行为。

### 3. 开发劳动力资源

皮带企业组织原来的制革工人进行皮带生产技术培训,并到外地招聘新的工人。2012 年,当地的皮带和宠物用品行业劳动力增加到 3 万多人。

## (二)政府的作用

选择环境对新产业的发展初期一般是不利的,因为环境的改变滞后于产业的改变。政府在营造特殊性要素环境过程中发挥了重要作用,虽然无法对其具体作为的有效性进行评估,但在企业访谈中,这些政府行为被企业普遍认可。本书将其区分为物理环境、制度环境和市场环境的改造。

### 1. 改造物理环境

在水头皮革产业区的新产业形成过程中,政府对物理环境的改造主要体现在对产业区用地实行倾斜政策。水头镇政府在 2002—2009 年规划建设了"皮件加工园区"(建安古竹皮件生产基地),为 20 家左右的规模型皮带企业解决生产用地;2003—2008 年建设了 500 亩的标准厂房,供中小型皮带、宠物用品企业入驻生产;对 3000 亩的原制革基地进行整体旧厂区改造,政府统一征收拆迁,其中 500 亩工业用地出让给皮带和宠物企业,剩下土地建设生活、商业配套区;2013 年开建占地 2000 亩的平阳县水头镇皮件(宠物用品)市级特色产业科技园。另外,政府多年来开展以"爱我水头,美化家园,树立皮都新形象"为主题的城镇环境整治,收到成效。

---

① 据水头商会统计,水头皮带占义乌皮带市场交易量的 60%,占广州皮带市场交易量的 20%。

2. 创新制度安排

在促进制革企业的转型中,政府创新了一些制度安排。例如,为了降低皮革企业的转型成本,将皮革企业的排污权买回,每个转鼓 35.8 万元,这实际上是对企业进行了补贴,政府共投入了 1.435 亿元。平阳县和水头镇政府在 2002 年以来出台了一批产业政策,如支持企业技术创新的政策(平政发〔2005〕163 号、平政发〔2006〕138 号、平政发〔2010〕19 号),支持高级人才的优惠政策(平委发〔2011〕130 号),促进皮革产业转型升级的若干意见(平政发〔2010〕156 号),振兴实体经济、支持重点产业发展的综合性政策(平政发〔2012〕82 号)等[1]。这些政策做了一系列制度安排,在鼓励创新的地方税收流程返还、技术人才引进、知识产权保护、设备更新补助、放松审批、用地支持等方面支持新产业的发展。水头镇宠物用品行业在 2007 年被平阳县列入 9 大重点扶持行业,开始被政府重视,行业的龙头企业 YF 公司就是 2008 年拿到土地 40 亩建设现在的新厂区。

3. 规范市场行为

全面规范本地市场,维护公平竞争秩序,2010 年以来,政府通过拆除违章整治了一大批无证皮件小作坊。为了帮助皮带企业提高市场知名度,2009 年,水头皮件生产基地被列入温州市首批专业商标品牌基地;政府对宠物用品企业参加美国全球宠物展览会(APPMA)、德国纽伦堡宠物展等国际展会给予展位补贴。

另外,政府对新产业的作用还体现在对社会成本的承担上,比如,虽然狗咬胶生产相比制革业的污染已经非常小,但由于狗咬胶的生皮下脚料也要做脱灰工序,过程中也有一些污染[主要是化学耗氧量(COD)],政府只是要求企业购置污染治理设备,没有过于强势地介入整治。

### 四、本地厚制度、新路径创造与适应性重构

#### (一)本地厚制度与新路径创造

在"新区域主义"看来,制度是一种社会资本,既能促进合作经济的形成和区域学习能力的提高,又能及早预见和抵抗市场风险(Amin,1999b)。而地方的制度厚度是地方机构之间相互作用与协同、多个主体的集体认同、共

---

[1]　资料来源:平阳县工业企业政策汇编[G].平阳县经济和信息化局,2012.

同的产业目的，以及共同的文化规范与价值等几个方面因素的有机结合。Amin 和 Thrift(1992)认为，全球新马歇尔节点得以成功的核心，在于特定制度与文化传统培育和促进下的经济生活的集体化与合作。笔者认为，西方产业区理论多强调制度(特别是其中的非正式的传统、习俗等)在产业区形成中的促进作用，以及在产业区进入衰退的锁定诱因(如政治锁定)，但对于产业区动态演化过程的制度作用缺少探讨。另外，演化经济地理在产业区演化的动力机制方面，主要强调了新产业空间形成、新路径创造中行动者(企业家、政府)的作用。上文分析中，皮带和宠物用品产业在水头的空间形成中，水头镇的企业家与政府确实起到了重要作用，选择环境与新产业特殊需求间的鸿沟被逐渐填平，适合新产业的特殊性要素环境逐渐形成。但在这一过程中，笔者发现本地厚制度的作用不能忽视，下文探讨在产业区重构过程中(特别是地区的产业更新中)，地方厚制度起到何种作用。

制度厚度对地方最有利的作用表现在五个方面(Amin 和 Thrift, 1994; 苗长虹、魏也华、吕拉昌, 2011)，以下结合这五个方面逐一对比水头皮革产业区的情况。

第一，制度持久存在，即地方制度可以再生产。温州地域文化深受永嘉学派、刘基思想的影响，如"义利并重、工商皆本"、"事功主义"、"海洋文化的冒险精神"等，这些瓯越文化世代传承，影响着现代温州人的经商文化，如"敢为人先"、"商业头脑灵活"、"追逐近利"等(史晋川等, 2002; 张苗莹, 2008)。

第二，一簇共同拥有的知识(包括编码知识和默会知识)的建造与深化。水头镇在宋代就出现的皮革手工艺，在清朝、民国以及近几十年来不断以"师徒口授"方式被传承下来，先后出现皮刀、剖皮、花色等的创新等，实际上也可以把用皮革原材料做成皮带、狗咬胶看成更深化的知识建造。

第三，制度柔性，即区域中组织的学习和变化能力。水头人特别能把握商机，实际上水头镇历史上曾先后出现过多种产业，仅改革开放以来，就有兔毛、皮革、编织机械、皮件、宠物用品，以及以经营煤矿和房地产为主的资本运作等，且都具有全国影响，只要出现商机就敢于改变旧观念、旧行业，并全心投入，充分体现了水头地方的制度柔性。这种制度柔性与知识的区域创新能力结合紧密，因为新产业的出现总是伴随技术和知识的创新。

第四，发展信任与互惠关系的能力。这在水头也有充分体现，"义利并举"的经商文化，让水头商人在重利的同时，特别重义，有钱大家赚；企业创办的资金，多由亲友"搭股"筹集，民间借贷发达，甚至不打借条，只是财务记账即可,这种群体内信任是新产业得以快速衍生或创生的重要保障。在水头皮革产业区的调查中笔者发现,制革、皮带、宠物用品企业间的互相参股现象非常普遍,这种互惠机制更强化了地方的关系资产。

第五,包容感的巩固。包容感的巩固也就是以速度和效率服务于区域动员的广泛拥有的共同发展计划。在水头产业更新过程中,只要事先做好符合各方利益的制度安排,彻底的行业治理、整片的旧厂区改造等都较易得到集体认同和有效动员。

在上述五个方面的制度厚度作用中,笔者认为制度柔性和信任机制是水头皮革产业区重构过程中最为重要的两个因素,而这两个因素主要来自于温州独特的瓯越文化。

《万历温州府志》卷5《食货》记载,温州人"能握微资以自营殖","人习机巧","民勤于力而以力胜",温州人具有经营工商业的独特优势。水头作为温州的一个小镇,传承了温州手工业、工商业悠久的历史传统,并深受永嘉学派功利主义、刘基思想等的影响,有着独特的瓯越文化特征①。其中,永嘉学派②学术思想主要有:"道不离器"的朴素唯物主义思想;学以致用,反对空谈义理;义利双行,"道义"与"功利"相结合,主张"以利和义,不以义抑利";反对中国传统农业社会的"以农为本、以工商为末"的"重本抑末"思想,主张"通商惠工"(张苗莹,2008)。刘基思想的精髓是民本思想,以及经世致用哲学,深深影响了温州人的创业心态。熊慧君(1999)曾把温州人的市民心态描述为:"总想通过土地以外的手工业和商业活动获取利益的心理,以及摆脱听天由命的无奈、企图自主掌握自己民运的心态。"另外,在海洋文化影响下,温州人冒险精神特别强,古越初民,"山行而水处,以船为车,以楫为马,往若飘风,去则难从,锐兵任死"(《越绝书》)③,具有一种原始的顽强不屈的

---

① 张仁寿(1990)认为由于温州"天高皇帝远",历史传承的工商业繁荣,加上滨海的地理环境,对外开放早,在内部商品经济和外部文明的撞击下,更易突破封建传统的重义轻利、重农轻商思想束缚,逐步形成了有别于传统儒家文化的独特的区域商业文化——瓯越文化。

② 永嘉学派又称事功学派、功利学派,是南宋时期在浙东永嘉(今温州)地区形成的一个儒家学派,创始人薛季宣、陈傅良,后被叶适继承发展。其最大特点,就是与当时朱熹的理学、陆九渊的心学强调身心性命之学立异,主张功利、注重事功。

③ 转引自:张苗荧.文化、企业制度与交易成本——温州模式的新视角[M].杭州:浙江大学出版社,2008:90.

性格。由于温州南宋时地近中央,商业发达,温州人市场意识与创业意识得到培养。

综上,温州人的市民心态及其深受影响的功利思想、重商意识、海洋文化等,造就了温州人讲求功利、积极进取、善于学习、敢于冒险、讲求实效、敢于竞争、吃苦耐劳、勤奋苦干的个性,这种地方文化与惯例习俗深深影响着当地企业家、大小老板们的创业和经营行为。水头人更是发扬了这种瓯越文化。水头地理位置是温州西部山区的一个小盆地,四周山泉汇集至此,水头人认为这里就如一张荷叶,水满则溢。当地人为了生计,自古就脱离有限的耕地,外出闯荡经商。

上述独特的地方文化逐步形成一种产业区的厚制度,这种制度具有柔性,体现在根据环境及时改变,不求虚名,只求实利,只要有市场机会,就会通过自己的努力及时把握。例如,20世纪80年代水头镇曾经兴起兔毛产业,源于当时香港的毛饰品发达,在产业转到广州后,当时在广州的水头商人得到此信息,于是迅速反应:一是水头人自己养兔子,1979年养兔专业户多起来;机会出现后,1984年,水头群众自筹资金25.2万元,从上海、江苏、本省的新昌、临海等地引进种兔6750头,专业饲养户有2517户;二是到全国各地去收兔毛,外出组织收购兔毛的有6000多人。水头逐步形成了全国最大的兔毛市场之一(占全国市场1/3的份额),集散全国兔毛,主要销售到广州①。后来兴起的皮革产业,以及皮革被治理后兴起的皮带、宠物用品,都体现了水头当地这种善于把握市场机会,善于学习和变化的能力。由于常年在外经商的行为特征(也称"走商"),也使得地势偏僻的水头,与外部信息和知识的沟通却十分通畅。不论是兔毛、皮带还是狗咬胶,都是在外水头商人在经商过程中得到的信息。

水头的群体内信任机制,对于新路径创造的作用很大。"群体内信任"是仅仅把信任对象的范围局限于与个人具有亲密关系的社会群体内部,宗教、文化以及历史经验是影响信任形成的重要因素(Platteau,1994)。林竞君(2005)认为温州家族主义的群体内文化在温州产业集群的形成起到重要作用。在不断由老路径创造新路径的过程中,水头的这种群体内信任机制主要起到了以下作用。

其一,有利于对偶然的触发事件做出最快反应。在信任机制下,家族内

---

① 资料来源:《平阳县志(1993)》。

成员是分工的首选对象，在路径形成初期大大节约了交易成本；家族内成员成为生产资本筹集的主要来源，水头人做生意都是"积小成大"的合股方式，这样就能快速筹集资金、把握商机；另外，市场机会总是被个别人发现的，而这些人往往是当地认为的"能人"，能人一旦发起倡议，很容易得到家族内成员的响应。

其二，有利于新企业的衍生和知识的传递，成功的父辈企业出现后，企业裂变开始在亲友间发生。由于新产业出现时的巨大市场空间，一家企业是做不完的，父辈企业为了帮助亲朋共赢，只要将厂里的技术人员和市场渠道介绍给自己的亲朋，"近亲裂变"就自然发生了。技术师傅将知识在父辈企业和子企业间传递，在信任机制下，父辈企业的管理、市场模式等惯例也一并得到传递。

其三，有利于老路径向新路径的转换，信任机制降低了转换成本。新企业创办时，通过亲友合伙筹资，且多为入股形式，水头制革、皮带、宠物用品企业间互相参股现象非常普遍。制革老板 A 在皮带老板 B 的企业里有20％的股份，当制革行业出现锁定和衰退后，A 看到皮带行业好做，并且由于参股的原因，平时就对该行业有所了解，便很容易转行做皮带。

### （二）多路径并存

现实世界充满各种"触发"，触发一旦有了条件就成为一个新产业的机会。由于本地厚制度影响，水头人特别会寻找机会、把握机会，并以制度柔性应对外部冲击。因此，从历史发展过程看，水头皮革产业区总是存在多条路径，只不过其中的主导路径只是 1～2 条。

图 6-10 显示了 1980 年至今，水头曾经出现过的兔毛、制革、皮带、宠物用品、煤炭经营五个主要产业的发展路线图。

兔毛产业，前文已有交代，兴起于 1979 年，1986 年由于市场变化和兔瘟影响而没落。

制革产业，宋代就有发展，1988 年南雁制革转到水头后快速成长，2002年行业开始整治后进入衰退期。

皮带产业，20 世纪 70 年代出现，2002 年制革业整治使其迎来快速发展，并逐步代替制革业成为现在水头镇第一大产业。

宠物用品产业，1992 年出现第一家企业，2002 年也是因为制革业整治而快速成长。

煤炭经营产业，"温州炒煤团"全国闻名，第一批温州煤商早在 20 世纪

80年代进入山西,多是温州苍南县及平阳县的井巷工程公司职工;第二批温州煤商基本是在2002年后入晋的。煤炭市场经历特困期后逐步复苏,尤其是随后两年的能源危机,"电荒"、"煤荒"困扰全国,大量以前从事其他行业的温商开始把目标聚焦到山西煤炭[①]。2002年水头制革行业整治,让赚到钱的皮革老板转投煤矿。据当地流传:每10个水头人就有8个搭股在山西煤矿里。2003年起煤炭价格持续走高,汇入小煤矿投资的资金流也越来越大;2005年开始,因小煤矿事故频仍,山西省规定中小煤矿停产整顿;2009年山西省大部分煤矿收归国有,水头人煤矿经营宣告衰落。

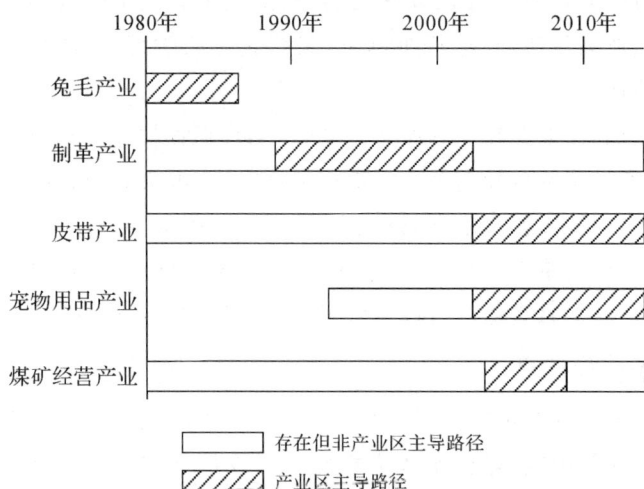

图6-10　水头皮革产业区1980年以来的多路径并存示意图

从图6-10可以看出,在1980年以来的每个时间节点,水头产业区都有至少3~4条路径并存。多路径的存续,说明水头人总是在寻找不同的市场机会,当选择环境仍不具备时,其中一些路径则处于"蛰伏"状态;当冲击发生时,一条路径被抑制,其他路径却可能迎来发展的"机会窗口"。

### (三)路径依赖创新与适应性重构

产业区的路径依赖是动态开放的历史过程,技术、产业和区域的路径不

---

① 根据相关新闻报道及笔者访谈了解,2005年,山西有各类煤矿3991座,矿井4691个,在这些矿井当中,年产能9万吨以下的占到70%。而温州商人承包的矿井,基本产能都在9万吨以下。据不完全统计,平阳在山西投资煤矿共400多处,总资产超过300亿,在山西从事煤矿业人员约1.5万,遍及山西各地,其中80%是水头人。

仅被最初的偶然事件所影响,也会被其自身的路径依赖过程所影响(Martin 和 Sunley,2011)。Boschma 和 Lambooy(1999b)区分了两种创新方式:非路径创新(pathless innovations)和路径依赖创新(path-dependent innovations)。非路径创新其实就是熊彼特所说的创造性毁灭,是重大技术创新,对应的产业区重构被称为深度重构(deep restructuring)。路径依赖创新则是在老路径的基础上进行创新,新创造的路径利用了老路径大量的要素与资源,所对应的产业区重构称为适应性重构(adaptive restructuring)。但 Boschma 所说的路径依赖创新是基于西方大企业主导的产业区得出的结论,即创新成本昂贵,只有大企业和政府能承受,于是创新必然基于现有企业。当有新的进程或企业威胁其地位时,现有企业则购买新的企业。通过对水头皮革产业区的重构历史考察,发现水头的路径依赖创新不同于西方的情况,它是在地方厚制度作用下,本地中小企业的一种没有研发的创新(innovation without R&D),是依赖于本地默会知识与实践知识的本地化集体学习过程。水头皮革产业区的路径依赖创新主要体现在以下三个方面。

首先,关系网络以及依附于这种关系网络的信息在新路径创造中的延续。据水头商会介绍,水头人在兔毛产业兴盛时,有 6000 多人在全国各地收购兔毛,与当地供销社等土特产网络联系紧密;兔毛产业衰落后,制革业兴起,由于都是土特产,当时做兔毛生意建立的关系网络延续到皮革销售网络,对皮革产业发展初期的市场开拓作用很大。后来兴起的皮带产业,在出口过程中,也充分利用了制革业出口形成的外商关系网络。在关系网络延续的同时,依附于这种关系网络的技术知识和信息也传递到新路径,比如皮带、狗咬胶的技术知识是在与皮革外商的交流中获取的,新路径的知识总是来源于老路径的关系网络。

其次,默会知识在新路径创造中的延续与本地集体化学习。不论是皮带还是宠物用品(狗咬胶、宠物带),其制造工序中都有制革工艺的影子,如皮带的前道工序、狗咬胶的脱灰工序等。制革业被整治后,30％的企业转为皮带行业,在现存的 8 家整合后的企业中,有 3 家企业是同时做制革和皮带的。许多原来制革企业的师傅只要经过不太复杂的培训就很容易转为皮带厂的技术员。制革行业的默会知识就这样在老产业与新产业间传递。皮带、宠物用品行业的"近亲裂变"式衍生过程中,技术师傅的离职和再就业,是技术知识传递的重要方式;两个有发展前景的新产业出现后,整个水头地方都开始了集体模仿,企业数量快速增加①。水头产业区的"产业空气"从洋溢着"制革"到洋溢着"皮带和狗咬胶"。

最后,在以贴牌出口为主的市场模式下,缺乏自主研发,以"没有研发的创新"为主,并依赖旧路径遗留的本地知识存量。水头皮带与宠物用品80%的产品出口到国外,并以 OEM 生产为主,产品多属于中低端,贴上国外品牌后,大部分在国外超市等零售及批发网点售卖。除了几家龙头企业,如 QX、PD、YF 等,大部分的企业都以来样加工为主,根据客商需求的款式和功能,进行产品打样开发,类似于"没有研发的创新"。尽管一些功能性材料、生物技术、高性能皮革绿色化学品、无铬鞣等清洁生产技术都比较成熟并有条件引进,但本地企业缺乏高层次技术人才,加上利润空间可观而缺乏创新投入动力,很少有企业专注于自主创新和品牌创建,仍多年沿用原有工艺。

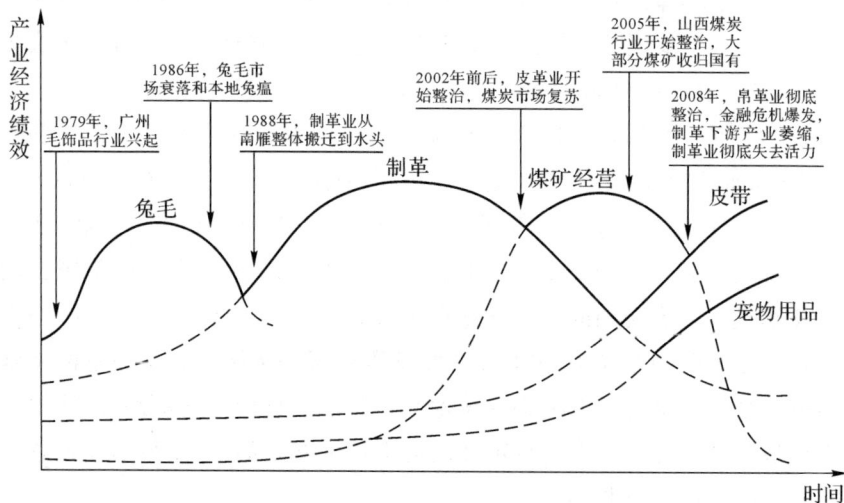

图 6-11　水头皮革产业区的适应性重构过程

注:虚线表示非主导产业阶段;粗实线表示主导产业阶段;横线上文字为导致产业区重构的重大冲击。

---

① 据水头商会估计,当时 1200 多家制革企业中 20%～30% 进行了产品转型,从生产皮革到生产皮带。1995 年水头镇皮带企业大约只有不到 50 家,2002 年开始快速增加,到 2004 年增加了一倍,达到 100 多家。一些皮革企业在观望和犹豫中逐步转型,到 2012 年,水头镇皮带企业发展到 300 多家,其中规模以上约 20 家;工业总产值也从 2002 年的 8 亿元增长到 2012 年的将近 40 亿元,完全取代制革成为水头镇第一大产业。同时,皮革行业整治后,几家皮革企业转型产品,加入到宠物用品行业,2012 年企业数量增加到 14 家,并不断有皮革企业转型入行。

综合前面几个部分的探讨，结合图 6-11，下面对水头皮革产业区的重构过程做一个总结。首先，在本地柔性的厚制度作用下，水头作为一个产业区总是充满各种触发与机会，并出现多路径并存的情况。由于是路径依赖式的创新，产业区的技术创新、市场创新总是来源于老的路径。其次，如图6-11所示，主导路径在产业区存续期间，非主导路径则在储备知识、搭建网络和积蓄能量；一旦有内部或外部的重大冲击发生，老路径进入负锁定或步入衰退，新路径的机会窗口被打开，在行动主体（企业、政府）作用下，逐步成为主导路径。我们可以称水头皮革产业区的这一重构过程为适应性重构，如 Boschma 和 Lambooy(1999b)所指出的，适应性重构对应于路径依赖创新，是产业区自身适应环境变化、应对冲击的自我调整过程，不管是产业更替还是其他响应，产业区在重构过程中保持了经济活力。

水头皮革产业区的适应性重构过程，对传统的产业区（集群）周期理论和产业区路径依赖模式都有一定的借鉴意义。

产业区周期性演化过程不是单一、线性的由始而终的过程，产业的生命周期也不等同于产业区的生命周期。产业区是一个复杂系统，导致其演化的动力也是多元化的，至少在水头镇，地方柔性制度起到很大作用，决定了叠加性的即时产业格局。水头皮革产业区的演化和重构过程也不同于 Menzel 和 Fornahl(2009)所提出的摆动式周期①，因为有些产业知识似乎毫不相干（如兔毛与狗咬胶）；但有些类似于 Martin 和 Sunley(2011)提出的适应性周期模型(adaptive cycle model，ACM)，可以看作其经验案例的一个印证。

传统的路径依赖模型为路径依赖是间断均衡、暂时均衡和多重均衡的过程(David，1985；Setterfield，1997)，后来被 Martin(2010)反驳，他认为经济、区域的演化是远离均衡态的，是一个开放的持续适应和变化的过程。水头案例对于传统路径依赖理论提出的均衡思想有所修正，很明显，水头皮革产业区自 20 世纪 80 年代以来的发展路径，没有什么绝对的均衡，是多产业、多周期叠加的一个动态的开放过程。技术、产业、区域的路径和与它们相关的路径在共同演化(co-evolve)，这一系统不会达到任何的均衡状态，而是允许出现各种可能的演化路径。路径同时受到内生与外生因素的影响，某一时间成熟的顶点也可能是开始衰退的起点。

---

① 详见本书第三章对知识异质性和摆动式产业生命周期的叙述。

## 第四节　弹性产业区:瑶溪合成革与
## 水头皮革产业区的比较研究

### 一、区域适应力与弹性产业区

经济地理学最有趣的问题之一,是为什么一些区域经济可以自我更新或脱离锁定,而另外一些却越发锁定并陷入衰退(Martin 和 Sunley,2006)。演化经济地理学对于区域适应力(regional adaptation)给出了一些解释,不仅仅企业、产业,也包括地方发展政策、地方制度环境都会影响区域经济的动态适应力(Hassink,2010)。近年来,由美国麦克阿瑟基金(MacArthur foundation)支持的国家研究组织的一些学者,试图将"弹性"(或者叫"恢复力")概念从心理学、生态学和灾难学领域引入经济领域,出现了"弹性企业"、"弹性城市"、"弹性区域"等研究(Chapple 和 Lester,2007;Pendall 等,2010;Swanstrom,2008;Vale 和 Campanella,2005)。Swanstrom(2008)认为,若某一区域的市场和本地政策结构会根据外部环境的变化而持续调整,可以认为该区域具有弹性。Pendall 等(2010)提出,弹性区域是当受到冲击时,区域可以很快恢复到原来的均衡状态(在落后一段时间后,重新开始它之前的生长路径),干扰使区域由一个均衡"弹向"另一个均衡状态。他强调弹性区域有路径依赖的特征,冲击可以是内部或外部的,而且必须有一个长期阶段的观察才可以判断"区域是否具有弹性";如果一个区域的经济在重大冲击下没有变得更差,研究者就有理由认为它(相对于那些情况恶化的区域)是有弹性的。Hassink(2010)倡导把弹性概念作为一个分析框架引入产业区适应力的研究,认为这是一个非常有潜力的概念,有助于我们以动态的、历史的、系统的方式思考区域经济发展。

在过去 30 年时间,水头皮革产业区经历了以产业更新为表象的适应性重构过程,这种重构基于路径依赖创新,在不断的内外部冲击下进行着产业变迁,但地区经济却保持了持续活力,很像一个弹性区域。但温州其他的专业化产业区却不一定是这种情况,比如温州龙湾区的瑶溪合成革产业区,在面临类似于水头的环境锁定下,表现出不一样的响应,企业大量外迁,曾经的"中国合成革之都"(全国市场占有率 50%以上)陷入发展窘境。同处温州,都是 20 世纪 90 年代前后发展起来的两个乡镇工业区域("温州模式"典范),都是鞋服行业的上游行业,二者却展现不同的锁定响应。究竟在什么因素影响下,水头充满"弹性",而瑶溪更为"僵硬"?下文将利用弹性产业区概念框架,借鉴历史制度比较分析的一些方法,对两个产业区做比较分析。

### 二、两个产业区的基本情况

水头皮革产业区概况在上文已有交代,下面主要介绍瑶溪合成革产业区情况,并将二者做简要比较。全球合成革产业源于 20 世纪 20 年代的意大利,60 年代在美国杜邦公司的技术突破下加快了产业化进程;80 年代形成了欧洲的意大利、美国、亚洲的日本等几大生产中心;90 年代开始,合成革全球劳动分工发生变化,生产向中国沿海地区转移。中国目前是世界合成革生产和消费大国,生产线和产量占全球的 2/3,浙江(温州、丽水)、江苏(胜泽、江阴)、广东(高明)地区的合成革企业共占全国的 80% 以上。

温州的合成革产业在 1990 年前后发展起来,最初的技术和设备均由日本和意大利引进。在发展高峰期的 2008 年,温州有 100 多家合成革企业,400 多条生产线,日生产能力 500 多万米,年产值 100 亿元,企业数、生产线数、产品市场分别占全国总数的 40%、47% 和 50%①。温州的合成革企业主要集中在龙湾区瑶溪镇(现为街道)的温州工业园区②,本书以下统称瑶溪合成革产业区③。这里有合成革企业 60 多家、200 多条生产线(包括 PU 干法生产线、湿法生产线、PVC 生产线),发展高峰期的 2008 年前后,工业总产值达到 51 亿元,近年来有所降低,2012 年工业总产值为 36 亿元④。合成革行业不论是企业数还是产值,都占了温州工业园区总量的 50% 以上,瑶溪当地还有部分不锈钢、阀门、鞋服、眼镜、化工、铜加工等产业,但总量不大,较为分散。

---

① 数据来源:温州合成革行业科技提升行动计划[R].温州市人民政府,2009.
② 温州工业园区前身是温州扶贫开发区,面积 4.42 平方千米。
③ 温州工业园区地处瑶溪,直属龙湾区管理,合成革是瑶溪的第一大产业,瑶溪合成革产业区不是当地习惯称谓,但为了突出温州村镇工业特征,以及便于与水头镇皮革产业区比较,本书以下沿用这一称谓。
④ 数据来源:龙湾区传统支柱行业转型升级行动计划(2010—2015)[R].龙湾区经济贸易局,2010.

表 6-3　水头皮革产业区与瑶溪合成革产业区的基本情况比较

| | | 水头皮革产业区 | 瑶溪合成革产业区 |
|---|---|---|---|
| 企业数量(规模以上) | | 1200 家(80 家) | 60 家(40 家) |
| 生产线(转鼓)数量 | | 3000 多个 | 200 多条 |
| 行业工业总产值 | | 30 亿元 | 51 亿元 |
| 行业占地区产值比重 | | 80% | 50% |
| 从业人数 | | 3 万人 | 2 万人 |
| 国家金名片 | | 中国皮都 | 中国合成革之都 |
| 国内市场占有率 | | 25% | 40%左右 |
| 产业链 | 上游 | 牛、猪原皮 | 石化产品、PU 浆料等 |
| | 下游 | 鞋、服装、箱包、家具等 | 鞋服、箱包、汽车内饰、家具等 |
| 主要污染 | | 水污染 | 大气污染 |

注:表中数据的时间节点为两个产业区的鼎盛时期,水头为 2003 年,瑶溪为2007 年。

数据来源:平阳县水头商会;温州市合成革行业协会。

温州工业园成立于1992 年,原名扶贫开发区,成立初衷是与温州西部的泰顺、文成等山区县进行扶贫结对,为下山移民提供创业机会①。由于 20 世纪 90 年代前后温州制鞋产业发展非常迅猛,皮革和合成革是制鞋的两大上游原材料行业,合成革产业一直缺少一个集中园区;加上当时台湾合成革产业向广东、浙江的产业转移大趋势已经开始,许多温州老板通过与台湾合资的方式创办了合成革企业,并游说政府给予园区建设空间。1993 年,刚刚起步建设的扶贫开发区引进了第一家台资背景的合成革企业——(台湾)泰庆皮革塑胶工业股份有限公司,随后合成革行业在瑶溪快速发展。到 2002 年,瑶溪合成革产业区已经拥有 50 多家企业,产值近 30 亿元,成为温州鞋业的最大革原料供应基地,并向国内外提供合成革产品,这一年温州龙湾被中国轻工业联合会、中国塑料加工工业协会授予"中国合成革之都"。

① 由于扶贫经济开发区可比照执行沿海经济技术开发区的政策规定,同时享受国家规定的扶贫优惠政策。这实际上是地方政府为争取上级政策而打的一种"擦边球",后来引进的几家山区背景企业也没有形成规模,最终成为合成革行业的集聚园区。

### 三、相似的锁定、差异化的经济后果

与水头皮革制革行业相似,合成革行业有着严重的环境依赖。合成革制造所使用的浆料为溶剂型产品,还使用稀释料(一种有机溶剂);浆料的2/3用于制造贝斯,1/3用于贝斯的后整理(涂饰);按照现行的湿法和干法工艺,制造贝斯使用的溶剂组分单一(主要是DMF[①]),90%的DMF可以回收,10%向外排放;但在后整理阶段,溶剂组分复杂(含DMF、甲苯、丙酮、甲缩醛、乙酸酯类)、挥发性强,回收困难。尽管大多数企业使用了DMF回收装置,但仍有部分废气难以回收。瑶溪合成革产业区每年有约50万吨溶剂排放,大气污染严重,园区臭味弥漫(2007年治理后有所好转,但仍有臭味)。另外,合成革在生产过程中,有机溶剂的负压蒸馏、干燥,贝斯的改色、贴膜干燥、压花成型等都需要高温环境,每生产1万米合成革需耗煤10吨,合成革也是典型的高耗能行业。

瑶溪合成革产业区在1993年第一家合成革企业出现后,一直保持了20%的年均增长率,在2007年达到发展顶峰。但在近10年来陷入了与水头皮革产业区类似的环境锁定。

其一,政府强势的环境整治增加了企业的生产成本。2008年,浙江省"811"环境整治行动全面启动,瑶溪合成革产业区被列入重点点源治理区和严管区,目标是将大气DMF浓度控制在0.2mg/m² 以内,彻底消除恶臭;2009年完成了全区70%企业的清洁生产审核。当地合成革企业本来是以污染的成本社会化来取得高额利润,对于DMF等的废气回收设施是高耗能工序,在能源价格上涨的背景下,环境治理无疑大大增加了企业生产成本。

其二,由于市场空间仍然巨大,利润可观,企业缺乏技术升级的动力。本地合成革制造技术均为20世纪80—90年代从日本等地引进的,近20年来变化不大;虽然欧洲近年来已经突破了采用低耗能、低污染的水性浆料的绿色合成革制造技术,以及高物性合成革、超纤合成革制造技术等,但这些技术的引入均需要昂贵的成本,自主研发更是需要巨大投入,本地合成革企业是没有这个动力的。

---

① 二甲基甲酰胺(DMF)是一种透明液体,能和水及大部分有机溶剂互溶,是化学反应的常用溶剂。纯二甲基甲酰胺是没有气味的,但工业级或变质的二甲基甲酰胺则有鱼腥味,因其含有二甲基胺的不纯物。

其三,环境污染增加了地方社区和政府压力,行业发展空间被压缩,企业对未来发展预期不断弱化,企业出现大量外迁现象。由于当地瑶溪地处温州龙湾国际机场口附近,连接机场与市区的机场大道从工业园东西横穿,合成革废气引起的社会反响非常强烈,群众对搬迁合成革的呼声很高,企业开始失去对未来持续发展的预期,有了外迁现象;另外,龙湾地处温州东部沿海,海涂围垦为城市和工业发展提供了一定的新增用地空间,但在环境压力下,这些宝贵的土地无法提供给亟待扩张产能的合成革企业。

综上所述,瑶溪合成革产业区在环境锁定下,逐步丧失了延续10多年的发展动力。水头与瑶溪案例实际上都说明了一个共同问题:亟待发展的落后地区引入了有污染的高收益行业,当资本积累完成,地方社区不再愿意承担企业的污染成本,便导致行业陷入发展困境。而不同的经济后果是,水头皮革产业区对环境锁定的响应是多元化经营(到外地经营煤矿)和产业更新(转为皮带和宠物用品产业);而瑶溪合成革产业区对环境锁定的响应,从目前来看,主要是企业外迁式的空间重构①。2005年以来,本地合成革企业大量迁往浙江丽水、江苏太仓等地,粗略估计(包括革基布等配套企业在内)有30多家企业,占本地企业总数的一半以上。丽水经济开发区基本上是温州外迁的合成革企业。

在上述不同的锁定响应下,两个产业区的经济绩效(以工业总产值来衡量)出现了明显差异,图6-12显示了两个产业区在经过环境整治后的地方工业总产值对比。水头镇在2002年开始整治后,虽然地方经济有所震荡,但总体保持增长,并在2009年以来增长迅速,这主要得益于皮带和宠物用品这两个新的皮革深加工行业的快速发展;而瑶溪镇的工业经济②则在2007年年底开始整治后陷入停滞,当地工业总产值在保持了十几年的高速增长后戛然而止。虽然目前还不能观察更长的时间周期,无法判断这种情况的后续走势。但2013年4月,温州市政府下发了《温州市淘汰落后产能三年行动计划(2013—2015年)》(温政发〔2013〕52号)文件,要求至2015年,龙湾合成革产业将强制削减50%产能,这实际上是给本地合成革行业下最后通牒,未来预期堪忧。两个产业区的环境锁定、突破锁定响应,以及对区域经济影响的

---

① 参见本书第五章产业区空间重构相关内容。

② 由于瑶溪镇工业经济主要依托温州工业园区,本书以温州工业园区工业总产值代表瑶溪镇。

对比示意图如图 6-13 所示,两个产业区虽然工业特征不同,但在环境锁定上收敛,又由于不同的响应而出现发展结果的差异。

单位：亿元

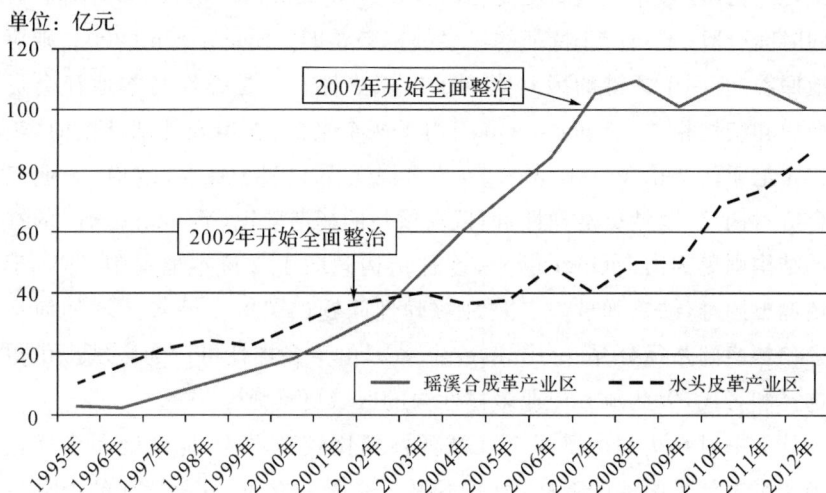

图 6-12  水头皮革与瑶溪合成革产业区 1995—2012 年的工业总产值比较

数据来源：《龙湾统计年鉴(2012)》《平阳统计年鉴(2012)》。

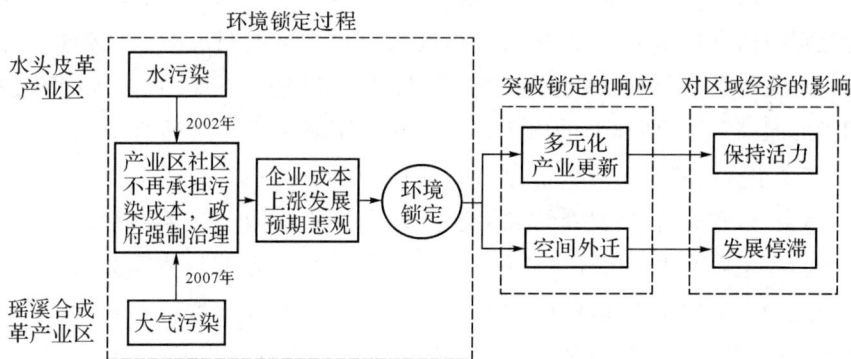

图 6-13  水头皮革与瑶溪合成革产业区的锁定、响应与区域经济影响比较

## 四、弹性差异的来源：制度、多样性、行业特性

相比来看,水头皮革产业区更类似于一个弹性产业区,在历经冲击的动态历史过程中保持了发展活力;而瑶溪合成革产业区是缺乏弹性的,在环境治理冲击下,企业大量外迁,区域经济受到明显影响、趋于停滞。那么进一

步的问题是：为什么两个产业区表现出不同的弹性？Pendall 等（2010）认为，评估一个区域的弹性，首先要看在冲击下它有没有保持或恢复从前的绩效；其次，要将弹性看作一个高度复合体（inevitably highly complex），不同尺度、不同时间阶段、不同产业特征的考察都是必要的。Swanstrom（2008）则更明确地回答，有两个关键的因素影响了区域弹性。一是弹性与本地社会资本的性质和结构相关。Swanstorm 引用了两个案例：在出现外部冲击时，美国宾夕法尼亚州艾伦镇（Allentown）的市民关系有利于社会、政府、企业三方联合应对调整，区域更富弹性；而俄亥俄州的杨斯敦镇（Youngstown）的社会关系结构则更为内向（ingrown），这种结构倾向于支持本地夕阳产业，于是区域调整困难，缺乏弹性。二是理解弹性问题的关键是理解区域如何从路径依赖转换到路径分异（path divergence），由于多样性可以为区域提供更多的选择和替代，因此地方产业多样性强的区域更具弹性。

从本书对水头和瑶溪两个区域弹性的比较来看，本地制度和多样性因素确实影响到了两地的弹性，但并不限于这两个方面，行业特征的差异也非常重要，下面分别分析。

**（一）本地制度**

上文已经探讨了水头本地厚制度对新产业空间形成、产业区适应性重构过程中的有利作用，下面从另一角度探讨水头本地制度对区域弹性的影响。水头的皮革产业历史悠久，经过漫长的演化过程，在 20 世纪 80 年代末期发展起来，是一种典型的内生产业。在皮革制革产业兴盛的 1988—2002 年，整个水头镇就是一个大的制革产业区，不但充满着"产业空气"，而且企业、商会、镇政府、社区民众结成了紧密的关系网络，这一关系网络围绕制革展开。在笔者的水头野外工作中，水头镇政府的"制革基地管委会"（主要管理当地最大的制革工业基地）的工作人员，自己家里亲属几乎都自营或参与制革生产，其企业管理科的一名领导就是水头商会的秘书长，而水头商会的会长企业就是当地最大的制革企业 QX 公司。这种紧密关系网络实际上形成了一种行动共同体，在面临重大冲击时，便于达成共识。在 2002 年开始全行业整治时，虽然遇到企业反对和阻力，但经过政府做工作，制革企业家也不愿自己的家人再受污染侵害，很快顺应大势转行到外地经营煤矿，或在本地转为皮带等新行业。

一方面，这种制度结构在龙湾的瑶溪合成革产业区却并不存在。合成革企业几乎全部集中在瑶溪镇北部瓯江沿岸的温州工业园区，这个园区是

1992 年由浙江省政府批复设立的,最初是为了建设结对扶贫的"扶贫开发区"。园区在最开始就是一个典型的外部嵌入式工业区,第一家合成革企业"泰庆"是引进的台资企业,后来温州鹿城区及龙湾本地的一些从事与制鞋有关的企业加入了这个当时正快速成长的行业,逐步形成了瑶溪镇在温州工业园区的产业集聚。温州工业区是省属工业园,园区管委会直接归属龙湾区政府管理,与瑶溪镇在行政上是分隔的,园区内的企业与镇政府没有什么关系。相反,园区与瑶溪镇在发展中却出现了一些矛盾,比如园区所在地的村居社区受到了环境污染,但园区产生的税收等经济利益却都收归区政府,对本地的返还有限;园区只管工业发展,社会和环境问题甩给地方镇政府。因此,瑶溪合成革产业区的本地制度结构是离散的,缺乏共同行动的基础,在外部冲击(如环境治理)出现时,企业、政府、社区民众各方很难形成合力共同及时应对。

另一方面,所谓的大企业政治锁定也出现在了瑶溪合成革产业区,这种僵化的制度在应对冲击时不易于及时调整。瑶溪合成革产业区由于是依托温州工业园区形成的,不同于"前店后厂"的作坊式企业,企业规模普遍较大。泰庆皮革、温州人造革两家企业年产值超 5 亿元,36％的企业年产值超亿元,70％以上的企业是规模以上企业。5 家合成革大企业的老板均是龙湾区政协委员或人大代表。瑶溪合成革产业区的年税收有 4 亿元,占全区财政收入的 20％以上。合成革企业的意见在区政府决策中具有重要影响,行业污染治理早就存在,但被一再推后;而问题的延后不解决,一旦爆发将更具破坏力,企业难以应对。而这种大企业的政治锁定在水头则不存在,因为水头皮革产业区在高峰时的 1200 家企业中,只有 80 家企业是规模以上企业,占 6.7％,年产值上亿的企业只占不到 1％,政府更关注的是大多数小企业的利益。

综上所述,不同的本地制度性质和结构,对于外部环境治理冲击的反应出现差别。水头皮革产业区更容易适应变化和调整,而瑶溪合成革产业区在分散、隔阂的本地关系和僵化的大企业锁定下,更难以适应调整。

### (二)相关多样性

多样性来自于 EEG 的生物种群隐喻,在用于区域分析时,被理解为一个区域的各种产业的集群,或保护区域收益的一套组合战略(Frenken 等,2007)。相比地区生产专业化,多样性的地区工业组合有更强的抵御外部需求冲击与恢复能力(Martin 和 Sunley,2011)。Frenken 等(2007)、Boschma

和 Lammarino(2007)、Boschma 等(2012)进一步将多样性区分为相关多样性与非相关多样性。区域产业的相关多样性相比非相关多样性，更易于知识的溢出，所以相关多样性更多地体现了促进产业区增长的功能；而非相关多样性则更多体现了规避风险的作用，具有防御功能。他们认为，随着地区产业间相关性程度的提高，区域经济抵御外部冲击的能力降低。当达到相关性程度最高的极限时，即一个地区只有一个产业，如果这一产业受到外部冲击而衰落，地区经济就会一并衰落（即所谓的"专业化陷阱"）；而另一个极端是非相关多样性达到极限，即一个地区有多个产业，且彼此毫不相干，一个产业受到冲击而衰退，其他产业不会有任何影响，当然地区经济也不会有太大影响。

从本书对水头皮革产业区和瑶溪合成革产业区的案例比较来看，以上结论并没有那么绝对。以下通过对两个产业区相关多样性程度的量化比较来说明，究竟怎样的多样性（或产业）相关性程度更易于产业区富有弹性。

1. 实证方法

本书使用 Frenken 等(2007)提出的一种用非相关多样性熵指数($U_{i,t}$)与相关多样性熵指数($R_{i,t}$)测量多样性相关程度的方法。依据国家统计局《国民经济行业分类(GB/T 4754—2011)》，由于工业部门内 2 级(大类)产业间的技术差异化水平很高，符合非相关多样性的技术特征，可以用于衡量地区工业经济活动的多样性程度；与此不同，工业部门内的 3 级(中类)细分产业间在很大程度上存在技术替代性与互补性，符合相关多样性的技术特征。在某一年(第 $t$ 年)，$i$ 地区工业部门内 2 级产业非相关多样性熵指数 $U_{i,t}$ 的计算公式如下：

$$UV_{i,t} = \sum_{j=1}^{n} P_{i,j} \log_2 \left( \frac{1}{P_{i,j}} \right) \tag{6-1}$$

其中：$P_{i,j}$ 为 $i$ 地区第 $t$ 年工业部门内某 2 级产业 $j$ 全部工业企业总产值所占地区工业企业总产值的比重。

在某一年(第 $t$ 年)，$i$ 地区工业部门内 3 级细分产业的相关多样性熵指数 $R_{i,t}$ 以每一个 2 级产业部门内各 3 级产业熵值加权和来衡量。计算公式如下：

$$RV_{i,t} = \sum_{j=1}^{n} P_{i,j} H_{i,j} \tag{6-2}$$

在上式中，

温州产业区重构：空间、演化与网络

$$H_{i,j} = \sum_{k=1}^{m} \frac{P_{j,k}}{P_{i,j}} \log_2\left[\frac{1}{\frac{P_{j,k}}{P_{i,j}}}\right] \qquad (6\text{-}3)$$

其中:$P_{j,k}$为$i$地区第$t$年某2级产业$j$内3级产业$k$全部工业企业总产值所占地区工业企业总产值的比重。

2. 数据来源

本书数据来源于水头镇年鉴和瑶溪镇温州工业园区的统计报表。为了更有力地说明两个产业区的非相关多样性熵指数($U_{i,t}$)和相关多样性熵指数($R_{i,t}$)差异对于产业弹性的影响,本书选择水头的计算时点为2002年($t$值),瑶溪的计算时点为2007年($t$值),因为这两个时点都是产业区出现重大冲击(行业整治)的前夕。

按照《国民经济行业分类(GB/T 4754—2011)》的划分,水头镇的皮革行业属于2级产业C门类(制造业)第18大类[皮革、毛皮、羽毛(绒)及其制品业],其中制革、皮件(皮带)和宠物用品分别属于皮革鞣制加工(第181项)、皮革制品制造(第182项),其他还有明胶产业、箱包制造等(企业数不超过3家,本书忽略不计)。瑶溪镇的2级产业合成革行业属于C门类(制造业)第29大类(塑料制品业)中的第295项(塑料人造革、合成革制造);由于瑶溪地处龙湾区,而不锈钢与阀门制造是龙湾区较为集聚的产业,因此瑶溪镇的温州工业园区内,除了合成革企业外,还有不锈钢与阀门制造两个主要行业,分别属于C门类(制造业)第33大类(金属制品业)的不锈钢及类似日用金属制品制造(第338项),和C门类(制造业)第34大类(通用装备制造业)的泵、阀门、压缩机及类似机械的制造(第344项),其他行业的个别企业,由于占比极小,本书同样忽略不计。

3. 计算结果与分析

利用上述三个公式对水头皮革产业区和瑶溪合成革产业区的非相关多样性熵指数($U_{i,t}$)和相关多样性熵指数($R_{i,t}$)进行计算,结果见表6-4。

表6-4　两个产业区的非相关多样性熵指数和相关多样性熵指数

|  | 水头皮革产业区 | 瑶溪合成革产业区 |
|---|---|---|
| $i$ | 水头 | 瑶溪 |
| $t$ | 2002 年 | 2007 年 |

续表

| | 水头皮革产业区 | 瑶溪合成革产业区 |
|---|---|---|
| 2级产业 | 皮革(C-18) | 塑料制品(C-29)<br>金属制品业(C-33)<br>通用装备制造(C-34) |
| $j$ | 1 | 3 |
| 3级产业 | 皮革：<br>皮革鞣制加工(C-18-181)<br>皮革制品制造(C-18-182)① | 塑料制品：合成革制造(C-29-295)<br>　　　　　树脂(C-25-255)②<br>金属制品业：不锈钢制造(C-33-338)<br>通用装备制造业：阀门制造(C-34-344) |
| $k$ | 2 | 2、1、1 |
| $P_{i,j}$ | $P_{2002,1}=0.9$ | $P_{2007,1}=0.5, P_{2007,2}=0.12, P_{2007,3}=0.08$ |
| $U_{i,t}$ | $U_{水头,2002}=0.1368$ | $U_{瑶溪,2007}=1.1586$ |
| $P_{j,k}$ | $P_{1,1}=0.78, P_{1,2}=0.12$ | $P_{1,1}=0.38, P_{1,2}=0.12, P_{2,1}=0.12, P_{3,1}=0.08$ |
| $H_{i,j}$ | $H_{水头,1}=0.5665$ | $H_{瑶溪,1}=0.7950, H_{瑶溪,2}=0, H_{瑶溪,3}=0$ |
| $R_{i,t}$ | $R_{水头,2002}=0.5099$ | $R_{瑶溪,2007}=0.3975$ |

　　从计算结果来看,用2级产业分类来衡量的水头皮革产业区的非相关多样性熵指数($U_{i,t}$)明显小于瑶溪合成革产业区的数值,前者为0.1368,后者为1.1586。而从相关多样性熵指数($R_{i,t}$)数值来看,两地的差别不大,水头的$R_{i,t}$数值(0.5099)略高于瑶溪的$R_{i,t}$数值(0.3975)③。

　　前面分析提到,在面临外部冲击时,水头皮革产业区似乎比瑶溪合成革产业区更富有弹性。从上述计算结果看,水头皮革产业区的各主要产业的多样性相关程度要高于瑶溪合成革产业区。当行业治理的冲击到来时,水头的制革企业一部分走上了资本运作之路(山西经营煤矿),另一部分则就

--------

　　① 皮带与宠物用品同属于皮革制品制造业。

　　② 以聚氨酯树脂为主的合成树脂是合成革制造的主要配套产业,在温州工业园区有8家生产企业;在现行的行业分类中,将其归于化学原料与化学制品制造业(C-25),但从本书案例的实际产业链特征上看,树脂是合成革产业大类中的重要组分,在温州工业园区管委会的统计中,也将其合并到合成革产业一并统计。因此,本书将树脂作为2级产业塑料制品中的一个3级产业对待。

　　③ 两地相关多样性熵指数相差不大的原因,有可能是本书对3级产业分类的细分程度不够,由于地方细分行业统计数据无法获得,本书只能将主要的3级产业纳入公式计算,因此影响了指数的差异度。

地转向本地的相关行业(皮带和宠物用品),产业区的总体经济绩效影响不大,产业区在冲击后"弹回"富有活力的运行状态,较为平稳地进行了适应性重构;而对于瑶溪合成革产业区而言,由于几大主要行业间的相关性程度较低,合成革与不锈钢、阀门制造之间的行业跨度过大,当对合成革的行业整治到来时,合成革企业很难转移到本地的其他行业,企业大量外迁,产业区缺乏对冲击的"弹性",并无法出现类似水头皮革产业区的重构情况。虽然企业外迁也是一种空间尺度放大式的重构响应,但这种重构对本地经济带来了负面影响。

本书的分析结果与 Frenken 等(2007)等认为的情况有些不同,非相关多样性并不一定会体现防御功能。对于 Frenken 等(2007)等所说的城市经济而言,由于行业非常繁多,外部冲击会导致其中一些行业衰落,又由于行业间不太相关,城市经济整体影响不大。但对于专业化的产业区,行业相对集中于 2~3 个门类,这种多样性如果缺乏相关性,会导致产业区更"僵硬",在冲击下,企业难以从一个行业转向本地其他行业;而相关多样性程度高的产业区,反而更显示出防御功能,本地企业跨行业转型更容易。正如 Swanstrom(2008)所强调的,易于从路径依赖转换到路径分异的区域将更有弹性,相关多样性为这种分异提供了条件。

**(三)行业特征差异**

除了 Swanstrom(2008)提到的制度与多样性两个因素的差异会导致弹性不同外,行业特征差异也影响到了产业区的弹性。接着上一节的问题:为什么合成革企业一定要外迁,而不是在本地转向新的行业呢?上文提到,瑶溪当地的合成革企业难以跨向相关程度不高的不锈钢和阀门行业。但进一步的问题是:为什么合成革企业不去做附加值看似更高的产业链下游产品呢?比如以合成革为原材料的鞋服、箱包、家具等,这些都是与合成革相关度很高的行业。这种路径分异正是水头皮革企业经历过的,它们从高污染的皮革制革,转到了相对高附加值的皮带和宠物狗咬胶行业。笔者向当地的企业询问了上述问题,可能的原因有两个。

一是合成革行业巨大的市场空间和较高的利润,诱使企业继续留在本行业,只是通过改变生产区位应对行业整治。访谈中了解到,瑶溪合成革企业的年毛利率约 20%~30%。合成革作为对动物皮革的主要替代物,近年来市场需求不断增大,估计全球市场需求将有 80 亿平方米的规模。除了为温州本地及国内的鞋革、服装革、球革、箱包革、汽车内饰革、家具革等供应产品,温州合成革产品还销往美国、俄罗斯、欧洲、非洲、中东、东南亚等80多个国家和地区,近年来保持了30%左右的出口增长率。面对依然有利可图的行业,合成革企业保持原有行业的意愿较强,温州不让做,就转向其他环保要求不高的地方(如周边的丽水)。

二是相对于动物皮革及皮件行业,合成革行业属于大批量生产,且成品革在革制终端产品(如鞋、箱包)中所占的价值比例较高,向下游行业的转移缺乏价值诱惑空间。在人们对真皮产品的追逐下,动物皮件产品的市场价格一般较高(特别是有自主品牌的企业),但原皮的价格较低,这就诱使单纯加工原皮的皮革企业向皮革深加工的皮件行业转型。相反,革制产品一般被认为是低价的象征①,且消费者使用的终端产品价值中,原料革占了较高的比例,这就导致合成革企业并没有动力加入到下游相关产品行业。

通过在淘宝网相关商品价格的统计,可以明显看出皮革与合成革两个行业的市场价格差异。表6-5比较了革制与皮制的鞋、箱包的市场价格,在给定相同的品牌、类型、尺寸、材质、上市时间等参数的前提下,革制鞋、革制箱包的市场平均价格和市场最高价格均低于皮制鞋、皮制箱包的相应价格。

表6-5 革制与皮制产品的市场价格差异

| | 相同的产品参数 | | | | | | | 革与皮的比较 | | | |
| --- | --- | --- | --- | --- | --- | --- | --- | --- | --- | --- | --- |
| | 品牌 | 类型 | 尺寸 | 鞋底材料 | 颜色 | 制作工艺 | 上市时间 | 帮面材料 | 产品数量(款) | 平均价格(元) | 最高价格(元) |
| 鞋 | 奥康 | 女单鞋 | 36码 | 橡胶底 | 纯色 | 胶粘 | 2013春季 | 人造革/PU | 10 | 227 | 230 |
| | | | | | | | | 头层牛皮 | 489 | 278 | 669 |
| | 类型 | 尺寸 | 滚轮样式 | 内部结构 | 质地 | 锁 | 箱包图案 | 箱包材料 | 产品数量(款) | 平均价格(元) | 最高价格(元) |
| 箱包 | 男士旅行箱 | 20寸 | 万向轮 | 夹层拉链袋 | 硬质 | 带锁 | 纯色无图案 | PU | 27 | 315 | 600 |
| | | | | | | | | 牛皮 | 5 | 511 | 945 |

数据来源:作者根据淘宝网统计整理。

---

① 除了LV等一些国际一线品牌,由于品牌价值的多年积累,革制产品也会高于真皮产品价格。但对于以生产中低档产品为主的温州,这种情况是特例,在本书的案例中可以忽略。

温州产业区重构:
空间、演化与网络

# 第七章　嵌入 GPN 的产业区重构：
# 温州汽车零部件产业区案例

本章在全球化视角下，从生产网络的角度探讨了温州产业区重构问题。无论新区域主义、GCC-GVC-GPN 以及中国特色的"中间道路"学派，都认为地方产业区的重构不能脱离全球化的影响，对于汽车这种全球化最为明显的组装工业更是这样。温州汽车零部件产业区既有本地生产网络，又在嵌入全球生产网络，其重构过程为全球化背景下的地方产业区转型模式提供了案例补充。

## 第一节　全球化背景下的地方发展

全球化时代的地方发展是当今经济地理学界关注的热点问题，特别是全球化背景下的地方产业区升级和重构，更是关注焦点。在地方产业区升级的问题上，新区域主义与全球商品链（GCC）、全球价值链（GVC）理论都认为"互动交流"和"治理"是升级的关键。前者强调企业与地方制度的交互、地方治理（例如 Cooke 和 Morgan，1998），尽管也提到全球化的影响，但新区域主义过于强调本地制度和本地网络的狭窄视野受到了学界批评（Hadjimichalis，2006；Wei，2007）；后者强调本地企业通过向全球领导企业学习，可以实现产品升级（例如 Gereffi，1999）。近年来，CCC/GVC 也受到了批判，因为其大多只关注公司内部治理和国家尺度问题。虽然 Gereffi 等（2005）不断对其价值链治理模式加以完善，但 GCC/GVC 分析中相对简单的循环和线性流，还是无法很好地解释全球生产体系的网络结构，以及复杂、偶然、动态变化的权力配置和权力不对称等问题（Coe 等，2004；2008）。Henderson 等（2002）认为，生产者驱动与购买者驱动的区分并没有那么绝对，在全球汽车生产网络中，二者就有交叉。

全球生产网络（GPN）逐渐成为炙手可热的解释工具，特别是对于全球化下的地方产业区变迁研究。GPN被定义为一定正式的规则（契约），通过网络参与者等级层次的平行整合进程来组织跨企业及跨界价值链的一种全球生产组织治理模式（李建、宁越敏，2011）。国外学者提出了一些GPN的分析框架。如Ernst（2002）强调在GPN中，地方通过知识流动与共享实现产业升级；GPN是一种"组织创新"，其以系统的整体性将"中心—外围"混合在一起，为全球知识扩散创造了机会，减少了创新的空间黏性；GPN为发展中国家的企业和产业区提供了逆转知识外包的机会。

曼彻斯特学派（Manchester school）的Coe、Hess、Yeung、Dicken和Henderson（2004）认为在GPN中，地方发展可以看作在不断变化的区域治理结构背景下，本地关系网络与全球生产网络的复杂互动的动态结果。他们强调，促进区域发展的是交互影响因素（如本地因素和全球企业的战略耦合、地区制度与地方资产的依赖与转化），而不是固有的区域优势或固有的全球化配置。GPN在当地经济、社会、政治的作用下如何建立或分解，是地方集群发展分析的核心问题（Henderson等，2002）。曼彻斯特学派的GPN地方发展分析，较Ernst（2002）的分析更为实用，弥补了新区域主义过于强调地方，以及GVC/GCC缺乏对全球化过程中地区尺度的关注等缺陷，为全球化下地方产业区的重构问题提供了一个围绕价值、权力、镶嵌的分析框架：（1）价值（value），包括价值创造、价值提升和价值获取。从地方角度讲，将价值产生并留在本地是嵌入GPN的关键和目的。（2）权力（power），包括公司权力、制度权力和集体权力。GPN中的全球领先企业、区域和国际组织、国家和地方政府等深刻影响着网络中权力与财富的分配。（3）镶嵌（embeddness），包括地域镶嵌和网络镶嵌。地域镶嵌指GPN对地方产业区的镶嵌，使地方成为GPN的一个新节点；网络镶嵌指在网络行动者（如企业）之间正式和非正式关系的建立（Henderson等，2002；Coe等，2004；Coe、Dicken、Hess，2008；李建、宁越敏，2011）。

然而中国的情况似乎有些特殊。Wei（2010；2011）认为GCC-GVC-GPN研究案例大多来源于全球化国家，如发达国家、东亚新兴工业国（NICs）、拉美国家等。NICs的特点是本地市场小、外资导向、政府是全球战略的积极推动者等，而中国有巨大的内部市场、较大的地区发展差异等独有特征，GCC-GVC-GPN的一些经验无法适用于中国。Wei认为可以有"中间道路"（middle ground）选择，地方产业区重构需要放大尺度，但未必一定是"going global",也可以是"going national"。

改革开放以来,中国在快速的分权化、市场化、工业化过程中,形成了一大批专业化产业区(集群),其中一些产业区(例如温州)非常类似于传统的马歇尔产业区,具备密切的地方生产网络。本章把全球化下的地方发展问题,具体到探求地方生产网络如何与全球生产网络产生联系上,这其中包含了价值分配、权力控制、生产网络和地域空间的镶嵌等核心问题。温州汽车零部件产业区既有本地生产网络,又在嵌入全球生产网络,本章将以其为例,在 GPN 框架下探讨温州产业区的重构问题。

## 第二节　汽车及零部件产业的全球生产网络

汽车是组装工业,生产过程是将大量的、种类繁多的零部件组合在一起装配成车,整车企业组织和协调零部件供应商形成垂直生产网络,具有生产者驱动生产链的特征(Gereffi,2001)。新国际劳动分工的深化以及其本身组装特性,使汽车工业生产过程在组织上和空间上分离成为可能,并成为全球生产网络最为明显的产业之一(Dicken,2003)。

### 一、国家层面的格局变迁

近十年来全球汽车产业最大的变化,就是整车组装和零部件生产由传统的核心区域向外扩散。一种情况是,墨西哥作为北美汽车核心区的外围地区、中东欧作为西欧汽车核心区的外围区,以更低的生产成本和对富裕市场的地理接近,得到了跨国汽车公司的投资,成为出口导向型的汽车产业区;另一种情况是,中国、巴西、印度等拥有巨大国内市场和快速经济增长国家,则得到了市场指向型的汽车 FDI(Humphrey,2003;Liu 和 Dicken,2006;Liu 和 Yeung,2008)。表 7-1 反映了这种变化,1960 年到 2000 年,汽车生产高度集中在西欧、东亚和北美三个区域,占全球汽车产量的 80%。而 2000年以来,全球产量排名前十的榜单中新增了印度、巴西、墨西哥、泰国、俄罗斯等国,而西班牙、加拿大、英国、法国则退出前十。2012 年中国位居全球汽车产量和增速榜首,而包括泰国、印度、印度尼西亚等东南亚国家,伊朗、土耳其、乌兹别克斯坦等西亚国家,以及斯洛伐克、罗马尼亚等东欧国家在内的发展中国家汽车工业增速最快。

表 7-1　2000 年、2012 年全球汽车产业产量与增速前十名的国家

| 排名 | 2000 年 | | | 2012 年 | | | 国家 | 2000—2012 年均增长率（%） |
|---|---|---|---|---|---|---|---|---|
| | 国家 | 产量（辆） | 占比（%） | 国家 | 产量（辆） | 占比（%） | | |
| 1 | 美国 | 12799857 | 21.93 | 中国 | 19271808 | 22.90 | 中国 | 20.44 |
| 2 | 日本 | 10140796 | 17.37 | 美国 | 10328884 | 12.28 | 泰国 | 16.15 |
| 3 | 德国 | 5526615 | 9.47 | 日本 | 9942711 | 11.82 | 印度 | 14.68 |
| 4 | 法国 | 3348361 | 5.74 | 德国 | 5649269 | 6.71 | 乌兹别克斯坦 | 14.52 |
| 5 | 韩国 | 3114998 | 5.34 | 韩国 | 4557738 | 5.42 | 斯洛伐克 | 14.26 |
| 6 | 西班牙 | 3032874 | 5.20 | 印度 | 4145194 | 4.93 | 罗马尼亚 | 12.97 |
| 7 | 加拿大 | 2961636 | 5.07 | 巴西 | 3342617 | 3.97 | 印度尼西亚 | 11.37 |
| 8 | 中国 | 2069069 | 3.54 | 墨西哥 | 3001974 | 3.57 | 伊朗 | 11.16 |
| 9 | 墨西哥 | 1935527 | 3.32 | 泰国 | 2483043 | 2.95 | 捷克 | 8.25 |
| 10 | 英国 | 1813894 | 3.11 | 俄罗斯 | 2231737 | 2.65 | 土耳其 | 7.89 |
| 全球总产量 | | 58374162 | 80.08 | | 84141209 | 77.20 | | |

注：产量包括乘用车和商务车。

资料来源：根据中国汽车工业协会（http://www.caam.org.cn）数据整理。

## 二、汽车 GPN 的权力、价值与空间网络

汽车全球生产网络的权力、价值分配和空间网络并不是一个匀质的平面。

首先，权力分配的不均衡。通用、福特、戴姆勒—克莱斯勒、丰田、大众、标致雪铁龙以及宝马、本田、雷诺日产构成了所谓的"6＋3"俱乐部，控制了全球汽车 80％以上的产销量。这些整车跨国公司（ATNCs）决定了哪家供应商可以进入其全球生产网络，并有权对产品功能、交付方式、质量标准等提出要求。由于权力在汽车价值链分配上的不均衡，下一级企业就会有价值链升级、强化权力的诉求。ATNCs 或 OEM 供应商一方面促进了中小零部件供应商的产品和技术升级，另一方面为了维护其在设计、市场等核心领域获取最大价值的权力，会阻止下级供应商的功能升级（Pavlinek 和 Zenka，2010）。当然，这种权力不均衡不是绝对的，德国零部件领导企业（如博世、江森、大陆）由于在研发上的优势，甚至主导了 ATNCs 的新车设计和功能创

新；中小零部件企业如果拥有了特殊的技术，也可能实现权力级别的跃升。国家、地方政府、国际组织在制度权力、集体权力上影响了汽车 GPN 的权力格局，泰国汽车产业区的兴起，就得益于亚洲自由贸易协议（AFTA）、泰国的汽车产业政策与 ATNCs 的布局战略的耦合等，这使得本地零部件企业有了发展和升级的机会（Coe 等，2004）。

其次，价值分配的不均衡。汽车工业产业链如图 7-1 所示，粗略估算，原材料、零部件、整车、流通服务四个主要区段的价值分配大约为 15％、50％、15％、20％。虽然零部件占据了更宽的价值空间，但由于其数量巨大，企业层次的价值分配更有利于整车制造商。进入 2012 年财富世界 500 强的 23 家整车企业平均利润为 4456.2 亿美元，远高于进入该榜单的 10 家零部件企业（平均利润 1502.7 亿美元）；而零部件企业也随着配套层级的增加而导致议价能力下降，那些技术领先、制定标准的 OEM 供应商占据了零部件价值链的高端。Pavlinek 和 Zenka（2010）的研究发现，承接西欧转移的捷克汽车产业，虽然获得快速增长，但研发投入与德国等差距巨大，完全被 ATNCs 所控制。

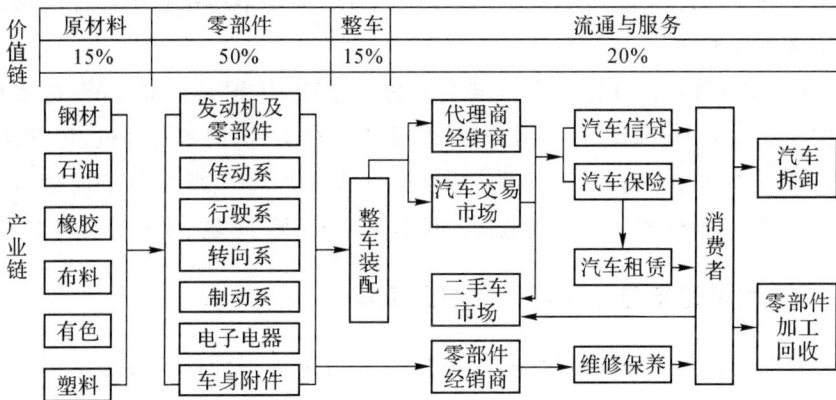

图 7-1　汽车工业的产业链和主要区段价值分配

资料来源：Dicken，2003；平安证券有限责任公司《2009 汽车零部件行业研究报告》；作者整理。

最后，全球汽车生产网络具有"空间分散、地理集中、选择性布局"的空间非均衡性。表现在三个方面。

（1）通过不断的整合重组，全球只剩下为数不多的大型组装厂和一级供应商，其总部和研发中心多会留在本国。宝马的全球生产网络明显地体现了这一点,德国是其绝对的组装和创新中心,除了慕尼黑总部外,兰茨胡特(Landshut)、丁戈尔芬(Dingolfing)、雷根斯堡(Regensburg)都有组装厂,并在瓦尔斯多夫(Wackersdorf)建了创新公园,入驻了包括 Lear、Modine 等在内的世界顶级零部件供应商,形成创新中心。而东亚、非洲、墨西哥则以全散件组装(CKD)为主(Coe 等,2004)。

(2)在本地制度、本地生产网络的支持下,大量的小规模、低供应层级的本地供应商组成了全球多个地方化产业区,广泛散布在欧洲、东南亚、南美等区域(Sturgeon 等,2009)。但这些本地化的汽车产业区被打压在价值链的低端,因为在技术保障、稳定供货的需求下,ATNCs 偏好于跟随采购,即首先选择自己稳固的供应商,其次是东道国的其他(独资或合资的)跨国零部件供应商,最后才是东道国的本地零部件供应商,这一点在巴西、印度、中欧的捷克、波兰以及南非等国已经得到证实(Humphrey 和 Memedovic,2003)。丰田在布局北美的过程中,电装(Denso)在 1984—1989 年的 5 年间,在北美建立 7 个独资或合资企业;在亚洲的布局过程中,尽管各国政府均提出了不同程度的本地采购要求,如 1985 年泰国要求本地采购额占 45%,马来西亚要求在本地采购玻璃等 27 种零部件,但是丰田核心零部件的供应还是来自日本。

(3)零部件产品在国家和区域层面进行组织,体积和重量大的、造型特异的零部件生产会就近布局组装厂,以保证及时交付,例如发动机、传动系、座椅及一些内饰配件;而轻型的、标准化的零部件生产则倾向于远距离供货,以利用当地的规模经济和低成本优势,例如轮胎、电器、线圈等配件。

## 三、汽车整车与零部件产业的分工模式

在全球汽车零部件市场中,原装件与售后市场零部件的份额比例约为4∶1(ESRC,2003)。在原装件市场,整车与零部件的专业分工和协作体系(又称"整零关系")可分为美、欧、日三种模式(Humphrey,2003;左培文,2006)。

美国模式的核心是整车与零部件企业"责任分工、公开采购、价格竞争",这种模式使整车与零部件企业无法形成亲密合作关系,零部件供应商间竞争激烈、技术封锁,不利于零部件企业的升级。

欧洲模式以德国为代表,其核心是强调零部件企业的技术研发,所以欧洲零部件企业除了按照整车企业的要求生产外,更注重自主开发新产品供

整车企业采购,并常常会左右整车产品更新换代的速度。

日本模式是典型的以业务转包合作为特征的金字塔分级结构,零部件企业分一级、二级、三级供应商,并可层层转包,整车企业通过合资合作、参股、控股等方式与一级零部件企业建立联系。日本模式下,整车企业会帮助零部件企业推行"准时生产制"(JIT)、"看板管理"等,组织零部件企业到整车厂学习,二者合作关系密切,有利于协同创新和控制成本,并有利于零部件企业的管理和技术升级。

### 四、零部件产业的网络镶嵌与地域镶嵌

汽车零部件产业是汽车工业的基础,20 世纪 90 年代以来,零部件产业发生了三大变化:一是零部件企业的设计活动增加,这在欧洲企业最为明显;二是零部件企业由提供单体零部件向分布总成、功能模块转型,出现了所谓的 0.5 级供应商(Humphrey,2003);三是零部件企业越发嵌入到整车企业驱动的全球生产网络中,即网络镶嵌加深,同时零部件的生产网络在跟随投资中,形成了全球化扩张的地域镶嵌,特别是在发展中国家形成了一批零部件产业区。

#### (一)网络镶嵌

网络镶嵌指网络行动者之间各种关系的建立,这些关系的持久与稳定性,决定了行动者网络镶嵌及全球生产网络作为一个整体的结构演化(Henderson 等,2002;李建、宁越敏,2011)。零部件企业在嵌入汽车全球生产网络时,不同的整零关系模式、协作方式和零部件企业具备核心能力决定了镶嵌结构和网络稳定性。如前所述,日本整零模式下,零部件企业的网络镶嵌结构稳固;而美国模式下,零部件企业更多是非稳固的网络镶嵌。同时,零部件企业自身具备的研发、设计、品牌和技术能力是决定其嵌入等级的关键。如图 7-2 所示,Humphrey(2003)区分了六个层级的汽车生产网络体系,除了组装企业,0.5 级和一级零部件供应商需拥有很强的研发设计能力;二级供应商需要流程、工艺技术能力和质量管理能力;三级供应商只需要一般的技术能力;而针对售后和维修市场的零部件企业,只要拥有反向设计能力(reverse engineering capability)即可。三级供应商和售后市场企业的核心能力是低价。零部件企业若想嵌入更高层级的汽车全球生产网络,研发投入和技术升级是必备的条件。零部件网络体系中,权力和价值分配的不平衡促使大量零部件企业希望提升配套等级,当然也会受到整车及上

级零部件企业的阻止，一般情况下，流程和技术升级容易，功能升级较难（Pavlinek 和 Zenka，2010）。

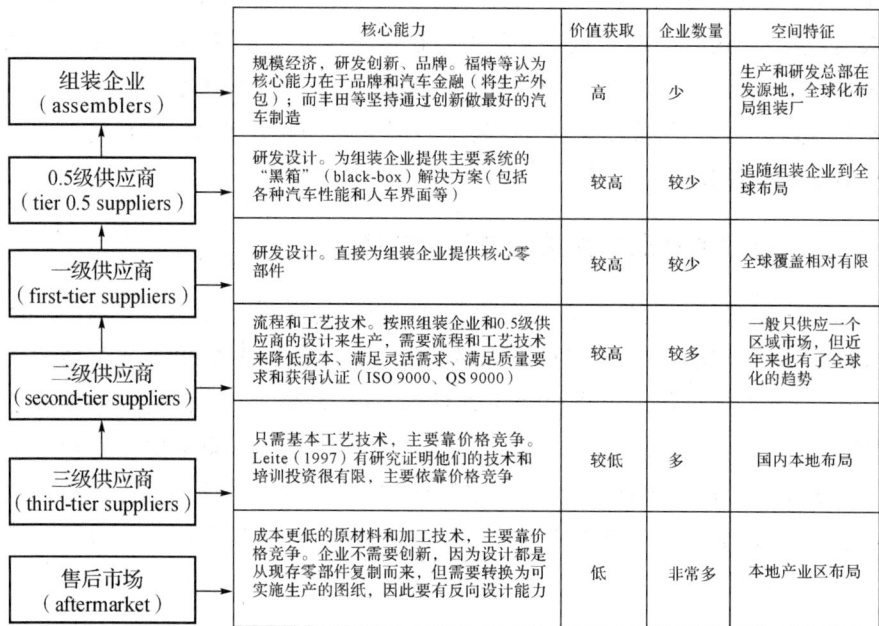

| | 核心能力 | 价值获取 | 企业数量 | 空间特征 |
|---|---|---|---|---|
| 组装企业（assemblers） | 规模经济、研发创新、品牌。福特等认为核心能力在于品牌和汽车金融（将生产外包）；而丰田等坚持通过创新做最好的汽车制造 | 高 | 少 | 生产和研发总部在发源地，全球化布局组装厂 |
| 0.5级供应商（tier 0.5 suppliers） | 研发设计。为组装企业提供主要系统的"黑箱"（black-box）解决方案（包括各种汽车性能和人车界面等） | 较高 | 较少 | 追随组装企业到全球布局 |
| 一级供应商（first-tier suppliers） | 研发设计。直接为组装企业提供核心零部件 | 较高 | 较少 | 全球覆盖相对有限 |
| 二级供应商（second-tier suppliers） | 流程和工艺技术。按照组装企业和0.5级供应商的设计来生产，需要流程和工艺技术来降低成本、满足灵活需求、满足质量要求和获得认证（ISO 9000、QS 9000） | 较高 | 较多 | 一般只供应一个区域市场，但近年来也有了全球化的趋势 |
| 三级供应商（third-tier suppliers） | 只需基本工艺技术，主要靠价格竞争。Leite（1997）有研究证明他们的技术和培训投资很有限，主要依靠价格竞争 | 较低 | 多 | 国内本地布局 |
| 售后市场（aftermarket） | 成本更低的原材料和加工技术，主要靠价格竞争。企业不需要创新，因为设计是从现存零部件复制而来，但需要转换为可实施生产的图纸，因此要有反向设计能力 | 低 | 非常多 | 本地产业区布局 |

图 7-2　全球汽车及零部件产业供应体系

资料来源：Humphrey，2003；作者整理。

## （二）地域镶嵌

全球生产网络通过其领先企业的进入而嵌入地方，一种方式是以契约形式利用中小企业集群建立次级合同制造或辅助生产，另一种方式是领先企业在特定区域通过外包业务吸引新的企业进驻，创造一个新的地方或区域社会经济关系网络。国家和地方政府政策的差异会促进全球生产网络中的特定部分镶嵌于特定的城市或区域，形成全球生产网络中的新节点，从而使区域有机会增加价值的创造、增加和获取（Coe 等，2008；李建、宁越敏，2011）。汽车零部件产业的地域镶嵌有双重特征，一方面，零部件领先企业要追随整车企业对外投资，其嵌入的地域受后者限制；另一方面，零部件领先企业会围绕其生产目标在一定区域半径内自主建立其生产网络。日本电装（Denso）在东南亚的地域镶嵌可以说明这种特征（见图 7-3）。电装在丰田等日本整车企业的鼓动下在东南亚跟随投资，在亚洲自由贸易协议下

(AFTA),原材料和零部件可以在东南亚各国自由流动,电装因此可以在区域内建立其生产分工体系。电装先后在泰国(1972)、印度尼西亚(1975)、马来西亚(1980)、菲律宾(1995)、越南(2001)等建立分支机构,这些机构被设在新加坡的区域总部 DIAS(Denso International Asia)控股(51%及以上持股比例)。新加坡总部承担了统筹原材料采购、金融管理和区域内生产网络互补调节的职能。由于各国政策限制,各分支机构的零部件 70%以上用于国内组装厂,出口比例不超过 30%。在互补性协议(complementation scheme)的约定下,出口的零部件虽然面向全球市场,但必须首先保障区域的供应,这是电装在东南亚地区建立生产分工体系的基础。电装在东南亚区域的地域嵌入,以跨越国界的方式实现了地区的规模经济。当然,在 CKD 方式和分级制供应体系下,被嵌入地区的价值获取是有限的。

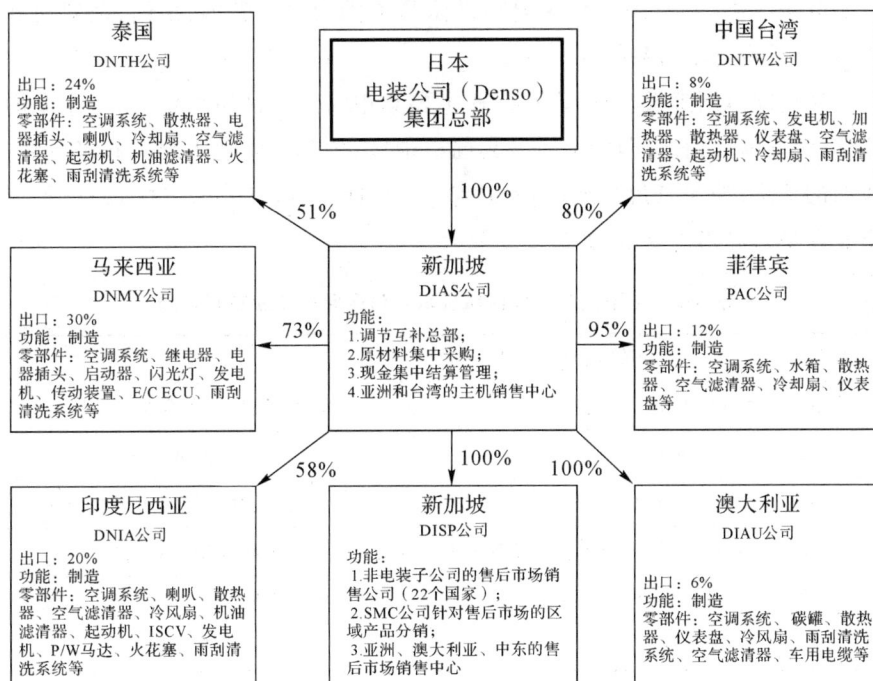

图 7-3 日本电装(Denso)在东南亚的地域镶嵌

注:图中箭头百分比为控股比例。

资料来源:ESRA,2003,Figure 14;作者整理。

### 五、中国的汽车零部件生产网络

2011年中国汽车工业总产值为49994.89亿元，全年汽车产销量分别达到1841.89万辆和1850.51万辆。加入WTO以来，根据中国不断开放汽车市场的承诺，零部件关税降低，几大整车企业纷纷与跨国汽车公司合资合作，以全散件组装（CKD）或半散件组装（SKD）的方式生产。《构成整车的汽车零部件进口管理办法》促使国外零配件生产商不得不将其生产转移到中国。2002—2011年，国内零部件行业规模增长了约30%，产值达到1.6万亿元，企业总数3万多家，已经逐渐成为世界上最大的汽车零部件及配件生产国。2011年，中国汽车零部件出口额达到532.62亿美元，同比增长28.8%，占汽车产品出口额的74%。出口零部件最多的是行驶系（占36%），其次是汽车电子电器（占16.2%），主要出口国是美国、日本、韩国、德国、俄罗斯和英国，合计占总出口额的50.7%。

从空间网络来看，中国汽车产业主要集中在六大区域板块中，即东北的长春、沈阳地区；长三角的上海及其周边地区；中部的湖北十堰到武汉一线；西南的重庆；珠江三角洲地区；京津地区（吴铮争等，2008）。这与跨国整车企业在华布局指向有关，如表7-2所示。

**表7-2　中国汽车6大区域板块与跨国整车企业在华布局**

| 区域 | 跨国整车企业 | 主要产品 |
|---|---|---|
| 东北 | 大众、丰田、马自达 | 轿车、载货车和客车等 |
| 长三角 | 大众、通用 | 以轿车为主的乘用车 |
| 中部 | 雷诺、雪铁龙、丰田和日产等 | 载货车、客车等商用车和轿车 |
| 京津 | 戴姆勒-克莱斯勒、现代、丰田和三菱等 | 乘用车和商用车 |
| 珠三角 | 日本本田、丰田、日产等 | 中高档轿车 |
| 西南 | 福特和马自达等 | 小型乘用车和商用车 |

资料来源：姜海宁等，2012；作者整理。

从国内整车企业的空间组织网络来看，几大整车厂逐步建立了"国家级区域网络"。以一汽为例，其生产型的子公司集聚在六大区域：（1）以长春为核心的东北基地，生产整车、主机和零部件；（2）北京和天津基地（联合重组了天津汽车集团）；（3）以青岛和烟台重型卡车生产为主的山东基地；（4）以无锡、芜湖、上海为主的华东基地，生产整车、主机，并突出研发功能；(5)以成都、柳州等为主的西南基地，生产中重型卡车、轻型车及大中型客车；(6)以海口和深圳为主的华南基地，生产整车、零部件组装，并兼有销售中心功能(宁越敏、武前波，2011)。一汽集团的空间组织网络由区域性延伸至全国范围，并通过兼并重组继续扩张，而众多零部件企业围绕其战略布局选择各自的跟随策略，导致网络愈发密集。

中国的汽车零部件行业以价格竞争为主，整零关系模式更接近于美国模式；核心零部件和关键技术被世界主要零部件跨国公司垄断。跨国零部件公司凭借管理和技术优势，在国内零部件价值链上处于顶端，获得了整车企业的优先配套权力。中资零部件企业主要供应中高端、中低端市场，其存在形式大体可分为两种：一是依托国内上汽、一汽、东风等主要汽车企业而存在的零部件企业；二是以独立经营方式存在的零部件企业，主要生产零部件易损件，主攻售后维修市场。

与整车配套的零部件企业也就近分布在六大主要板块及周边，如上汽集团 552 家零部件供应商中近 30％在长三角区域；东风汽车公司 410 家零部件供应商中，近 40％在湖北境内。全球汽车零部件生产网络在中国的地域嵌入显现"跟随投资"的特征，上述 6 大区域也是这些合资企业最集聚的区域(见表 7-3)。

**表 7-3　国外零部件跨国公司在中国的合资企业(总部)分布**

| 国外零部件跨国公司 | 合资企业(总部)分布 |
| --- | --- |
| 德尔福 | 上海(8)、北京(1)、广州(1)、长春(1)、河北(1)、苏州(1) |
| 伟世通 | 上海(2)、合肥(1)、重庆(1)、北京(1)、武汉(1) |
| 李尔 | 上海(3)、武汉(1)、江西(1)、重庆(1)、南京(1)、沈阳(1) |
| 江森 | 上海(1)、长春(1)、沈阳(1)、北京(1) |
| 德纳 | 天津(1)、无锡(1) |
| 天合 | 上海(4)、苏州(1)、宁波(1)、重庆(1)、河北(1) |
| 博世 | 南京(1)、无锡(1)、杭州(2)、上海(2)、香港(1)、苏州(1)、顺德(1) |
| 大陆 | 上海(2) |
| 电装 | 烟台(1)、天津(4) |
| 爱信精机 | 天津(3)、唐山(1)、浙江(2)、北京(1) |

| 国外零部件跨国公司 | 合资企业（总部）分布 |
|---|---|
| 莫比斯 | 深圳(1)、北京(1)、武汉(1) |
| 法雷奥 | 上海(2)、湖北(2)、浙江(1)、南京(1) |
| 采埃孚 | 上海(5)、南京(1)、柳州(1)、苏州(1) |
| 玛格纳 | 上海(1)、顺德(1) |
| 奥托立夫 | 长春(2)、南京(1)、上海(1) |

资料来源：①时代汽车编辑部.世界著名汽车零部件供应商在华部分合资企业一览表[J].时代汽车,2011(10):52-53.②作者整理。

## 第三节　温州汽车零部件产业区:概况、起源与初期生产网络

### 一、产业区概况

　　浙江的汽车产业主要集中于杭州、宁波、台州、金华和温州,与其他四地不同,温州是在缺乏整车厂的条件下发展起来的零部件产业区,其中温州瑞安是"中国汽摩配之都"。全市现有汽车零部件企业 3000 家,规模以上企业(年产值 2000 万元及以上)700 多家,超亿元企业 30 家,中国无区域集团 21 家,全行业从业人员 30 多万人,2012 年产值 480 亿元,出口额 6.97 亿美元。产品以车身附件、发动机零部件及附件、底盘零部件及附件、汽车电器及仪表、汽车用品、车用标准件、橡胶管件等为主,约 4000 多个品种。温州汽车零部件产业 70％分布在瑞安,其中瑞安塘下镇的企业超过 1000 家,产值约 100 亿元,是典型的温州"一镇一品"块状经济(见图 7-4)。

### 二、产业区起源

　　温州汽车零部件产业区起源于 20 世纪六七十年代,最初是由瑞安塘下一带用简单的车床生产汽车摩托车垫片等配件发展而来的。当时塘下排灌站修配厂里拥有当地唯一的一台龙门刨床,厂里的技术负责人陈玉兴去温州汽车南站接来了汽车钢板肖的第一个订单。就像温州纽扣、鞋、打火机等行业一样,汽车配件生产工艺简单,但当时的利润高,吸引了大量的农村闲

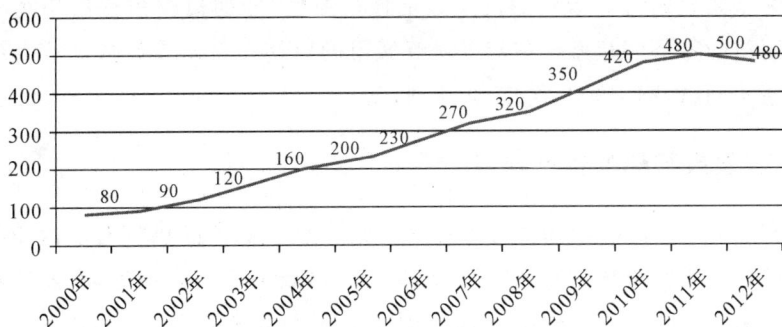

图 7-4　2000—2012 年温州汽车零部件工业总产值
数据来源:温州市汽摩配协会。

置劳动力进入这一行业。从生产汽车钢板肖到汽车马达单向开关,汽车配件行业逐步扩展产品品种,在温州特有的亲朋好友帮带模式下,企业衍生迅速发生。1970 年,韩田村村民自筹资金办起农机修配厂等 9 个小企业;1972年,村小学教师曹其柒等人,集资购买脚踏冲床,生产仪表灯、点火开关等低档汽车配件产品,由村民在农闲季节跑到外地推销,经济效益不错,部分村民效仿办起生产汽车配件的小企业和家庭工厂。1985 年,仅塘下韩田村就有汽摩配企业 470 多家,从业村民逾 2000 人,300 多名农民供销员奔波在全国各地,推销汽车配件、摩托车配件。1992 年年末,韩田村共有乡镇企业 12家,村办企业 26 家,新型经济联合体企业 40 家,家庭企业 705 家,99% 以上企业从事汽车配件、摩托车配件生产。1400 多种产品行销全国各地和东南亚一些国家、地区,总产值超亿元,成为浙南地区第一个“亿元村”。此后,随着改革开放政策的不断深入,塘下许多村出现生产汽摩配产品的家庭作坊。至 90 年代,大面积异军突起的乡镇企业很快在当时的塘下、鲍田、城关等地形成了“一村一品”、“一乡一品”等颇具特色的汽摩配生产块状经济,并于1996 年建立了瑞安汽摩配城,形成了产销一条龙式服务。

　　温州汽车零部件产业的起源有两个特征。一方面,温州汽车零部件产业区的起源是产业特定要素在地方固定,偶然事件和地区历史传统是不可或缺的条件。温州土地资源匮乏,20 世纪 60 年代后期,瑞安塘下镇韩田村人均耕地仅 0.3 亩,人均年收入不到 100 元,改善经济的需求让本地农民不断寻求谋生道路。瑞安历史上就有手工业传统,而一次偶然的汽配产品仿制经历,让韩田村诞生了温州第一家汽摩配厂。另一方面,温州汽车零部件产业区是典型的内生增长的汽车零部件产业区，即通过模仿售后市场上简单易制造的零部件起家。这与上海等城市的以整车带动零部件产业发展模式有所不同（曾刚，2008；徐伟、张永凯，2013）。

### 三、发展初期的生产网络

在 2000 年以前，温州汽车零部件产业区 80％的产品供应着国内和部分国外的售后维修市场。通过"近亲裂变"方式，新企业不断衍生，在发展初期形成了紧密的本地生产网络，类似于传统的马歇尔式产业区，其具备三个外部性经济来源：一是具有专业化的供应商队伍，金属、塑料等原材料，注塑、电镀、热处理、模具、铸造、冲压、车刨、轧钢等中间工序配套，以及标准件、弹簧等小配件，都可以在本地方便地找到供应商。当地普遍流传着一个说法："汽车上的所有配件都可以在瑞安找到，完全可以装配一辆整车。"一个家庭企业的创办很方便，比如想从事点火开关的生产，先是从亲朋那里获得了稳定的市场销路，然后分别找到模具厂、外壳厂、锁芯厂和线圈厂定制产品组件，自己厂里组装起来就行了，只不过企业做大后为了提升质量，把部分工序内部化了而已。这种作坊式小企业目前在瑞安本地仍大量存在。二是劳动力市场共享，本地存在"大劳动力池"，许多企业都是在别的企业挖几个技术工人而创办。调查中发现，本地劳动力的流动非常频繁，一个每月 3000 元工资的工人，当有企业出价 3500 元时，会随时毅然离职，附带的技术和信息也会随之流动。三是知识外溢，存在"师傅带徒弟"式的默会知识传播，及各种正式、非正式的信息交流。企业遇到技术难题，会到别的工厂请教，由于大家都"沾亲带故"，这种技术交流没有太大障碍。一个新企业会很容易从老企业那里得知原材料、配件的优劣和来源信息。大企业在外包给小企业业务时，也会有一定的技术指导。

由于汽车零部件种类繁多，不同类型的零部件企业之间的联系不多，如生产发动机附件的企业和生产底盘附件的企业之间。但同一产品领域的"同质化竞争"比较严重。同一零部件领域存在数量很多的企业，除了几家领头企业通过技术创新获得竞争优势外，其他中小企业大多以价格战获取市场和利润。最典型的是电动燃油泵，1999 年电动燃油泵由于利润高而得到瑞安本地企业青睐，短短几年就裂变出 200 多家企业同时做这个产品，价格被不断压低，利润只有几毛钱。在滤清器、点火开关、散热器、车身附件、车用标准件等领域都存在同样情况。

## 第四节　温州汽车零部件产业区的重构

随着中国加入 WTO,国内汽车及零部件市场发生了巨变,温州汽车零部件产业区也随之经历了一系列重构。这些重构体现了全球化对地方产业区的影响。为了深入认识温州汽车零部件产业区在嵌入全球生产网络过程中,在网络组织、权力分配、价值获取等方面所发生的变迁,以及对本地化经济的影响,笔者对温州汽车零部件产业区做了一个企业层面的访谈和问卷调查,具体方法、数据及研究结论如下。

### 一、方法与数据

笔者在行业协会、温州经济技术开发区管委会和瑞安塘下镇政府的协助下,历时 1 个月陆续走访了瑞安塘下、温州经济技术开发区的 20 多家企业,同时发放问卷 50 份,回收了问卷 31 份,其中有效问卷 23 份,回收率 62%,有效问卷率 74.2%。抽样方法综合了下述三个因素,其中第三种因素更为主要。

因素一:本书主要目的是探讨温州汽车零部件产业区对全球生产网络的嵌入,调查对象偏重于有整车配套供应的企业,或有出口行为的企业。不论是 OEM 或是作为二、三级零部件供应商,能够成为配套企业,其生产规范性和规模都已不同于温州大量存在的家庭作坊,因此样本企业的平均产值规模 3.8 亿元(中位数为 2 亿元)并不代表温州汽车零部件企业的平均规模水平。根据行业协会数据,在全部 3000 多家企业中,规模以上企业只有 500 多家,80% 以上的企业是年产值不超过 2000 万的中小企业,且大部分以家庭作坊的形式存在。23 家样本企业中,14 家企业的产品用于整车配套,占 60%;有出口行为的企业为 12 家,占 52%;有 3 家样本属于小作坊式企业。

因素二:在企业抽样时,考虑零部件类型的代表性问题。汽车零部件类型繁多,本书参考国家通用分类标准和温州企业涉及较多的类型,在问卷中区分了 7 个类型(如温州很多车用标准件企业,将其单独列为一类),如表7-4所示。且尽可能按照每类企业数量规模来分配各个类型的样本企业数。

表 7-4    温州汽车零部件产业区调查样本企业的类型、数量及产值

| 类　型 | 样本企业数<br>（家） | 2012 年平均产值<br>（万元） | 涉及具体产品领域 |
|---|---|---|---|
| 发动机及配件 | 8 | 23609 | 电喷燃油泵、发动机缸体缸盖、滤清器、冷却泵、点火开关、散热器 |
| 底盘及配件 | 7 | 45510 | 底盘制动系、传动系、换向器、轴承、刹车片、减震器、弹簧配件 |
| 汽车电器及仪表 | 4 | 121250 | 汽车开关、电子模块、控制面板、座椅电机、雨刮器、水箱 |
| 车用标准件 | 3 | 22500 | 标准件、冲压件 |
| 车身附件 | 7 | 50482 | 座椅骨架、门窗附件、悬挂总成 |
| 橡胶管件 | 1 | 200 | 橡胶管件 |
| 整车 | 2 | 37500 | 重型卡车（改装车）、纯电动汽车 |
| 合计 | 23 | 43007 | |

注:样本企业在类型上有交叉,部分企业同时生产几个类型的汽车零部件。

因素三:为了使用社会网络分析方法(SNA)研究温州汽车零部件产业区的分工联系和生产关系网络,本书采用了 Frank(1979)[①]提出的"滚雪球"抽样方式。选择以行业协会提供的温州汽车零部件企业花名册为基本抽样框,并根据协会推荐比较典型的为整车配套企业名单(因素一),以及零部件类型(因素二),相对随机地选取 10 家企业作为初始样本企业。在走访和问卷调查中,收集与这些企业有生产联系的企业(主要是供应商、外包协作企业、原材料企业等),即所谓"接触者",并将"接触者"加入到样本中,不断重复这一方法,直到发现某些企业名称被反复提到,"滚雪球"即终止。最后经过问卷回收和有效性筛选,确定了 23 家样本企业。"滚雪球"方法的假设,是构成抽样网络的网络关联部分代表着该网络的全部其他部分,本人通过同步的定性询问,发现利用样本企业所做的 SNA 分析结果与现实关系非常接近(下文详述)。当然,这种方法较好地避免了样本网络关系的稀疏性,但样本选取的随机性受到损害,考虑到本书的目的主要是生产网络分析,所以接受了这一抽样缺陷。

①　约翰·斯科特.社会网络分析法[M].刘军,译.重庆:重庆大学出版社,2007:50.

温州产业区重构:<br>空间、演化与网络

为了便于描述并为样本企业保密,下文中提到样本企业名称时均以其首写字母代替,其中三家作坊式企业用 L1、L2、L3 表示。

## 二、产业区重构的主要模式

温州汽车零部件产业区重构的主要模式是从主要面向国内汽车售后服务市场的零部件生产和销售,转向整车制造、进入全球整车配套市场,及进入全球售后市场。其中嵌入到全球整车配套市场是主要途径,而转向整车制造的重构(虽有实施)不够成功。由于全球跨国整车企业(ATNCs)和跨国零部件企业多以合资方式进入中国,温州零部件企业以进入配套市场的模式重构时(嵌入 GPN 时),往往并没有出口,而只是供货到国内的合资企业,因此如 Wei(2010;2011)所提出的以"going national"代替"going global"常常是中国产业区重构(空间维度)的"第三条道路",且国内尺度与全球尺度交织在一起。三种重构模式如图 7-5 所示。本节以下部分将结合样本调查情况,具体分析这三种重构模式,特别是其对全球配套市场的嵌入。

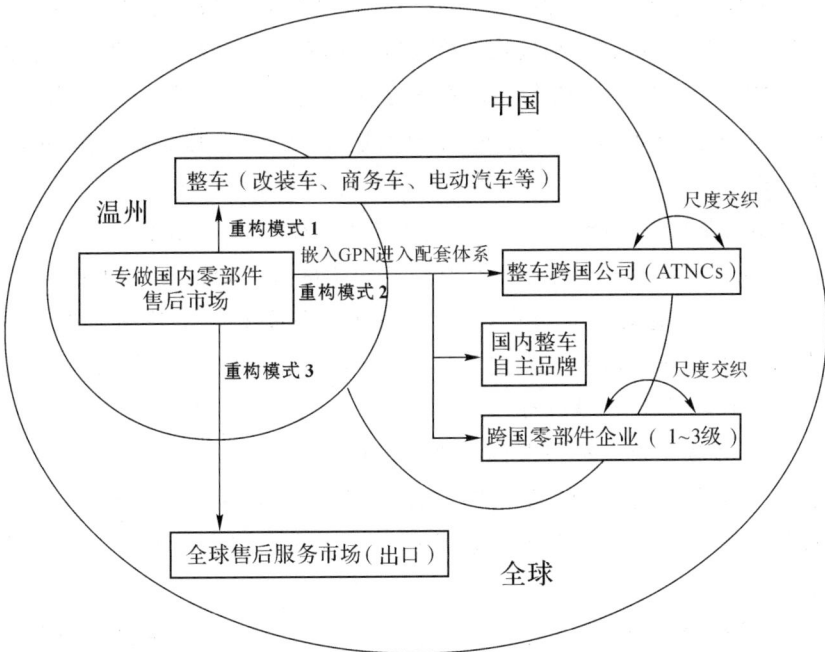

图 7-5　温州汽车零部件产业区重构的主要模式

### (一)从零部件到整车

由于汽车工业的组装特征,整车在产业区中的中心性和带动性非常强。国内的许多汽车零部件产业区源于整车项目的带动,但温州汽车零部件产业区却是从仿制工艺简单的零部件,供应售后服务市场发展起来。2007年以来,温州的纯配件产业区内出现了整车企业,这是产业区重构的一个明显转变。目前,温州有三家整车企业(不包括摩托车),整车产值5亿元,主要生产重型卡车(改装车)、纯电动汽车、商务车及旅居车等。

样本企业之一的YD集团成立于1985年,主要生产重型汽车标准件和冲压件,产品最初在售后维修市场销售;1987年开始为陕汽(原为一汽)配套,并陆续成为重汽、潍柴、玉柴、三一、丰田(天津)的配套商,供应标准件和冲压件。2005年与陕汽集团合作成立整车企业,成为陕汽全国13个子公司之一,2007年获得整车许可证并开始量产,截至2012年共生产1200多辆重、中型卡车,包括厢式车、自卸车、半挂车、罐车等专用车辆等,而计划产能是3万辆/年;2012年全集团产值5.8亿元,其中整车产值2亿元,另外3.8亿元为标准件等零部件产值。另一样本企业NY集团成立于1990年,主要生产汽车开关、水箱、中冷器、悬挂总成等汽车零部件和摩托车配件,为北汽福田、沈阳金杯、陕西欧舒特、安凯公司、一汽青鸟等国内整车厂家配套;2010年开发生产纯电动汽车整车,最高时速50千米,为旅游观光车,年产量3万台。

温州汽车零部件产业区向整车企业转型有以下几个局限性。

(1)在技术水平和产品档次相对较低的零部件产业区导入整车产业,在整车类型上受到限制。很显然,温州避开了与外资和合资整车企业的竞争领域,即避开轿车、商用车,发展特种车、改装车和电瓶车等(温州生产旅居车和商务车的项目也一再流产)。

(2)整车项目对土地资源的要求高,对于"七山二水一分田"的温州,项目上马受到限制,YD集团的产能扩张即感受到了这一限制。温州在通过大面积海涂围垦解决这一问题,但这种重工业在软地基条件下的适宜性受到质疑。

(3)整车生产网络的本地化受到限制,由于整车项目大多以合资方式出现,新整车项目必须服从原整车企业的生产布局。YD集团的发动机、变速箱、底盘关键系统都来自陕汽及其子公司,本地采购率只有35%,且均为管阀、线路、灯具、仪表等次要配件;NY集团的关键零部件电池、电机、控制器均来自优耐特公司,座椅等车身附件、标准件和弹簧等才在本地采购。当然,相对低端的本地产业技术层次,也难以满足整车核心配件要求;另外,在对HR、CJ 等发动机、汽车、电器等样本企业的访谈中了解到,作为本地的优质零部件企业,因为上述整车项目没有达到"门槛产量",它们也无法专门为其配套。

(4)从制度上考察,笔者认为"温州模式"的弱势政府特性当前仍然存在,对于整车这种需要政府强势推进的产业,温州政府相对于其他地区,显现出更多的弱势,包括整车销售中牌照问题(YD 整车仍需到陕西上牌)、对本地整车的政府采购力度不够、相关扶持政策缺失等。这也是温州厚制度对产业区重构的一种锁定表现。

### (二)嵌入全球生产网络(途径一):从售后市场到整车配套市场

从仅仅供应售后维修市场,到进入整车配套体系,包括直接为整车配套(OEM)或通过更高级别零部件供应商向整车配套,被认为是汽车零部件产业升级的表现,因为进入配套体系的前提,是一定的技术工艺水平、产品质量保证和规范的管理。温州汽车零部件产业正在经历这一转变,据行业协会的调查,20 世纪 90 年代,温州汽车零部件生产中,约 80% 以上供应售后市场,而目前这一比例降低为 60% 左右;而进入整车配套体系的零部件产量比例则从不足 20% 提高到 40% 左右,有整车配套行为的企业达到 100 多家。我们对抽样的 14 家有整车配套行为的样本企业提出了一些反映其配套情况的问题,统计汇总如表 7-5 所示。

表 7-5　14 家有整车配套行为的样本企业情况

| 问　　题 | 样本统计 |
| --- | --- |
| 样本企业产量中用于整车配套的平均比例* | 69% |
| 产品 100% 为整车配套的企业比例 | 36% |
| 一级供应商(OEM)企业比例 | 43% |
| 平均的供应商层级(一级、二级、三级等取平均值) | 1.7 |
| 为 10 个以上整车品牌配套的样本企业比例 | 50% |
| 配套最多的品牌 | 上汽通用、一汽大众、自主品牌 |
| 主要依靠何种优势进入到整车配套体系 | 71% 质量保证;50% 技术优势;21% 价格优势 |

　* 一些样本企业的零部件产品并不是全部用于整车配套的,仍保留了一定比例的售后市场销售。

在从售后到配套的重构过程中,温州汽车零部件产业区表现出以下特征。

(1)完全成为整车配套商的样本企业比例为36%,样本企业产量中用于整车配套的平均比例约为69%,大部分样本企业在进入配套体系的同时,仍保留了售后市场份额。样本企业普遍认为,进入配套体系提升了企业的实力和品牌价值,更有利于售后维修市场的开拓。近年来中国汽车内需市场的发展,让售后维修市场利润十分可观,生产汽车座椅电机的样本企业SHB,甚至在全部做配套以后,又重新返回售后市场。

(2)按照一般的汽车分层供应体系(见图7-2),样本企业的供应商层级平均为1.7,一级供应商(OEM)的比例约为43%,这更多取决于零部件产品的类型,但系统总成产品偏少。5家样本企业为一级供应商,主要产品是电喷燃油泵、发动机缸体、汽车电器和开关、底盘传动部件、车用标准件等。没有一家样本企业是直接向整车供应系统总成产品,所谓0.5级供应商在温州还未出现,如样本企业RM生产发动机缸体,但不具备发动机系统供应能力;样本企业SHB生产座椅电机,但不具备整套座椅供应能力。另外,车用标准件样本企业YT、HT均反映,作为自主品牌的供应商多是一级供应商,而作为合资或外资品牌的供应商则多为二级及以下,在嵌入全球生产网络时,零部件企业的供应等级受到了限制。

(3)整车配套品牌最多的是合资品牌,其次为自主品牌,外资品牌较少。由于外资品牌对技术要求高、管理严格,温州零部件企业在最初进入配套体系时,更多选择了自主品牌,在提升技术、规范管理后,逐步开始为合资企业配套,少数龙头企业进入了外资品牌配套体系。表7-6为14家有整车配套行为的样本企业所配套的整车品牌及零部件产品,从中可见,随着中国成为全球最大的汽车生产和销售国,地方零部件企业在嵌入全球汽车生产网络时,更多是通过进入国内合资汽车企业的途径,这似乎在全球与地方之间有了"第三条道路"。调查发现日系整车品牌占比很低,样本企业多认为日系整车厂要求苛刻、技术封闭,更倾向于让日本零部件企业配套,它们很难进入日系汽车配套体系。欧美整车企业更为开放,并倾向于用市场化方式找到质量可靠、价格更低的供应商。可见整零关系模式也影响了温州汽车零部件企业嵌入全球生产网络的方向。调查中还发现,进入配套体系的样本企业分化为两类,一类是同时为2~3个品牌配套的企业;另一类企业配套的品牌数则都在 10 个以上,有 3 家企业表示它们几乎覆盖了所有主要的整车品牌。

表 7-6　14 家有整车配套行为的样本企业所配套的整车品牌及零部件产品

| 样本企业 | 第一个配套的品牌 | 主要配套的整车品牌 | 配套的产品 |
|---|---|---|---|
| HT | 柳州五菱 | 五菱、日产、长安 | 标准件、冲压件 |
| HR | — | 上汽通用、东风日产、一汽、南京依维柯等 | 电喷燃油泵 |
| CJ | 红旗 | 美国通用、德国大众、一汽大众、上海大众、上汽通用、上海汽车、长安福特、北京现代、北京奔驰、奇瑞、哈飞等 40 多个品牌 | 汽车开关、电子模块、控制面板 |
| YT | — | 通用、大众、福特,吉利、比亚迪等国内自主品牌共 20 多个 | 标准件、冲压件 |
| RB | 柳州五菱 | 大众、丰田、日产、本田、福特、奥迪、盖茨等 10 多个品牌 | 轴承、张紧轮、水泵 |
| YD | 一汽 | 陕汽、一汽、重汽、丰田、三一、玉柴、潍柴 | 标准件 |
| RM | 通用 | 通用、菲亚特、Caterpiller、上海通用五菱、东风、上海汽车、广汽、长安等 | 发动机缸体缸盖 |
| SHB | — | 通用、福特、克莱斯勒、大众、雪铁龙、标致、雷诺,佛吉亚、麦格纳、凯斯乐、江森、李尔、一汽、上汽、北汽、奇瑞、华晨等 20 个国内品牌 | 座椅电机、雨刮器 |
| YH | — | 上汽、一汽,江森 | 座椅骨架 |
| YY | — | 拉达、通用、博世、西门子、德尔福、马瑞利 | 电喷燃油泵 |
| SG | — | 玉柴、潍柴 | 水泵、点火开关 |
| RF | — | 沃尔沃、康明斯 | 电喷燃油泵 |
| RL | 一汽 | 一汽、东风、上汽通用等 60 多家自主品牌 | 底盘制动系、传动系、转向系、开关等 |
| YX | — | 一汽、北汽等 | 刹车片、悬挂摆臂、减震器等 |

资料来源:作者整理。

(4)从售后市场转为整车配套,有利于样本企业的升级,但同时使企业陷入锁定风险。93% 的样本企业认为向整车配套的转型对它们的最大影响是"促进了技术升级",64% 的企业选择了"促进了管理优化",57% 的企业认为是"拓展了市场",还有 29％的企业认为是"获得了稳定的订单和收入"。正如 Gereffi(1999)、Pavlinek 和 Zenka 等(2010)所强调的,嵌入全球价值链或生产网络有利于发展中国家地方产业区的技术升级和流程升级,但功能升级往往是困难的。

笔者在访谈中,问到"进入整车配套体系对您企业的不利影响是什么"时,有配套行为的样本企业普遍反映:一是利润空间会受到压缩,整车通过降价对利润的压缩会层层传递到零部件企业;对自主品牌的配套更容易受到降价的影响,一些自主品牌每年随时可能调价,而合资或外资品牌则通常按照合同 1～2 年调价一次,或是"不变产品、不动价格"。二是企业发展受到整车或上层零部件企业的限制,向更加趋近系统总成的方向升级比较困难。例如样本企业 YY 提到,企业生产的电喷燃油器若要向电喷系统升级,ECU(电子控制单元)等相对简单的配件可以生产,但氧传感器、空间流量器这些关键部件却无法达到品质要求,主要因为生产设备都被德日企业垄断并向中国企业封锁;另外,企业产品的关键技术检测需送到西门子(德国)去做,但检测完成后,企业只被告知结果,而无法得到详细数据。生产散热器的样本企业 CT 虽然还未进入配套体系,但表达了其顾虑:配套后,一旦批次产品出现质量不达标,不但全部产品退回,整条生产线还必须停产并至少 3 个月以上进行整改,这种风险高于目前企业所做的售后市场。三是设备专用化问题。虽然大部分样本企业并不认为自己做配套的生产设备过于专用化,不利于更为灵活的生产选择,但样本企业 YT 认为,其生产的汽车标准件,如果用于德系车的制动器,则被要求必须用日本的表面材料;HT 等企业也认为设备更换被控制得十分严格。综上所述,温州汽车零部件企业在通过整车配套嵌入全球生产网络的过程中,技术和管理的升级明显,但功能升级(向系统总成升级)受到限制,可以被看作一种产业链的锁定。

(5)温州汽车零部件产业区通过为整车配套嵌入全球生产网络的时间,集中在 2000 年以后。14 家有配套行为的样本企业平均创立年份为 1991年,平均进入整车配套市场的年份为 2000 年,间隔 9 年。为了详细观察这些样本企业从售后到配套市场的转变过程,本书设计了一幅"竹竿图"(见图 7-6)来说明。

在图 7-6 中横轴标记了样本企业的创立时间、进入配套时间,并用纵轴反映其目前的配套比例;如果将企业创立时间点与进入配套的时间点用有向线段连接,会出现图中的一簇"竹竿",从这一"竹竿图"中可以看出 4 个

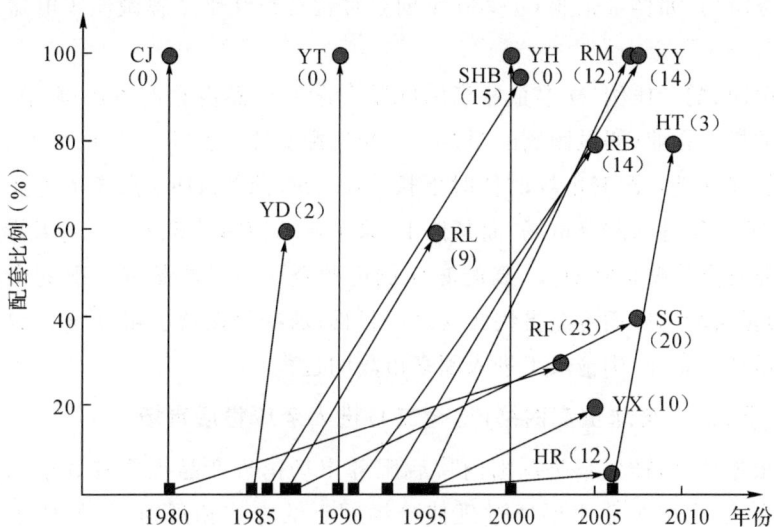

图 7-6　样本企业向整车配套转型的过程示意图

注:纵轴为该企业当前的整车配套产品占总产值比例;方块代表某企业的创立年份;圆点代表某企业开始进入整车配套体系的年份;图中圆点旁为样本企业简称代码,括号内为该企业从创立到进入整车配套体系的间隔年数。

特征。

第一,进入配套市场的时间点(圆点)最密集的区域在 2000 年以后,有10 个(占 71%),这与中国加入 WTO 后的汽车市场开放时间基本吻合;同时可以发现,这些样本企业的"竹竿"大多成倾斜状,表明它们是经历了售后市场的成长过程,在达到一定技术水平和规模时选择进入配套市场;从创立到做配套,10 家企业平均经历了 12.3 年;除了 HT 和 YH,其他 9 个样本企业都创立于 2000 年以前。

第二,不同类型的零部件产品,从售后到配套的时间间隔存在差异。5家生产发动机配件的样本企业,从售后到配套的平均时间间隔为 16.2 年,而3 家生产汽车标准件的样本企业,从售后到配套的平均时间间隔为 1.7 年,虽然这也取决于企业自身的发展战略,但技术复杂性因素确实存在。样本企业 RM 从做简单配件起家,之后自主研发发动机缸体,经历了 12 年才顺利成为通用供应商。

第三,与横轴成 90°直立的"竹竿"是 CJ、YT、YH,这 3 个样本企业从创立开始就直接进入整车配套体系,且配套比例均为 100%,它们都没有做售后服务市场,如样本企业 CJ1980 年创立时就是为红旗品牌做汽车电器开关配套。

第四,配套比例(样本企业当前的整车配套产品占总产值比例)在 50％以下的样本企业(明显倾倒的"竹竿"),相比配套比例高于 50％的样本企业,其从创立到进入配套市场的耗时更长。RF、SG、YX、HR4 家样本企业平均用了 16.3 年进入配套市场,而其他 10 家企业平均用了 6.9 年。笔者推断这和企业自身战略选择有关,高配套比例说明企业更可能是进军配套市场的"意念坚定者",它们容易更快实现这一目标;那些仍保留了超过 50％以上的售后市场的企业,则拖长了进入配套市场的过程。

### (三)嵌入全球生产网络(途径二):进入全球售后市场

根据调查,样本企业在国内售后服务市场销售产品主要有分销和代理两种方式,大型企业主要通过延伸分销网点的方式拓展市场,如样本企业 RL 在全国各地有 26 家分销公司和 800 多家经销商;而更多的中小零部件企业则主要是将产品放在代理商处销售,汽车零部件的售后服务代理商数量非常多,其门店中可以销售自有品牌、国内外著名零部件商的品牌以及其他零部件企业的产品。面向售后市场的温州零部件企业,常常以亲友合股的方式开设代理商店,我们走访了温州汽摩配市场和瑞安汽摩配市场,这种代理门店非常普遍。亲朋好友的零部件产品在这些店里销售,其中很多是无名小作坊的产品,或是被贴上了别的牌子。60％的上规模样本企业反映其发现过自己的品牌被模仿甚至贴牌冒充。另外,作坊类汽车零部件企业的产品常常在汽车 4S 店、各种规模的汽车维修厂被销售,特别是易损类配件,如刹车片。

随着产业区企业的成长,直接出口国外售后市场成为温州汽车零部件产业区嵌入全球生产网络的另一种主要途径。2012 年温州汽车零部件全行业出口 6.97 亿美元,占全行业总产值(480 亿元人民币)的比重约 9％,虽然比例还不高,但近年来温州汽车零部件企业的出口呈现较快的增长趋势。2012 年,温州汽摩配 42 家测报点企业出口总额为 30.17 亿元,出口增长最快的前十名企业平均出口增长了 41.15％。出口到国外的零部件部分进入了整车配套体系,另外一部分则直接在国外售后服务市场销售。为外资整车配套带动了其在国外售后市场的销售,企业或多或少会在配套的同时,在售后市场销售产品。

笔者在访谈中了解到,温州汽车零部件企业进入全球售后服务市场的方式主要有 3 种。(1)贴牌出口,即企业贴上整车或著名零部件商的品牌在国外售后市场销售。样本企业 HR 的电喷燃油泵产品 90% 以上出口,其中出口到美国的产品均是贴"通用"的牌子;样本企业 RB 的轴承水泵产品贴"盖茨"品牌出口。(2)自有品牌出口,即企业在国外成立分销公司,以自己的品牌在国外售后市场销售。样本企业 HQ 的滤清器产品有 60% 出口到国外,均是打着"环球"品牌。(3)通过收购兼并,进入国外售后市场。2005 年,通过在美国收购工厂,GS 集团的产品进入最大汽车零配件超市之一——AAP(Advance Auto Parts)。在向全球售后市场的拓展中,参加专业会展是主要途径。温州汽车零部件产业区的企业每年都会组团参加全球主要的零部件展会,包括:美国拉斯维加斯国际汽配展、德国法兰克福汽配展、莫斯科国际汽配展,以及上海、巴西、印尼、越南、日本、韩国的汽配展会。在有出口行为的样本企业中,大部分出口市场是欧美市场。由于温州汽车零部件行业的同质化竞争严重,在国外汽配展会上常常见到大量的生产同种产品的温州汽车零部件企业,以压价的方式争夺外商客户。

### 三、本地生产网络与全球生产网络:结构、权力与分异

温州汽车零部件产业区既有本地生产网络,又以嵌入全球生产网络的方式进行着产业区的重构。本节主要探讨在这一过程中,温州汽车生产网络的结构特征、嵌入 GPN 后的价值和权力分配,以及调查中发现的一种现象:嵌入 GPN 过程中的本地生产网络分异。

#### (一)温州汽车零部件产业的本地生产网络:以 23 家样本企业为例

温州汽车零部件产业区与温州其他的产业区有着共同的特征,即本地化生产网络。为了描绘出样本企业间的分工协作关系,一方面,本书采取上文提到的"滚雪球"方法;另一方面,在样本企业的问卷中,询问了其上游发包商、下游分包商(供应商)和横向配套商,并让后续的样本企业辨认我们已经调查过的样本企业名单,让其找出有生产联系的企业。最终得到了 23 家样本企业的分工协作关系,并采用社会网络分析方法来探讨这些关系。首先在 Ucinet 6 中生成矢量矩阵,然后用 NetDraw 绘制其关系图,每个圆点代表一家样本企业,旁边以其企业名称字母标示,箭头连接线表示两家企业间存在生产分工协作联系,箭头方向代表供应链方向(见图 7-7)。

"中心性"是社会网络分析中反映权力的重要指标。为了分析温州汽车零部件产业区样本企业间的分工协作关系,本书引入了中心度分析。

Freeman(1979)提出了"点的中心度"(point centrality)概念。Scott 后来区分了"点的中心度"和"图的中心势"(graph centrality)(刘军,2009)。在本书的分析中,"点的中心度"是每个样本企业在网络中的中心性衡量,"图的中心势"是每张关系图的整体中心性。具体操作时,区分了度数中心度(degree centrality)和中间中心度(betweenness centrality)。

点的度数中心度就是与其相连的其他点的个数(绝对度数中心度)。为了让不同的图可比,本书使用了"相对度数中心度",即一个点的绝对度数中心度与图中点的最大可能的度数之比。用点的中心度来刻画图中任何一个样本企业在生产网络中占据的核心性。用图的度数中心势来刻画该生产网络的整体中心性。图的度数中心势计算公式如下:

$$C_D = \frac{\sum_{i=1}^{n}(C_{\max} - C_i)}{\max\left[\sum_{j=1}^{n}(C_{\max} - C_i)\right]} \tag{7-1}$$

其中:$C_D$ 为图的度数中心势;$C_i$ 为某点的中心度值;$C_{\max}$ 为图中最大中心度值。

点的中间中心度用于测量一个点在多大程度上位于图中其他点的"中间",在本书中,刻画了某样本企业对资源控制的程度,即它在多大程度上控制其他企业间的往来。点的绝对中间中心度计算方法为:经过某点并且连接这两点的捷径数与这两点之间的捷径总数之比。点的绝对中间中心度与星形网络的中间中心度[①]之比为点的相对中间中心度。图的中间中心势刻画了生产网络的整体控制性,计算公式如下:

$$C_B = \frac{\sum_{i=1}^{n}(C_{AB\max} - C_{ABi})}{n^3 - 4n^2 + 5n - 2} = \frac{\sum_{i=1}^{n}(C_{RB\max} - C_{RBi})}{n - 1} \tag{7-2}$$

其中:$C_B$ 为图的度数中心势;$C_{AB}$ 为点的绝对中心度;$C_{RB}$ 为点的相对中心度。

具体的中心性计算均在 Ucinet 6 中实现。通过比较纯样本企业的生产网络图(见图 7-7)和加入了检测中心和温州大学的生产网络图(见图 7-8),可以得出以下结论。

其一,样本企业的本地生产网络相对稀疏。从表 7-7 可以看出,调查的 23 家汽车零部件样本企业之间的生产联系并不十分密切,网络密度仅为 0.0257,属于稀疏连接网络,23 家企业中存在 13 个分工协作关系(连线数)。

---

① 因为点的中间中心度在星形网络中达到最大值。相对接近中心度的计算原理类同。

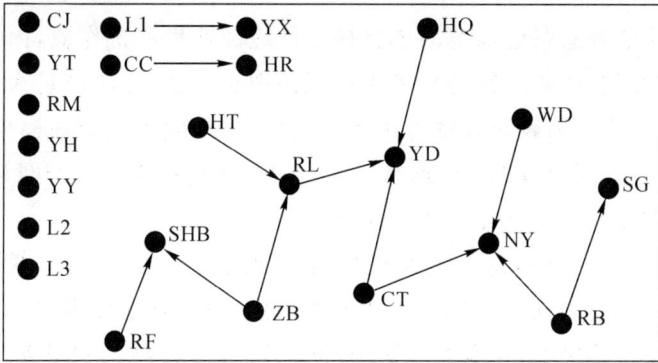

图 7-7 样本企业的本地生产网络图

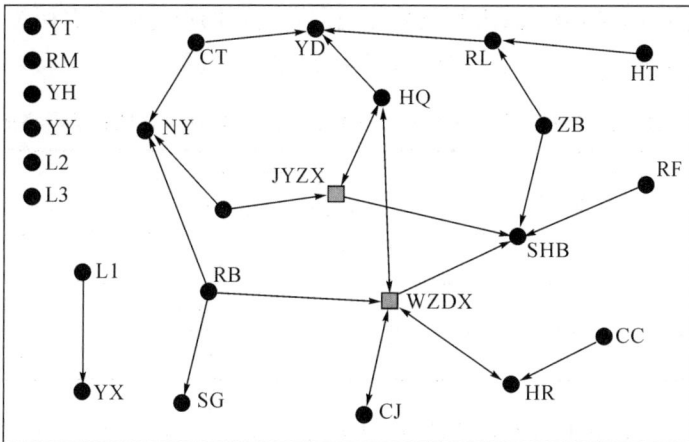

图 7-8 加入了公共检测机构和本地大学的本地生产网络图

整个网络图的点入度数中心势为 11.570%,点出度数中心势为 6.818%,网络的中心性也没有那么高;整个网络图的中间中心势为 0.430%,说明在这个网络图中,权力并没有明显集中于某些企业。对这种分析结果的解释是:一是企业的供应商名单很难获得,我们只是从其口中得知一些最主要的供应商或有生产联系的企业名称,这样会遗漏一些实际上存在的分工协作关系。二是温州汽车零部件行业的组织特征决定了这种稀疏的关系。前文提到,温州汽车零部件工业的产品涉及 6 大类 4000 多个品种,不同零部件行业都有 50~200 家的企业在同质化生产,因此当抽样企业涉及不同产品领域时,生产联系不多。但整车企业、汽车轴承、标准件、弹簧等领域样本企业的生产联系性明显比较高。三是优秀企业对本地生产网络的"脱离"。科技水平高的大企业普遍在全球范围选择核心供应商或生产协作商,由于温州本地产业区的配套企业多数是技术水平低的中小企业,无法满足大企业的配套需求,如高品质的表面处理外加工(电镀),因此随着企业规模扩大、技术提升,反而开始脱离本地生产网络。这一问题体现在本地生产网络图上,因为本书样本企业60%为亿元以上企业。

其二,加入了公共检测机构和本地大学的本地生产网络,联系更为紧密。笔者在问卷中询问了样本企业与本地检测机构(浙江省汽车摩托车配件产品质量检验中心)和本地大学(温州大学)是否有技术和服务上的联系,并相应改写矢量矩阵和网络图(见图7-8)。加入了公共检测机构和本地大学的本地生产网络图的密度为0.0483,比图7-7有所提高;整个网络图的度数中心度为16.667%(点入与点出度相同),网络的中心性也有所提高;整个网络图的中间中心度为10.650%,明显高于图7-7(见表7-7)。

表7-7 样本企业生产关系网络和加入了公共检测机构、本地大学的关系网络的分析结果

| 网络图 | 连接数<br>(ties) | 密度<br>(density) | 度数中心度<br>(degree centrality) | | 中间中心度<br>(betweenness centrality) |
|---|---|---|---|---|---|
| | | | 点入 | 点出 | |
| 图7-7 | 13 | 0.0257 | 11.570% | 6.818% | 0.430% |
| 图7-8 | 29 | 0.0483 | 16.667% | 16.667% | 10.650% |

其三,样本企业的中心性特征,从单个样本企业在本地生产网络中的地位来看,有如下特征:首先,整车企业的中心性最高。以度数中心度来衡量,在图7-7中,样本企业YD(特种整车)、NY(纯电动汽车)的中心性最高,分别达到13.636,这由汽车工业的组装特性决定。YD集团的核心部件由合作方陕汽集团下属企业提供,但其他次要配件均在本地采购,其中样本企业RL集团是其最大的底盘系统供应商,占30%的采购比例;样本企业HQ、CT分别为其提供滤清器和散热器。其次,在以中间中心度考察样本企业在网络中的权力时,整车企业YD最高,为15.152,RL居第二,为13.420。可见,除了整车企业,RL集团由于是温州规模最大的零部件企业,生产汽车底盘系统零部件,产品接近系统集成性质,它除了为本地整车配套外,还同时接受大量本地企业的配套供应。从权力控制的角度看,RL这种从事类系统集成的零部件大型企业,在更大程度上居于其他样本企业中间,在本地生产网络

中具有更大的对信息、生产联系的控制权力。最后,检测机构(JCZX)、本地大学(WZDX)的度数中心度均较高,显示了这些企业在本地产业区中的重要地位,与企业发生着较为紧密的联系;相对于本地大学,检测机构的地位并没有那么突出,特别是从中间中心度上看,检测机构(4.698)的权力远远低于一些样本企业。由于上规模的企业一般都会建立自己的产品检测中心,地方政府提供的公共检测机构多是为中小企业服务,而且多是客户要求必须出具第三方检测报告时才会发生;而本地大学与产业区企业的技术、培训联系则更为频繁(见表 7-8)。

表 7-8 样本企业两类标准化的中心度分析结果

| 企业　　　项目 | 度数中心度 (degree centralithy) | | 中间中心度 (betweenness centrality) | |
|---|---|---|---|---|
| | 图 7-7 | 图 7-8 | 图 7-7 | 图 7-8 |
| HT | 4.545 | 4.167 | 0.000 | 0.000 |
| HR | 4.545 | 8.333 | 0.000 | 5.435 |
| CJ | 0.000 | 4.167 | −0.000 | 0.000 |
| YT | 0.000 | 0.000 | −0.000 | 0.000 |
| L1 | 4.545 | 4.167 | 0.000 | 0.000 |
| RB | 9.091 | 12.500 | 4.329 | 8.841 |
| YD | 13.636 | 12.500 | 15.152 | 7.862 |
| RM | 0.000 | 0.000 | −0.000 | 0.000 |
| SHB | 9.091 | 16.667 | 4.329 | 12.802 |
| NY | 13.636 | 12.500 | 11.255 | 5.000 |
| HQ | 4.545 | 12.500 | 0.000 | 8.019 |
| YH | 0.000 | 0.000 | −0.000 | 0.000 |
| YY | 0.000 | 0.000 | 0.000 | 0.000 |
| SG | 4.545 | 4.167 | 0.000 | 0.000 |
| RF | 4.545 | 4.167 | 0.000 | 0.000 |
| L2 | 0.000 | 0.000 | −0.000 | 0.000 |
| RL | 13.636 | 12.500 | 13.420 | 6.787 |
| L3 | 0.000 | 0.000 | 0.000 | 0.000 |
| CT | 9.091 | 8.333 | 12.121 | 2.597 |

| 项目<br>企业 | 度数中心度<br>(degree centralithy) | | 中间中心度<br>(betweenness centrality) | |
|---|---|---|---|---|
| | 图 7-7 | 图 7-8 | 图 7-7 | 图 7-8 |
| ZB | 9.091 | 8.333 | 7.792 | 4.372 |
| YX | 4.545 | 4.167 | 0.000 | 0.000 |
| CC | 4.545 | 4.167 | 0.000 | 0.000 |
| WD | 4.545 | 8.333 | 0.000 | 1.534 |
| JYZX | | 12.500 | | 4.698 |
| WZDX | | 20.833 | | 21.184 |

### (二)结构洞分析:嵌入全球生产网络后的权力重组

1.结构洞理论及方法

Henderson 等(2002)、Coe、Dicken 和 Hess(2008)区分了 GPN 的公司权力、制度权力和集团权力。本书主要探讨公司权力,即 GPN 中的领先企业在网络中的权力,以及地方产业区的企业在融入 GPN 过程中的权力变化,这些权力影响着 GPN 中的价值分配。地方生产网络嵌入全球生产网络后,权力与价值在企业间进行了重新分配。下文通过 SNA 中的结构洞(structural holes)方法来考察这种变化与重组。

Burt(1992)用结构洞来表示网络中的非冗余联系,结构洞能够为其占据者获取信息利益和控制利益提供机会,从而比网络中其他位置上的成员更具有竞争优势,是一种网络权力。由于结构洞代表了至少三个行动者之间关系构成的一种特殊结构,这种结构可以为中间人(broker)带来利益,结构洞的这种经纪行为(brokerage)也是一种社会资本(伯特,2008)。结构洞的测量有两种方法,一种是中间中心度指数,另一种是 Burt(1992)本人给出的结构洞指数。结构洞指数包括有效规模(effective size)、效率(efficiency)、限制度(constraint)和等级度(hierarchy)四项内容,比中间中心度指标更加丰富(刘军,2009),本书使用结构洞指数。

(1)有效规模(S)

一个行动者的有效规模等于该行动者的个体网规模减去网络的冗余度(redundancy),即网络中的非冗余因素。行动者 $i$ 的有效规模表示为

$$S_i = \sum_j (1 - \sum_q p_{iq} m_{jq}), \quad q \neq i, j \tag{7-3}$$

其中:$j$ 为与自我点 $i$ 相连的所有点;$q$ 是除了 $i$ 或 $j$ 之外的每个第三者;$p_{iq}$ 为行动者 $i$ 投入 $q$ 的关系所占比例;$m_{jq}$ 是 $j$ 到 $q$ 的关系的边际强度($j$ 到 $q$ 的关系取值除以 $j$ 到其他点关系中的最大值);$p_{iq} m_{jq}$ 为自我点与特定点 $j$ 之间的冗余度。

(2)效率(E)

一个点的效率等于该点的有效规模与实际规模之比。

(3)限制度(C)

一个点受到的限制度,是此点在自己的网络中拥有的运用结构洞的能力。Burt(1992)认为,"你自己的机会受到的限制取决于两点:一是你曾经投入了大量网络时间和精力的另外一个接触者 $q$,二是 $q$ 在多大程度上向接触者 $j$ 的关系投入大量精力"。因此得到限制度的操作化定义,即行动者 $i$ 受到 $j$ 的限制度指标为 $C_{ij}$,则

$$C_{ij} = (p_{ij} + \sum_q p_{iq} m_{jq})^2 \tag{7-4}$$

其中:$p_{ij}$ 为直接投入;$p_{iq}$ 是在行动者 $i$ 的全部关系中投入 $q$ 的关系占总关系的比例;$\sum_q p_{iq} m_{jq}$ 为间接投入。

限制度是测量结构洞的最重要指标(刘军,2009)。

(4)等级度(H)

等级度是限制性在多大程度上集中在一个行动者身上。一个点的等级度越大,该点受到的限制越大。等级度用科尔曼—泰尔失序指数(Coleman-Theil disorder index)计算:

$$H = \frac{\sum_i \left(\dfrac{C_{ij}}{C/N}\right) \ln\left(\dfrac{C_{ij}}{C/N}\right)}{N\ln(N)} \tag{7-5}$$

其中:$N$ 是点 $i$ 的个体网规模;$C/N$ 是各个点的限制度的均值。

2. 嵌入 GPN 的地方生产网络结构与权力变化

从售后服务市场走向全球整车配套市场,是温州汽车零部件产业区重构的主要路径,其实质是地方产业区在新的国际劳动分工背景下,摆脱相对封闭的本地生产网络,谋求对全球汽车生产网络的镶嵌,以获取更多价值。但这种网络嵌入对地方生产网络的结构和权力分配产生了重要影响。以下的分析将把 GPN 领导企业(通用)与其地域镶嵌的地方生产网络(温州汽车

零部件样本企业的本地生产网络)关联在一起,比较本地生产网络由此发生的变化。选择通用(GM),是因为在问卷调查中,有 34.8% 的样本企业是GM 的配套商(见表 7-6),对其分析具有一定代表性。加入了 GM 的样本企业生产网络变成图 7-9 所示的形态,网络的连接数增加到 21 条,网络密度提高到 0.038;没有任何生产联系的孤立点只剩下 L2 和 L3,这是两家作坊式的样本企业,产品主要供应售后维修市场。

通过进一步对中心性和结构洞的分析,还可以得出以下结论。

其一,本地生产网络的中心性增强。在加入了 GM 后(见图 7-9),样本企业的本地生产网络(见图 7-7)的度数中心势出现了分化。由于 GM 作为整车厂,处于汽车配套体系的最顶端,有 8 家样本企业为其配套,所以整体网络的点入度数中心势从 11.570% 增加了近两倍,达到 32.325%;同时点出度数中心势有所减小。图 7-9 的中间中心势为 0.670%,比图 7-7 也有所增加(见表 7-9)。看似稀疏的温州汽车零部件生产网络,在放大了观察尺度以后,在 GPN 视角下,其网络的整体中心性增强,即生产网络的"群体权力"增强。当然,这种"群体权力"并没有在网络中平均分配。

其二,GPN 的领导企业 GM 对配套企业的限制性最大。表 7-10 显示了用 Ucinet 6 计算的图 7-9 中样本企业间的两两限制度(dyadic constraint)结果。每个数字表示对应的"横行企业"受到"纵列企业"的限制度,缺省表示限制度为 0。可以明显看出,整车厂 GM 对样本企业配套商具有相对较高的限制度。GM 对样本企业 CJ、YT、RM、YH、YY 的限制度都到达最大值 1,同时 GM 受到这些配套企业的限制度均为 0.02,限制度是测量结构洞的最主要指标,说明 GM 在本研究的生产网络中,拥有更大的运用结构洞的能力。另外几个最大限制度出现在单一性供货的企业间,例如作坊企业 L1 受到 YX 的百分百限制,因为 L1 的产品刹车片只向 YX 供货;但几家规模较大的样本企业受到其上级企业的限制,并不能说明什么问题,因为这些大企业可能有多个供货对象,而这些对象并没有出现在我们的样本中。

表 7-9　样本企业生产关系网络和加入了通用(GM)的生产网络的分析结果

| 网络图 | 连接数 (ties) | 密度 (density) | 度数中心势(degree) | | 中间中心势 (betweenness) |
|---|---|---|---|---|---|
| | | | 点入 | 点出 | |
| 图 7-7 | 13 | 0.0257 | 11.570% | 6.818% | 0.430% |
| 图 7-9 | 21 | 0.0380 | 32.325% | 5.104% | 0.670% |

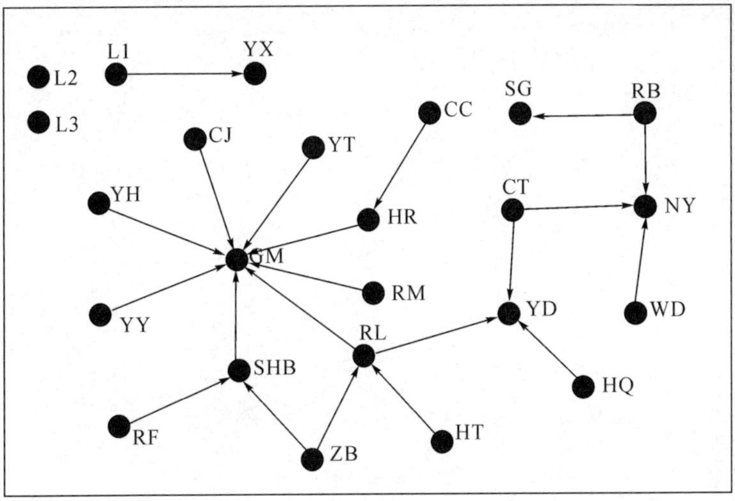

图 7-9　加入通用(GM)的样本企业生产网络图

其三,在纯粹的样本企业本地生产网络中,整车厂和接近系统集成的零部件企业结构洞指数最高。表 7-11 显示了图 7-9 生产网络的结构洞测量,涉及有效规模(S)、效率(E)、限制度(C)和等级度(H)四项指标。在纯粹的样本本地生产网络中,样本企业 YD、NY 两家本地整车厂,以及生产底盘系统集成产品的 RL 有着最高的有效规模($S=3$),说明它们在网络中占有最多的非冗余因素;同时,这三个企业的限制度是除去孤立点以外最低的,为0.333,它们运用结构洞的能力最强。当然,它们的等级度也是最低的,限制性并没有集中在它们身上。而有效规模最低、限制度最高、等级度最高的样本企业,包括 HT、L1、WD 等,这些样本企业的共同特征是生产非系统集成性的细分领域零部件,有些甚至只生产单一产品并向少数或单一企业供应,如 L1(刹车片)、WD(减震器)等。

其四,GPN 的领导企业 GM 占据更多的结构洞。如表 7-11 所示,在加入了 GPN 领导企业 GM 后的生产网络中,GM 明显成为有效规模最高($S=8$)、效率最高($E=1$)、限制度除了孤立点以外最低($C=0.125$)、等级度最低($H=0$)的企业,GM 占有最多的非冗余因素,而受到的限制最少,成为这个嵌入了 GPN 的样本地方生产网络中占据结构洞最多、公司权力最大的企业。

表7-10　23家样本企业及 GM 组成的生产网络中企业间两两限制度测量

|  | HT | HR | CJ | YT | L1 | RB | YD | RM | SHB | NY | HQ | YH | YY | SG | RF | L2 | RL | L3 | CT | ZB | YX | CC | WD | GM |
|---|---|---|---|---|---|---|---|---|---|---|---|---|---|---|---|---|---|---|---|---|---|---|---|---|
| HT |  |  |  |  |  |  |  |  |  |  |  |  |  |  |  |  |  |  |  |  |  |  |  |  |
| HR |  |  |  |  |  |  |  |  |  |  |  |  |  |  |  |  |  |  |  |  |  | 0.25 |  | 0.25 |
| CJ |  |  |  |  |  |  |  |  |  |  |  |  |  |  |  |  |  |  |  |  |  |  |  | 1 |
| YT |  |  |  |  |  |  |  |  |  |  |  |  |  |  |  |  |  |  |  |  |  |  |  | 1 |
| L1 |  |  |  |  |  |  |  |  |  |  |  |  |  |  |  |  |  |  |  |  | 1 |  |  |  |
| RB |  |  |  |  |  |  |  | 0.25 |  | 0.25 |  |  |  | 0.25 |  |  |  |  |  |  |  |  |  |  |
| YD |  |  |  |  |  |  |  | 0.11 |  |  | 0.11 |  |  |  |  |  | 0.11 |  | 0.11 |  |  |  |  |  |
| RM |  |  |  |  |  |  |  |  |  |  |  |  |  |  |  |  |  |  |  |  |  |  |  | 1 |
| SHB |  |  |  |  |  |  |  |  |  |  |  |  |  |  | 0.11 |  |  |  | 0.11 | 0.11 |  |  |  | 0.11 |
| NY |  |  |  |  |  |  |  |  |  |  |  |  |  |  |  |  |  |  | 0.11 |  |  |  | 0.11 |  |
| HQ |  |  |  |  |  |  | 1 |  |  |  |  |  |  |  |  |  |  |  |  |  |  |  |  |  |
| YH |  |  |  |  |  |  |  |  |  |  |  |  |  |  |  |  |  |  |  |  |  |  |  | 1 |
| YY |  |  |  |  |  |  |  |  |  |  |  |  |  |  |  |  |  |  |  |  |  |  |  | 1 |
| SG |  |  |  |  |  | 1 |  |  |  |  |  |  |  |  |  |  |  |  |  |  |  |  |  |  |
| RF |  |  |  |  |  |  |  |  | 1 |  |  |  |  |  |  |  |  |  |  |  |  |  |  |  |
| L2 |  |  |  |  |  |  |  |  |  |  |  |  |  |  |  |  | 0.25 |  |  |  |  |  |  |  |
| RL |  |  |  |  |  |  |  |  |  |  |  |  |  |  |  |  |  |  |  | 0.06 |  |  |  | 0.06 |
| L3 |  |  |  |  |  |  |  |  |  |  |  |  |  |  |  |  |  |  |  |  |  |  |  |  |
| CT |  |  |  |  |  |  |  |  |  | 0.25 |  |  |  |  |  |  |  |  |  | 0.25 |  |  |  |  |
| ZB |  |  |  |  |  |  |  |  |  | 0.25 |  |  |  |  |  |  | 0.25 |  |  |  |  |  |  |  |
| YX |  |  |  |  | 1 |  |  |  |  |  |  |  |  |  |  |  |  |  |  |  |  |  |  |  |
| CC |  | 1 |  |  |  |  |  |  |  |  |  |  |  |  |  |  |  |  |  |  |  |  |  |  |
| WD |  |  |  |  |  |  |  |  |  | 1 |  |  |  |  |  |  |  |  |  |  |  |  |  |  |
| GM |  | 0.02 | 0.02 | 0.02 |  |  |  | 0.02 | 0.02 |  |  | 0.02 | 0.02 |  |  |  | 0.02 |  |  |  |  |  |  |  |

**表 7-11 加入通用(GM)的样本企业生产网络与原网络的结构洞指数比较**

| | 有效规模(S) | | 效率(E) | | 限制度(C) | | 等级度(H) | |
|---|---|---|---|---|---|---|---|---|
| | 原网络 | 加入 GM | 原网络 | 加入 GM | 原网络 | 加入 GM | 原网络 | 加入 GM |
| HT | 1 | 1 | 1 | 1 | 1 | 1 | 1 | 1 |
| HR | 1 | 2 | 1 | 1 | 1 | 0.5 | 1 | 0 |
| CJ | 0 | 1 | 0 | 1 | 0 | 1 | — | 1 |
| YT | 0 | 1 | 0 | 1 | 0 | 1 | 0 | 1 |
| L1 | 1 | 1 | 1 | 1 | 1 | 1 | 1 | 1 |
| RB | 2 | 2 | 1 | 1 | 0.5 | 0.5 | 0 | 0 |
| YD | 3 | 3 | 1 | 1 | 0.333 | 0.333 | 0 | 0 |
| RM | 0 | 1 | 0 | 1 | 0 | 1 | 0 | 1 |
| SHB | 2 | 3 | 1 | 1 | 0.5 | 0.333 | 0 | 0 |
| NY | 3 | 3 | 1 | 1 | 0.333 | 0.333 | 0 | 0 |
| HQ | 1 | 1 | 1 | 1 | 1 | 1 | 1 | 1 |
| YH | 0 | 1 | 0 | 1 | 0 | 1 | 0 | 1 |
| YY | 0 | 1 | 0 | 1 | 0 | 1 | 0 | 1 |
| SG | 1 | 1 | 1 | 1 | 1 | 1 | 1 | 1 |
| RF | 1 | 1 | 1 | 1 | 1 | 1 | 1 | 1 |
| L2 | 0 | 0 | 0 | 0 | 0 | 0 | 0 | — |
| RL | 3 | 4 | 1 | 1 | 0.333 | 0.25 | 0 | 0 |
| L3 | 0 | 0 | 0 | 0 | 0 | 0 | 0 | — |
| CT | 2 | 2 | 1 | 1 | 0.5 | 0.5 | 0 | 0 |
| ZB | 2 | 2 | 1 | 1 | 0.5 | 0.5 | 0 | 0 |
| YX | 1 | 1 | 1 | 1 | 1 | 1 | 1 | 1 |
| CC | 1 | 1 | 1 | 1 | 1 | 1 | 1 | 1 |
| WD | 1 | 1 | 1 | 1 | 1 | 1 | 1 | 1 |
| GM | — | 8 | — | 1 | — | 0.125 | — | 0 |

其五,本地大企业的结构洞指数在加入 GM 的网络图中有所提升。在加入了 GM 后的生产网络中,HR、RM、SHB、RL 这四家样本企业的结构洞

指数提高,特别表现在有效规模的提高和限制度的降低上。这四家企业的平均年产值为12亿元以上,主要生产发动机零部件、汽车电器和底盘系统总成等,是本地汽车零部件行业的龙头企业。可以推断,地方生产网络在嵌入GPN过程中,它们的权力地位得到提升。它们一方面是本地中小零部件企业的上游企业,一方面又直接为跨国整车厂配套,由于具备了"中间人"的地位,它们占据的非冗余因素增加,而受到的限制降低,网络权力得到提升。

3.进一步探讨:基于通用(GM)个体网的结构洞与公司权力

将整体网(见图7-9)与GM直接联系的样本企业剥离出来,形成图7-10所示的GM的个体网,这是一个典型的星形网络。按照Burt(1992)对结构洞的定义,由于GM分别与8家样本企业建立了直接联系,而这些企业之间并没有直接的联系(RL与SHB虽有联系但是通过ZB的间接联系),它们之间的资源传递和信息沟通需要通过GM才能实现。因此,GM占据了8个结构洞,而这8家样本企业并不占据结构洞。结构洞占据越多,越靠近网络的中心,可以获得更多的非冗余信息,成为网络关系中的权力占有者。访谈中了解,即使同样为GM配套,样本零部件企业间并没有技术信息的沟通,它们只是接受整车厂的生产订单指令,按照数量、质量、时间等要求及时供货。例如,样本企业RM为GM供应发动机缸体缸盖,样本企业HR为GM供应发动机电喷燃油泵,虽然都是汽车发动机零部件,但两家企业不会围绕发动机系统实施联合的创新活动,它们之间没有直接关系,它们的信息交流都需要通过GM。实际上,除非是德国、日本、美国等整车下属零部件企业或世界一流的零部件企业,在地方产业区中,同一整车厂的零部件企业之间不存在所谓的"协同创新"。占据众多结构洞的GM在网络的知识交流、信息获取中拥有强大的公司权力,也进一步位于议价能力、价值获取能力的优势端。

4.零部件企业的关系嵌入:关系强弱与公司权力

关系嵌入是经济行动者嵌入其所在的关系网络中,经济行为受其影响和决定(Granovetter,1985)。用关系的强弱性可以解释温州零部件企业在融入GPN过程中对权力与价值的追求。Granovetter(1973)提出了网络关系的强弱概念,在社会网络中,持续时间长、感情深厚、关系亲密、互惠交换多的关系就是强关系,反之为弱关系。在本书中,以合作或联系的紧密程度来界定企业间的强弱关系。Granovetter(1973)认为在资源传递、信息分享的过程中,弱关系显得更为重要,因为强关系中主体间因知识结构、经验和

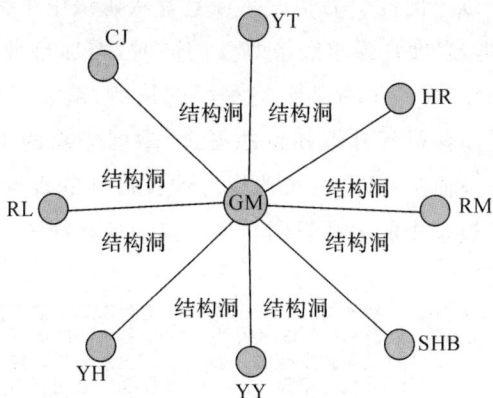

图 7-10　GM 个体网示意图:占据的结构洞

背景等极为相似,获得的是大量的重复信息(冗余信息),而弱关系则可传递多种非重复信息(非冗余信息),有利于增进网络价值。在与跨国整车厂建立配套关系后,温州汽车零部件企业与整车厂之间的合作关系是比较紧密的,特别是如果零部件企业只为 1~2 家整车厂配套时,这种关系可以看作强关系。

　　强关系有利于创新,前文对于配套企业在技术、管理、流程上的进步已经做了说明,其机制主要是知识分享、溢出扩散,以及互补性资源的获取。其中互补性资源主要是指,企业创新仅仅依靠内部资源是不够的,外部知识同样重要,当获得外部知识的交易费用过大而难以获取时,通过网络的强关系获取互补性的知识资源就成为可行方案(Arora 和 Gambardella,1990)。但配套企业难以通过强关系获得持续的创新能力,例如在完成了技术与流程升级后,很难继续向产品功能升级迈进。实际上,配套企业与整车厂的知识分享与溢出效果,也直接取决于配套企业的自身创新能力和消化吸收能力。因此,GPN 中的强关系促进创新是有条件限制的,且容易陷入强关系锁定(strong relationship lock-in)。

　　弱关系也有促进创新的作用,弱关系代表了新的信息来源,是网络成员获取外部信息的重要渠道。所以,在嵌入 GPN 过程的初期阶段,样本企业大多享受到了建立强关系带来的好处,包括技术、管理和流程的升级;而在稳定了配套关系以后,样本企业避免被强关系锁定的重要途径是弱化这些关系,即进入多个整车厂的配套体系。从 14 家有配套行为的样本企业来看,11 家企业建立了 3 个以上的配套关系,产值排前 5 名的企业 RL、SHB、RM、

CJ、RB 均有 10 个以上的配套品牌。而且笔者从访谈中了解，企业一般会倾向于增加配套品牌，以便在谋求经济效益的同时，增加自身的自由度和主动性。多个品牌配套即降低了对某个整车厂的依赖，减弱了与整车厂关系的强度，更有利于增加获得互补性知识的渠道，掌握创新的主动性，提高议价能力，这实际上是一种在 GPN 中公司权力地位提升的表现。温州汽车零部件企业嵌入 GPN 过程中的关系强弱与公司权力变化如图 7-11 所示。

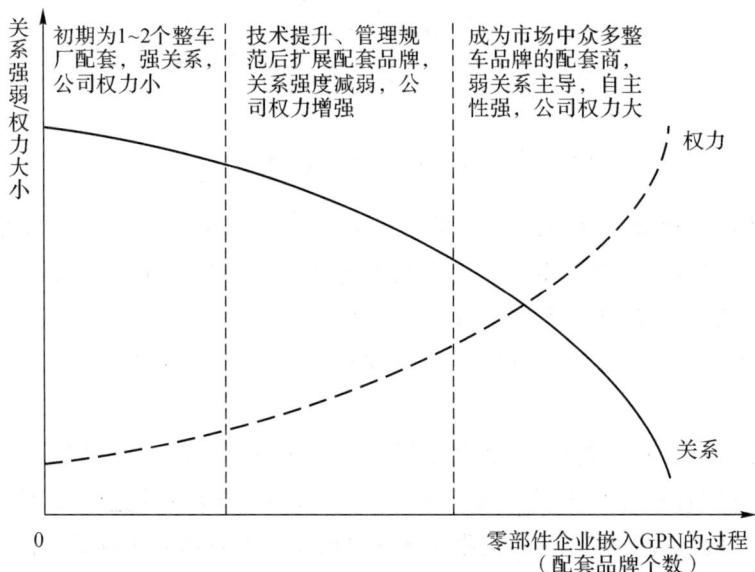

图 7-11　零部件企业嵌入 GPN 过程中的关系强弱与公司权力变化

## (三)产业区重构过程中的生产网络分异

### 1. 生产网络分异：脱离本地"社群市场"

Dei Ottati(1994)提出了产业区的"社群市场"(communitarian market)治理概念，即"市场"与"社群"的组合，在社群市场内部，企业间基于信任与互惠形成本地化竞合关系。产业区专业化分工精细，同一生产环节有大量中小企业参与竞争；同时，这些企业存在于共同的文化环境中，受社群规范影响，彼此相互合作。传统的温州产业区常被定义为社群市场，瑞安塘下的汽车零部件产业区也同样呈现出这一特征。在产业区形成和发展初期(2000 年以前)，大部分零部件企业技术水平较低，以供应售后维修市场为主，生产工序和配件要求不高，本地配套成为主流。在韩田村这一汽车零部件产业区的发源地,一家企业需要什么配件,往往就直接去亲朋好友的厂里进货;兄长的产品生产有了外加工的需求,为了带着弟弟一起创业,会帮助弟弟办起生产该配件或负责该工序的工厂,社群治理的特征十分明显。在滤清器、标准件、电喷开关的零部件领域,均有 100 家以上的企业同时生产,以价格相互竞争,市场治理的特征也十分明显。

　　然而随着产业区的发展,一些企业逐步壮大,温州汽车零部件的本地生产网络在产业区重构过程中出现了一种有趣的现象:当企业从小作坊不断成长为大企业,从供应售后维修市场到成为整车品牌的配套商后,其本地配套比例呈减小趋势(见表 7-12)。换句话说,企业发展壮大后会倾向于脱离本地生产网络;同时,为整车配套的企业一方面受限于整车企业的要求,向外地甚至国外更优质的零部件企业定向采购或委托外部工序;另一方面,由于提升自身产品品质的要求,企业或者将生产内部化,或者具备了一定的采购实力后放大采购半径,脱离本地配套网络而在国内或全球寻找配套商。

　　通过对样本企业的访谈,大部分样本企业在创业初期都以本地配套为主,但企业壮大后则内部化生产或更多寻求外地的优势配套来源。但这并不表示企业对本地产业链有"歧视",实际上,多数企业反映,如果可以在本地找到合格的配套商,企业当然愿意缩小配套半径,通过外包缩减成本。样本企业 YT 的经理表示,汽车标准件生产企业在开始时都有外包,企业发展到 100～200 人以后,技术不断提升,外包行为大大减少。样本企业 CJ 的金属表面处理(电镀)工序要求高,但温州本地电镀园区中难以找到合格的工厂,企业主管反映:"本地电镀企业为大量的小企业做电镀仍有利润可赚,它们缺乏提升的动力,没有和我们共同成长。"因此,CJ 的半成品要运输到江苏进行表面处理,再运回温州做余下的工序。可见,大企业对本地社群市场的脱离具有必然性,也反映了地方生产网络在产业区重构过程中的制约性。

　　这一脱离过程可以用图 7-12 表示。在产业区的成长发展期,领导企业还处于成长阶段,它们本身也是从本地社群中裂变衍生出的零部件工厂,其生产离不开本地原材料(金属、塑料等)、配件(标准件、开关等)和外加工工序(热处理、电镀等),与本地生产网络结合紧密。在企业成长为领导企业后,大部分企业从售后维修市场进入了整车配套市场,或将产品出口,谋求更稳定的和更大的利润来源;它们与整车跨国公司(ATNCs)、上游零部件企业结成更紧密的联系,由于本地配套企业无法满足其配套要求,它们扩大配套半径,逐步脱离本地网络,本地生产网络在嵌入 GPN 过程中出现分异。

表 7-12　样本企业的本地配套与外地配套比较

| 样本企业 | 零部件产品 | 本地配套与外地配套比较 |
|---|---|---|
| RM | 发动机缸体 | 本地配套率 10%，为标准件等；铝锭等主要原材料来自上海、山东 |
| CJ | 汽车电器 | 2005 年以前，电路板 100% 本地配套，现在 95% 为外地或国外（日本等）配套；塑料材料原来用本地的，现均为外地或国外进口 |
| RL | 底盘总成 | 原材料即配件供应商共 130 多家，其中本地配套率 40%，为标准件、冲压件、弹簧、塑料件等；关键部件在杭州、宁波配套 |
| HR | 电喷燃油泵 | 发展初期本地配套率 30% 左右，目前本地配套率 15%，漆包线、模具、氧化等外包工序在江苏 |
| NY | 纯电动汽车 | 本地配套率 30% 左右，为座椅、标准件、弹簧、减震器、雨刮器等；核心部件如电池、电机、控制器等由上海优耐特供应 |
| SG | 汽车水泵 | 本地配套率 8% 左右，瑞安 20 多家，为轴承、刀具等 |
| YY | 电喷燃油泵 | 原来本地外加工企业 30 多家，如电镀等，近年来不断减少，目前大部分工序自己做，喷油嘴、氧传感器等关键部件来自德国西门子、日本企业等 |
| CT | 散热器 | 小配件本地购买或外包加工，塑料、铅等原材料大部分来自广东、宁波，钎焊等关键设备来自日本 |

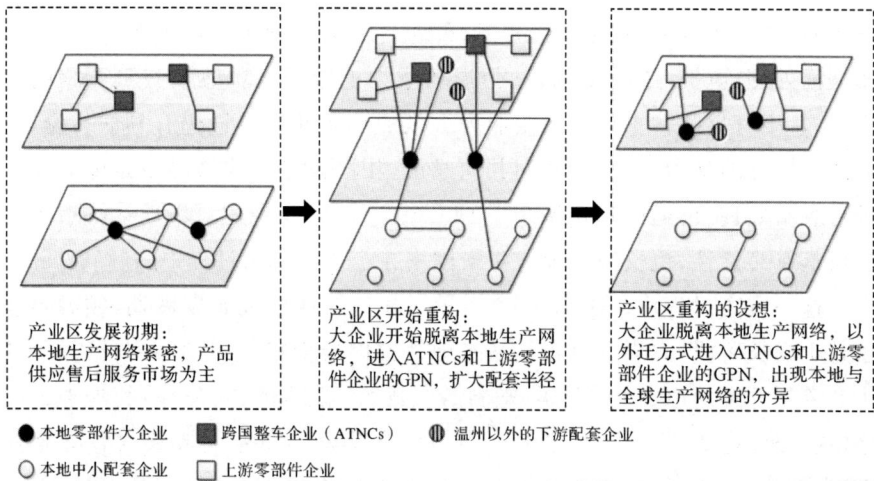

图 7-12　温州汽车零部件产业区重构的一种可能的生产网络分异过程

2."技术看门人"作用弱化与空间外迁的顾虑

产业区升级的一个关键能力是所谓的吸收能力(absorptive capacity),即产业区吸收、扩散和创造性使用外部知识的能力(Giuliani,2005)。吸收作用的发挥常常依靠产业区内的大企业,它们充当了"技术看门人"的角色。也有一些学者认为产业区的领导企业也可能与本地知识网络完全分离,"技术看门人"并不一定存在(Boschma,2005)。笔者认为这需要分行业而论,与工业生产特性和分工组织特性有关。对于温州汽车零部件产业区,大企业脱离社群市场反映了一个重要信息:零部件企业在嵌入全球生产网络的同时,也在脱离本地的生产网络。这种脱离实际上产生了两个主要后果。

其一,大企业难以扮演所谓的"技术看门人"角色,对本地产业区升级的带动性弱化。表现在本地产业区本来可以在一部分大企业嵌入 GPN 时,获得更多的获取外部知识的通道,但由于生产联系的弱化,反而丧失了知识流动的机会。访谈中了解,有整车配套行为的样本企业一方面"看不上"本地的配套商;另一方面强化了对技术工艺、知识产权的封闭,因为在社群市场同质化竞争环境下,它们不能轻易地去培养竞争对手。而且,由于这些大企业在本地比例不高的配套中,主要以技术工艺简单的零部件和标准要求不高的加工工序为主(见表 7-11),它们从外部得到的技术知识和信息也无法与本地的配套企业真正对接,出现了"知识错位"。

其二,对本地生产网络的脱离使领导企业有了空间外迁的条件。一方面,从样本企业调查来看,年产值上亿元的样本企业 80%都在外设有生产基地,如 CJ、SHB 在上海,YH 在成都,SG 在绍兴,HQ 在安徽芜湖,RM 在武汉、柳州、重庆等。这些生产基地大部分围绕国内整车厂集中区域布局。另一方面,由于领导企业对技术研发的重视,大多数企业会寻求与本领域内一流院校机构的技术合作。调查发现,中科院、清华大学、一汽、上汽、陕汽的研究院,浙江大学、浙江工业大学、浙江机电学院、宁波工程学院、西北工业大学、哈工大等是出现频率最高的技术合作机构。同时,为了留住研发人才,RM、CJ 等企业在上海设立了研发中心。生产基地的外迁,加上不断增强的与外部科研院校的联系和研发中心的外迁,为企业整体外迁做好了铺垫。样本企业多表示,它们不再依赖本地配套网络,未来视发展情况将考虑整体外迁。访谈中了解,目前还没有外迁的原因,主要是企业家对故乡的留恋、本地文化认同、亲朋企业的依赖、政府和社会所给予的名誉地位等,这些可以理解为一种所谓地方"厚制度"对外迁行为的阻滞。

# 第八章 结论、启示与展望

## 第一节 主要结论

在产业区研究兴起之初,产业地理集聚的各种好处被大量关注,却忽视了集聚的负面效应,这与传统的区域不平衡发展理论(关注区域演化的正负两面)有所违背。产业区不是一个静态的发展模式,具有结构上的不稳定性,变化是其本质。近年来,产业区研究逐渐指向演化、转型、重组等超越静态截面的变化过程,案例实证也呈现多样化格局。本书在梳理国内外产业区重构理论与案例的基础上,重点考察并讨论了温州这一内生增长的中国工业化先行地区的产业区重构问题,主要结论如下。

其一,产业区重构理论的完善应当从多学科汲取营养。非均衡发展理论为产业区重构提供了早期的理论渊源,因为在非均衡视野下,纷繁复杂的区域发展差异、区域变迁(无论是新生、衰退还是重构)才有研究前提和意义。在马克思与熊彼特的经济周期理论和技术、产品、产业周期理论基础上,在经济地理演化范例激发下,集群(产业区)生命周期理论渐成热点,为探讨重构过程提供了时间轴分析框架。制度在产业区重构中的作用不应被忽视,经济地理的制度转向从重视制度形式及构造到更为强调制度过程,强调制度、经济、文化、政治形式的共同演化,以此来理解区域发展的制度动力。演化经济地理理论的广义达尔文主义、复杂性理论和路径依赖理论为产业区重构研究提供了大量概念隐喻与分析方法,产业区重构可以理解为突破路径依赖与负锁定的路径创造或其他响应。技术学习、创新及其发生机制是理解产业区重构的重要线索,学习型产业区、学习场的构建是产业区的升级方向。全球化下的地方发展理论,为地方产业区在全球价值链治理框架和全球生产网络中谋求升级之路提供了理论营养。

其二,应多维度构建产业区重构的理论框架,在分类和比较中归纳产业区重构的特征、模式与动力机制。产业区重构源于西方对集聚优势的质疑和对衰退产业区的解释。不断强化的地区专业化、大企业的过度主导等,都容易使产业区陷入所谓的锁定,并使产业区更易受到外部改变的冲击,去地方化是集群周期演化的题中之义。产业区重构问题应当在新国际劳动分工及区域生产体制的变化背景下讨论;产业区重构可以理解为对地区负锁定的一个响应集合,是产业区生命周期的一个特定阶段。产业区重构主导机制的核心是"易于变化",如知识异质性、产业区适应力、学习与知识吸收能力、弹性、恢复力等。全球化、地区差异、行业差异、发展环境与阶段不同均导致产业区重构的多样性,但从是否依赖旧有路径角度,仍可将产业区重构模式分为"嘈杂的重构"与"安静的重构"、"深度重构"与"适应性重构"等。全球产业区重构的案例可以归纳为:欧美老工业区的重构,以美国"锈蚀带"和德国鲁尔区为代表;高技术产业区的重构,以 128 公路、硅谷与剑桥为代表;马歇尔产业区的重构,以第三意大利为代表;新兴工业化国家的重构,以东亚、南美、南非为代表。不同类型的产业区,其重构的特征、模式、动力机制存在差异。中国正处在快速转型期,计划经济体制下的重工业区(老工业区)、东部沿海的专业化产业区、中西部欠发达地区存在大量的产业区重构研究资源,而突出的重构现象出现在上海、浙江、苏南、广州等沿海地区。

其三,20 世纪 80 年代的温州更类似于传统的马歇尔产业区,像第三意大利一样,利用外部规模经济获得竞争优势的大量小企业在地方集聚。温州产业区的起源是产业特定要素在地方固定,偶然事件和地区历史传统是不可或缺的条件。规模报酬递增、分工与交易成本、演化经济地理理论可以解释温州产业区的形成过程。20 世纪末开始,温州经济平稳中呈现下降态势,特别是 2008 年全球金融危机后。现有文献从空间、全球化和技术学习角度的重构研究反映了温州产业区对区域锁定的现实响应。产业区空间重构往往表现出形式多样化、部门差别化、空间尺度叠加化、动力机制复杂化的特征。对于全球化背景下的温州产业区重构研究只是涉及全球价值链升级的认识,缺少地方生产网络与全球生产网络互动,以及全球生产网络嵌入的权力分配和升级阻力问题的考察。对于温州通过区域创新系统的构建实现技术升级,或向所谓的"学习型产业区"转化,还得不到有力的证据支持。产业区重构是一个动态过程,但现有文献缺少对温州产业区重构和演变过程的机制探讨。

其四,温州产业区空间重构具有多重性,即空间重构形式多样化、部门差异化、多尺度化、多模式化。区域内的空间重构呈现出企业从发源地向更高层级区域扩展的路线图,这一过程再造了温州本地的产业地理格局。上海、广州、四川、重庆、江西等地是温州产业国内迁移的主要目的地,特别是生产性迁移;而研发性迁移和总部性迁移集中于上海、广东;多元化迁移分布广泛。样本企业平均外迁年份为2003年。8个样本行业的迁移特征存在差异。美国、阿联酋、俄罗斯是温州企业对外投资最多的3个国家;温州企业跨境的市场或贸易性投资最多;鞋革行业是对外投资项目最多的行业。温州产业区空间重构是劳动空间分工演进的结果,通过"产业区分工演进—空间重构"模型可以解释,在2005年前后,产业区的继续分工演进放大尺度到国内甚至全球范围。温州产业区的企业迁移可分为低生产成本寻求型、低交易成本寻求型、产业升级型、生产网络转换型、经营风险规避型,不同样本行业在迁移类型上存在差异。三种空间重构模式值得关注:一是通过寻求低成本的空间扩散,在更大空间尺度上继续分工深化;二是生产网络转换的空间重构,表现为对全球生产网络的嵌入,并出现以国内尺度代替全球尺度的现象;三是产业区学习空间的重构,在缺乏本地知识要素的条件下,通过放大空间尺度,建立跨界学习系统,促进产业区技术升级。

其五,温州水头皮革产业区的演化案例,展现了适应性重构的过程机制与构建弹性产业区的重要性。在出现环境锁定后,水头皮革产业区突破锁定的响应主要是一种以产业更新为表现的适应性重构,即以皮带和宠物用品两个新产业对老的皮革制革产业进行了替代。新产业的出现有其触发与机会的偶然性,但也离不开企业、政府、本地厚制度的选择环境作用,以制度柔性和信任机制为主的本地厚制度在新路径创造中起到重要作用。水头皮革产业区的适应性重构伴随着路径依赖创新。产业区周期性演化过程不是单一、线性的由始而终的过程,也没有什么绝对的均衡,是多产业、多周期叠加的一个动态的开放过程。区域适应力和产业区弹性是解释"为什么一些区域经济可以自我更新或脱离锁定,而另外一些却越发锁定并陷入衰退"的关键;制度、相关多样性和行业特性是弹性的主要影响因素。

其六,温州汽车零部件产业区既有本地生产网络,又在嵌入全球生产网络,其重构过程为全球化下的地方产业区转型模式提供了案例补充。温州汽车零部件产业区是典型的内生增长,是一种社群市场,通过模仿售后市场上简单易制造的零部件起家。产业区重构的主要模式是从售后服务市场走向全球整车配套市场,其实质是地方产业区在新的国际劳动分工背景下,摆脱相对封闭的本地生产网络,谋求对全球汽车生产网络的镶嵌,以获取更多价值。但这一过程中的权力重组具有显著的不均衡性,在纳入全球汽车跨国公司后,生产网络的群体权力增强,而 GPN 的领导企业(其次是本地大企业)拥有最大的公司权力。在嵌入 GPN 时,地方零部件企业容易陷入强关系锁定,产业区的企业一般会增加配套品牌,减弱与整车厂关系的强度,实现在 GPN 中公司权力地位的提升。产业区重构过程中,一些领导企业与整车跨国公司(ATNCs)、上游零部件企业结成更紧密的联系,并逐步脱离本地网络。大企业难以扮演所谓的"技术看门人"角色,对本地产业区升级的带动性弱化,并有空间外迁的条件。

# 第二节 政策启示

通过对产业区重构理论及国内外案例研究,以及温州产业区重构的多维度探讨,得到以下主要的政策启示。

其一,产业区是动态概念,有自身的演化规律,集聚不是永恒的。党的十八届三中全会提出要处理好政府与市场的关系,产业区的起源、形成、演化、衰退、重构过程,更多的是"市场力"的作用。清醒并深刻认识这一规律对于中国地方产业区的问题应对、因势利导、持续发展非常重要。包括以大企业为主的欧美老工业区、以中小企业为主的第三意大利、以高科技为主的128 公路和剑桥区、以出口导向为主的新兴工业化国家的产业区,都已经或正在经历重构,政府的重建计划很多是无效的,根本原因是没有尊重产业区演化的规律。如本书所述,温州的企业外迁问题是在分工演化下,产业区扩大空间尺度的必然响应。但政府一直希望以行政力量阻碍企业外迁,并大力鼓励在外温商回归,最终的成效并不好,社会分工仍处于退化区间。而广东的做法就值得借鉴,其通过产业和劳动力"双转移",因势利导、"腾笼换鸟",通过"转移园区"将低成本劳动力的产业转出,为高新技术产业留出空间。

其二,温州产业区空间重构地图表明,寻求技术和品牌升级的企业倾向于向上海、广东等研发及市场中心城市进行战略转移;有些企业甚至在全球尺度配置创新资源,如将设计室放在意大利。这种地方化学习的空间尺度放大对于缺乏知识要素、创新资源的内生产业区具有政策启示：一方面，从长远来看，地方政府需要全面营造适合创新资源附着的城市环境，以加快积累本地知识资产；另一方面，近期可以见效的工作是，出台鼓励政策，促进外部创新资源的导入（如建立科研院校的本地技术研究分支机构），并支持企业将本地模仿式创新与外部原发性创新建立长效的沟通渠道（例如周末设计师机制、技术服务契约等），对于企业的研发性迁移给予更多理解和引导，因为这部分企业有助于营造产业区创新氛围。放大空间尺度的学习型产业区是一种"求其次"的产业区技术升级路径，频繁地跨越本地边界的产业区内外部知识交流和技术学习，有助于产业区打破低端锁定。

其三，水头产业区的适应性重构过程反映了产业区演化与更新的动力机制，产业区应当让自身更具弹性，才能应对锁定和外部重大冲击。区域经济不能过于依赖于某一个行业，否则会陷入僵化，但也不能让地区产业太过多样性，而是在二者之间寻找一种平衡，即相关多样性。在产业规划中，地方政府应当更注重产业链的培育，在横向或纵向延伸的产业链上，相关行业更具有相关多样性，这不但有利于产业区的快速增长，也有利于当市场变化、政策变化等冲击到来时，区域内受影响的行业转向本地相关行业，避免整体性衰退，增强产业区适应力。

其四，水头皮革产业区的新产业空间形成过程说明政府总是想培育所谓的战略性新兴产业，但新产业的形成有其自身规律，不但具有触发和机会的偶然性，还需要经历选择环境的筛选，本地制度也影响着新产业的根植性。因此，政府的产业规划和新产业选择一般具有盲目性，所谓"政府总是想在市场后面"；但并不是说产业政策一定无用，关键是介入时点，政府与企业一样是新产业空间形成的"拉马克主义行动者"，政府的扶持政策应当在新产业被触发后的快速形成阶段介入，才能增加成功概率。另外，产业政策必须分行业而定，不能"一刀切"，本书研究显示，行业特性也是决定产业区适应力的重要因素，这对产业政策研究提出了更高要求。

其五，当前地方产业区的发展已经无法摆脱全球化的影响，主动嵌入全球生产网络，并在其中谋求更大权力、获取更多价值、寻求更大发展空间才是当务之急。温州汽车零部件产业区的案例说明，全球生产网络与地方产业区的网络互动与博弈应成为相关产业政策研究的重点。对 GPN 的嵌入应当防止所谓的全球化锁定或强关系锁定，即跨国公司通过在网络中占有更多"结构洞"而对地方节点企业实施控制和价值掠夺。应对的策略包括：

一方面,加大对企业技术创新的支持,向生产网络上游的系统集成层次升级,当具备一定技术能力后,企业更有机会增强配套关系,减少对单个跨国公司的依赖;另一方面,政府应当对企业"走出去"融入全球化给予多方面支持,如组团在国外参展(或提供展位补贴),充当企业应对贸易摩擦的强大后盾,对跨国公司的地方嵌入施加反垄断压力等。

其六,本书对温州汽车零部件产业区的案例研究还发现,大企业融入GPN后会出现对本地生产网络的脱离,这应当引起地方政府的特别关注。产业区内企业的升级不是同步的,大企业率先升级后,要想办法发挥其"技术看门人"作用。例如,打通更多的技术合作渠道,创新合作模式(如对企业研发中心技术成果转化的引导),让大企业发挥"技术看门人"的作用,带动本地中小企业升级。同时,应通过招商引资等方式来强化高新技术企业的本地核心配套环节,如本书提到的汽车零部件行业的电镀(金属表面处理)环节,这也是对本地生产网络整体升级的一种倒逼。

其七,从产业区重构的角度看,"温州模式"是否过时的争论,实际上可以统一于产业区周期性演化范畴。地方产业区的周期性演化又受到国内、世界大环境的影响。"温州模式"的核心是"温州人",敢为天下先的温州人在市场中不断寻找着获利的机会,改革开放前30年的产业在当前形势下不一定适合发展,包括空间重构、产业更新、融入全球化在内,企业的战略转移是必然的,并伴随着产业组织、技术创新和制度变迁。在认识产业区演化规律的基础上,政府不应过多干预企业行为;政府应当正视产业的衰退和重构,不应当急于求成、"有病乱投医"。"思路决定出路",在这种手忙脚乱的思路下,只会出现"摇摆不定"的决策和政策,增加企业的不确定性预期,增加产业区的交易成本。路径依赖理论已经通过大量案例告诉我们,政策没有所谓的最优,次优的政策只要坚持执行也会产生报酬递增。温州过去十多年,发展战略和产业政策多变,一定程度上延误了产业更新时机,浪费了社会资源,出现了"转型升级刻不容缓,一缓就缓了十几年"的尴尬局面,值得反思。政府需要做好自己的事情,并保持政策延续,比如营造良好的城市环境、提供更好的公共服务、促进市场公平等,通过长期努力,降低本地交易成本,让产业区分工演化回到"正常区间"。

## 第三节　研究局限与展望

西方产业区理论传入中国不过十几年,而对产业区重构问题的关注则起步更晚。在历史阶段、制度环境、经济周期等背景差别下,西方产业区理论与案例研究不一定适用于中国的发展情况。中国是一个体量巨大的转型经济体,中国的市场化道路不同于西方,在全球化、信息化、新技术革命不断推进的背景下,中国又在面临"人口红利"弱化、快速城镇化和分权体制下的地方竞争格局。因此,中国地方性产业区的重构研究,在理论构建上必须有更为深刻、更为长期的观察,在实证检验上需要更为丰富的案例,特别是来自于不同类型区域、不同行业的情况。总之,产业区重构理论的建构还处于起步阶段,本书也只是基于温州的案例做了初步的探索。

产业区的演化周期具有长期性,阶段性的判断很容易陷入"短视陷阱"。由于温州产业区的兴起不过30多年,本书对温州产业区重构的几个案例观察是否存在误判,还有待时间的检验。比如,2008年以后的温州产业区增长停滞是自身长周期衰退或转型,还是全球乃至中国大的经济周期下的阶段性表现? 观察时间区间不够长是本书研究的一个局限,但同时说明,这项研究应该保持延续性,笔者也一定会长期关注温州产业区的重构,特别是对本书案例产业区的跟踪研究。

温州有30多个行业性产业区,本书的案例只是覆盖了其中的一小部分,行业性差异会导致产业区重构的过程、模式差异。因此,一方面需要进一步增加案例观察来完善对温州产业区的重构认识;另一方面,更需要通过对中国沿海地区、中西部地区的多个产业区的比较,来深化国内产业区重构的理论和实证研究,这对于转型期中国经济的发展意义重大。

在全球化与知识经济背景下,创新成为企业、产业与区域发展的主要驱动力(王勇、杜德斌,2010)。由于从现有的温州产业区案例和笔者所掌握的数据中,还看不出技术创新对于温州产业区转型与升级的显著作用,路径依赖式的"没有研发的创新"仍是大量中小企业的主要创新方式。虽然在跨地域学习上表现出一些特征,但对于温州学习型产业区的构建,和通过技术创新实现产业区重构还有待更长期、进一步的观察和证明。

为了从空间、时间和网络三个维度观察温州的产业区重构现象,本书选择了不同的行业案例,但这就损失了三个维度在同一行业上的比较机会。虽然每个案例都尽可能寻求演化过程、空间和组织网络的变化,并融入关系、制度与技术学习的分析,但这一"三维框架"毕竟不同于区域经济研究中经典的"技术—组织—区域"框架(Storper,1997),作为一种视角创新,也存在一定局限,有待进一步完善。如何系统地观察产业区重构现象,如何将技术、制度、组织、空间、演化过程、生产网络等要素统一在一个框架内,研究各个因素的共同演化机制,以及如何在相对完善的理论认识上解释这些重构问题,如何建立中西方产业区重构案例的比较研究通道,是今后产业区重构研究深化的重要方向。

# 参考文献

[1] Adizes I. Corporate Lifecycles: How and Why Corporations Grow and Die and What to Do About It[M]. NJ US: Prentice Hall,1989.

[2] Amin A, Thrift N. Globalisation, Institutions and Regional Development in Europe[M]. Oxford: Oxford University Press,1994.

[3] Amin A. The Emilian model: Institutional challenges[J]. EPS,1999,7 (4):389-403.

[4] Amin A. An institutionalist perspective on regional economic development international [J]. Journal of Urban and Regional Research,1999,23(2):365-78.

[5] Amin A,Cohendet P. Architecture of Knowledge: Firms, Capabilities, and Communities[M]. Oxford: Oxford University Press,2004.

[6] Amin A,Thrift N. Neo-Marshallian nodes in global networks [J]. International Journal of Urban and Regional Research,1992,16(4): 571-587.

[7] Arora A,Gambardella A. Complementarity and external linkages: The strategies of large firms in biotechnology[J]. Journal of Industrial Economics,1990,38: 361-379.

[8] Arthur W B. Competing technologies, increasing returns, and lock-in by historical events[J]. The Economic Journal,1989,99: 116-131.

[9] Asheim B. Industrial districts[M]//Clark G,Feldman M, Gertler M. The Oxford Handbook of Economic Geography. Oxford: Oxford University Press,2000: 413-431.

[10] Asheim B, Cooke P, Martin R. The rise of the cluster concept in regional analysisand policy: A critical assessment[M]//Asheim B, Cooke P, Martin R. Clusters and Regional Development: Critical

Reflections and Exploration. New York: Routledge, 2006: 1-29.

[11] Asheim B. "Learning Regions" in a globalised world economy: Towards a new competitive advantage of industrial districts? [M]// Conti S, Taylor M. Interdependent and Uneven Development: Global-Local Perspectives. Aldershot: Ashgate, 1997:143-176.

[12] Audretsch D B, Feldman M P. Innovative clusters and the industry life-cycle[J]. Review of Industrial Organisation, 1996, 11:253-273.

[13] Bagnasco A. Tre Italie: La Problematica Territoriale Dello Sviluppo Italiano[M]. Bologna: Il Mulino, 1977.

[14] Bathelt H, Boggs J S. Towards a reconceptualization of regional development paths: Is Leipzig's media cluster a continuation of or a rupture with the past? [J]. Geography, Economic Geography, 2003, 79(2):265-293.

[15] Bathelt H, Maskell P, Malmberg A. Clusters and knowledge: Local buzz, global pipelines and the process of knowledge creation[J]. Progress in Human Geography, 2004, 28(1):31-56.

[16] Bathelt H. Technological change and regional restructuring in Boston's Route 128 area[M/OL]. IWSG, 1999, http://publikationen. ub. uni-frankfurt. de/frontdoor/index/index/docId/4891.

[17] Becattini G, Bellandi M, De Propris L. A Handbook of Industrial Districts[M]. Cheltenham: Edward Elgar, 2009.

[18] Becattini G. Dal settore industriale al distretto industriale. Alcune considerazioni sull'unità d'indagine dell'economia industriale [J]. Rivista di economia e Politica Industriale, 1979.

[19] Beinhocker E D. The Origin of Wealth: Evolution, Complexity and the Radical Remaking of Economics [M]. London: Random House, 2006.

[20] Belussi F, Sedita S. Localized and distance learning in industrial districts[M]//Belussi F, Sammarra A. Business Networks in Clusters and Industrial Districts. New York: Loutledge, 2010:24-51.

[21] Belussi F. In search of a useful theory of spatial clustering[M]// Asheim B, Cooke P, Martin R. Clusters and Regional Development:

Critical Reflections and Exploration. New York: Routledge, 2006: 69-89.

[22] Belussi F, Gottardi G. Evolutionary Patterns of Local Industrial Systems[M]. Aldershot:Ashgate,2000.

[23] Belussi F, Gottardi G, Rullani E. The Technological Evolution of Industrial Districts[M]. Boston: Kluwer Academic Publishers,2003.

[24] Belussi F, Sedita S. Life cycle vs. multiple path dependency in industrial districts[J]. Euroepan Planning Stdues, 2009, 17 (4): 505-528.

[25] Bernard L W, Robert E F. Regional Growth and Decline in the United States: The Rise of the Sunbelt and the Decline of the Northeast[M]. New York: Praeger Publishers,1978.

[26] Boschma R. Path creation,path dependence and regional development [R]//Simmie J, Carpenter J. Path Dependence and the Evolution of City Regional Economies. Working Paper Series, No. 197. Oxford: Oxford Brookes University,2007:40-55.

[27] Boschma R, Frenken K. Why is economic geography not an evolutionary science? Towards an evolutionary economic geography [J]. Journal of Economic Geography,2006,6(3):273-302.

[28] Boschma R, Frenken K. The emerging empirics of evolutionary economic geography[J]. Journal of Economic Geography,2011,11(2): 295-307.

[29] Boschma R,Iammarino S. Related variety and regional growth in Italy [R/OL]. Working Paper, SPRU, University of Sussex, Brighton, 2007. http://citeseerx. ist. psu. edu/viewdoc/down-load? doi = 10. 1. 1. 144. 5530&.rep=rep1&.type=pdf.

[30] Boschma R, Lambooy J G. Evolutionary economics and economic geography[J]. Journal of Evolutionary Economics,1999,9:411-429.

[31] Boschma R,Lambooy J G. Why do old industrial regions decline? An exploration of potential adjustment strategies[C]. European RSA-congress Dublin,Ireland,1999,8:23-27.

[32] Boschma R, Martin R. Constructing an evolutionary economic

geography[J]. Journal of Economic Geography,2007,7(5):537-548.

[33] Boschma R, Martin R. The Handbook of Evolutionary Economic Geography[M]. Cheltenham: Edward Elgar,2010.

[34] Boschma R, Wenting R. The spatial evolution of the British automobile industry: Does location matter? [J]. Industry and Corporate Change,2007,16(2):213-238.

[35] Boschma R, Asier M, Mikel N. Related variety and regional growth in Spain[J]. Regional Science,2012,91(2):241-256.

[36] Boschma R. New industries and windows of locational opportunity: A longterm analysis of Belgium[J]. Erdkunde,1997,51(1):1-19.

[37] Boschma R. Proximity and innovation: a critical assessment [J]. Regional Studies,2005,39(1):61-74.

[38] Boschma R. Competitiveness of regions from an evolutionary perspective[J]. Regional Studies,2004,38(9):1001-1014.

[39] Boyd R, Richerson P J. Culture and the Evolutionary Process[M]. Chicago: University of Chicago Press,1985.

[40] Brezis E S, Krugman P R. Technology and the life-cycle of cities[J]. Journal of Economic Growth,1997,2:369-383.

[41] Brioschi F, Brioschi M S, Cainelli G. From the industrial district to the district group: An insight into the evolution of local capitalism in Italy[J]. Regional Studies,2002,36(9):1037-1052.

[42] Brusco S. Small firms and the provision of real services[C]//Pyke F, Sengenberger W. Industrial Districts and Local Economic Regeneration. Geneve: International Institute for Labour Studies, 1992:177-196.

[43] Burt R S. Structural Holes: The Social Structure of Competition[M]. Cambridge: Harvard University Press,1992.

[44] Cainelli G, Iacobucci D, Morganti E. Spatial agglomeration and business groups[J]. Regional Studies,2006(40):507-518.

[45] Camagni R. Global network and local milieu: Towards a theory of economic space[C]//Coni S, Malecki E J, Oinas P. The Industrial Enterprise and Its Environment: Spatial Perspectives. Avebury:

Aldershot,1997.

[46] Chapple K, Lester B. Emerging Patterns of Regional Resilience[J/OL]. University of California, Berkeley, IURD, Working Paper, 2007. http://escholarship. org/uc/item/9b7979mq#page2.

[47] Coe N M, Dicken P, Hess M. Global production networks: Realizing the potential[J]. Journal of Economic Geography, 2008, 8:271-295.

[48] Coe N M, Hess M, Yeung H W, et al. Globalizing' regional development: a global production networks perspective [J]. Transactions of the Institute of British Geographers, 2004, 29(4):468-484.

[49] Cooke P(eds.). The Rise of the Rustbelt [C]. London: UCL Press, 1995.

[50] Cooke P, Morgan K. The Associational Economy: Firms, Regions and Innovation [M]. Oxford: Oxford University Press, 1998.

[51] Cunat F, Thomas B. Globalisation and territorial economy: What future for the north of France as an old industrial area? [C]//Taylor M, Conti S(eds.). Interdependent and Uneven Development. Global-local Perspectives. Aldershot: Ashgate, 1997:177-194.

[52] David P A. Path dependence in economic processes: Implications for policy analysisin dynamical systems contexts[C]// Dopfer K(eds.). The Evolutionary Foundations of Economics. Cambridge: Cambridge University Press, 2005:151-194.

[53] David P A. The economics of QWERTY [J]. American Economic Review (Papers and Proceedings), 1985, 75:332-337.

[54] David W, Tom D, David M. Industrial restructuring: The role of FDI, joint ventures, acquisitions and technology transfer in central Europe's automotive industry[C/OL]. Centre for Local Economic Development, Coventry University. Working paper, 2003. http:// citeseerx. ist. psu. edu/viewdoc/download? doi = 10. 1. 1. 199. 6081&rep=rep1&type=pdf.

[55] Davis L E, North D C. Institutional Change and American Economic Growth[M]. NewYork: Cambridge University Press, 1971.

[56] De Haan J. How emergence arises[J]. Ecological Complexity,2006,3 (4):293-301.

[57] Dei Ottati G. Cooperation and competition in the industrial district as an organizational model[J]. European Planning Studies,1994,2(4): 463-483.

[58] Dicken P. Global Shift: Reshaping the Global Economic Map in the 21st Century[M]. 4th ed. London: SAGE Publications,2003.

[59] Dimou M. The industrial district: A stage of a diffuse industrialization process: the case of Roanne[J]. European Planning Studies,1994,2 (1):23-38.

[60] Dolan C,Humphrey J. Governance and trade in fresh vegetables: The impact of UK supermarkets on the African horticulture industry[J]. Journal of Development Studies,2000,37(2):147-176.

[61] Dunford M. Industrial districts, magic circles,and the restructuring of the Italian textiles and clothing chain[J]. Economic Geography,2006, 82:27-59.

[62] Eraydın A. The Roles of central government policies and the new forms of local governance in the emergence of industrial districts [C]// Taylor M, Felsenstein D(eds.). Promoting Local Growth: Process, Practice and Policy. London: Ashgate,2001.

[63] Erik S,Elizabeth G. Decline and renewal of high-tech clusters: The cambridge case[C/OL]. The Summer Conference 2009,Copenhagen Business School, DENMARK, 2009(7). http://www2. druid. dk/ conferences/viewpaper. php? id=5713&cf=32.

[64] Ernst D. Global production networks and the changing geography innovation systems: Implications for developing countries[J]. Journal of Economics Innovation and New Technologies, 2002, 11(6): 497-523.

[65] ESRC. Global production networks in Europe and East Asia: The automobile components industries[C/OL]. ESRC Working paper, 2003. http://www. sed. manchester. ac. uk/ge-ography/research/ gpn/gpnwp7. pdf.

[66] Essletzbichler J, Rigby D. Exploring evolutionary economic geographies[J]. Journal of Economic Geography,2007,7:549-571.

[67] Frank O. Estimation of population totals by use of snowball sample [G]// Holland P, Leinhardt S(eds.). Perspectives on Social Network Research ,New York: Academic Press,1979:319-347.

[68] Franz Todtling, Michaela Trippl. Like phoenix from the ashes? The renewal of clusters in old industrial areas[J]. Urban Stuy, 2004, 41 (5):1175-1195.

[69] Frederick,Stacey E. Development and Application of a Value Chain Research Approachto Understand and Evaluate Internal and External Factors and Relationships Affecting Economic Competitiveness in the Textile Value Chain [ D/OL ]. Raleigh: North Carolina State University, 2010. http://repository. lib. ncsu. edu/ir/handle/1840. 16/6190.

[70] Freeman L C. A set of measures of centrality based on betweenness [J]. Social Networks,1979,1:215-239.

[71] Frenken K, Boschma R. A theoretical framework for evolutionary economic geography: Industrial dynamics and urban growth as a branching process[J]. Journal of Economic Geography,2007,7(5): 635-649.

[72] Frenken K. Innovation, Evolution and Complexity Theory [ M ]. Cheltenham: Edward Elgar,2006.

[73] Garud R,Karnøe P. Path creation as a process of mindful deviation [G]//Garud R, Karnøe P(eds.). Path Dependence and Creation. London: Lawrence Erlbaum,2001:1-38.

[74] Gattrell A C. Complexity theories and geographies of health: A critical assessment [ J ]. Social Science and Medicine, 2005, 60: 2661-2671.

[75] Gereffi G. International trade and industrial upgrading in the apparel commodity chain[J]. Journal of International Economics, 1999, 48: 37-70.

[76] Gereffi G, Humphrey J, Sturgeon T. The governance of global value

chains [J]. Review of International Political Economy, 2005, 12: 78-104.

[77] Gereffi G, Fernandez-Stark K. Global value chain analysis: A Primer [R/OL]. Center on Globalization, Governance & Competitiveness, Duke University Durham, North Carolina, USA, 2011. http://www. cggc. duke. edu/pdfs/2011-05-31_GVC_analysis_ a_primer. pdf.

[78] Gertler M. Manufacturing Culture: The Institutional Geography of Industrial Practice[M]. Oxford: Oxford University Press, 2004.

[79] Gertler M. Tacit knowledge, path dependency and local trajectories of growth [G]//Fuchs G, Shapira P (eds.). Rethinking Regional Innovation and Change, Path Dependency or Regional breakthrough? New York: Springer Verlag, 2005: 23-42.

[80] Giuliani E. Cluster absorptive capacity [J]. European Urban and Regional Studies, 2005, 12(3): 269-288.

[81] Giuliani E, Bell M. The micro-determinants of meso-level learning and innovation: evidence from a Chilean wine cluster[J]. Research Policy, 2005, 34: 47-68.

[82] Gort Michael, Klepper Steven. Time paths in the diffusion of product innovation[J]. The Economic Journal, 1982, 92: 630-653.

[83] Gottardi G. Technology strategies, innovation without R&D, and the creation of knowledge within industrial districts [J]. Industry & Innovation, 1996, 3(2): 119-134.

[84] Grabher G. The Embedded Firm: On the Sociometrics of Industrial Networks[M]. London: Routledge, 1993.

[85] Granovetter M. Economic action and social structures: The problem of embededness[J]. American Journal of Sociology, 1985, 91: 481-510.

[86] Granovetter M. The strength of weak ties[J]. American Journal of Sociology, 1973, 78: 1287-1303.

[87] Greiner L E. Evolution and revolution as organizations grow: A company's past has clues for management that are critical to future success[J]. Family Business Review, 1997, 10(4): 397-409.

[88] Hadjimichalis C. The end of Third Italy as we knew it[J]. Antipode,

2006,38(1):82-106.

[89] Hall P,Soskice D. Varieties of Capitalism: The Institutional Foundation of Comparative Advantage [ M ]. Oxford: Oxford University Press,2001.

[90] Harris D J. Joan Robinson on "History versus Equilibrium"[C/OL]. Joan Robinson Cent-ennial Conference, Department of Economics, University of Vermont, Burlington, 2003. http://citeseerx. ist. psu. edu/viewdoc/download? doi = 10. 1. 1. 114. 293&rep = repl&type =pdf.

[91] Harrison B. Industrial districts: Old wine in new bottles[J]. Regional Studies,1992(26):469-483.

[92] Harrison B. The Italian Industrial Districts and the crisis of the cooperative form: Part I. EPS,1994,2(1):3-22. Part II. EPS1994,2 (2):159-174.

[93] Harrison S D,Massey, Richards K. Complexity and emergence (another conversation)[J]. Area,2006,38:465-471.

[94] Hassink R, Shin D H. The restructuring of old industrial areas in Europe and Asia[J]. Environment and Planning A,2005,37:571-580.

[95] Hassink R. Geography,Networks and renewal in old industrial areas [J]. Paper prepared for Fourth European Meeting on Applied Evolutionary Economics,2005a,5:19-21.

[96] Hassink R. How to unlock regional economies from path dependency? From learning region to learning cluster [J]. European Planning Studies,2005b,13(4):521-535.

[97] Hassink R. Regional resilience: A promising concept to explain differences in regionaleconomic adaptability[J]. Cambridge Journal of Regions,Economy and Society,2010,3(1):45-58.

[98] Hassink R. The strength of weak lock-ins: The renewal of the Westmunsterland textileindustry[J]. Environment and Planning A, 2007,39:1147-1165.

[99] Hassink R. What distinguishes good from bad industrial agglomerations [J]. Erdkunde, 1997,51:2-11.

[100] Hayter R. The Dynamics of Industrial Location: The Factory, the Firm and the Production System[M]. New York: Wiley,1997.

[101] Henderson J,Dicken P, et al. Global production networksand the analysis of economic development [J]. Review of International Political Economy,2002,9(3):436-464.

[102] Henry N, Pinch S. Neo-Marshallian nodes, institutional thickness, and Britain's "Motor Sport Valley": Thick or thin[J]. Environment and Planning A,2001,33(7):1169-1183.

[103] Hermann Bomer. Political economy of modernizing old industrial areas and crisis of the new economy: Example of the Ruhr Area and the City of Dortmund[C/OL]. Paper (draft) Presented to the 42 European Regional Science Association Congress Dortmund,2002,8. http://www-sre. wu-wien. ac. at/ersa/ersaconfs/ersa02/cd-rom/ papers/433. pdf.

[104] Herrigel G B. Industrial Organization and the Politics of Industry: Centralized and Decentralized Production in Germany [D]. Massachusetts: PhD thesis MIT,1990.

[105] Hiley M. Industrial restructuring in ASEAN and the role of Japanese foreign direct investment[J]. European Business Review, 1999, 99 (2):80-91.

[106] Hirschman A O. Strategy of Economic Development [M]. New Haven: Yale University Press,1958.

[107] Huang Z H,Zhang X B, Zhu Y W. The role of clustering in rural industrialization: A case study of the foot-wear industry in Wenzhou [J]. China Economic Review, 2008,19(3):409-420.

[108] Hudson R. Conceptualizing economies and their geographies: Spaces, flows and circuits[J]. Progress in Human Geography,2004, 28:447-471.

[109] Humphrey J,Memedovic O. The Global Automotive Industry Value Chain: What Prospect for Upgrading by Developing Countries[R/ OL]. UNIDO Sectorial Studies Series Working Paper. 2003. http:// ssrn. com/abstract=424560.

[110] Humphrey J,Schmitz H. How does insertion in global value chains affect upgrading industrial clusters[J]. Regional Studies,2002,36 (9):1017-1027.

[111] Iammarino S,McCann P. The structure and evolution of industrial clusters: Transactions, technology and knowledge spillovers[J]. Research Policy,2006,35:1018-1036.

[112] Isaksen A. Lock-in of regional clusters: The case of offshore engineering in the Oslo region [C]//Fornahl D, Brenner T. Cooperation, Network and Institutions in Regional Innovation Systems(eds.). Cheltenham: Edward Elgar,2003:247-273.

[113] Simmie J. Path dependence and new technological path creation in the Danish wind power industry[J]. European Planning Studies, 2012,20(5):753-772.

[114] Teaford J C. Cities of Heartland: The Rise and Fall of the Industrial Midwest[M]. Bloomington: Indiana University Press,1993.

[115] Kaplinsky R,Morris M. A Handbook for Value for Value Chain Research[R]. Prepared for the IDRC,2001.

[116] Karel Skokan. Regional clusters and transformation of old industrial regions [C]. 3rd Central European Conference in Regional Science (CERS),2009:770-783.

[117] Karina Fernandez-Stark, Penny Bamber, Gary Gereffi. Upgrading in Global Value Chains: Addressing the Skills Challenge in Developing Countries[R]. OECD BackgroundPaper,2012,9.

[118] Klepper S. Disagreements, spinoffs and the evolution of Detroit as the capital of the US auto industry[J]. Management Science,2007,53 (4):616-631.

[119] Koen Frenken, Frank Vanoort, Thijs Verburg. Related variety, unrelated variety and regional economic growth [J]. Regional Studies,2007,41(5):685-697.

[120] Koutský,Jaroslav, Ondrej Slach and Tomáš Boruta. Restructuring Economies of Old Industrial Regions—Local Tradition, Global Trends[C/OL]. Think Globally,Act Locally,Change Individually in

the 21st Century. Ostrava: University of Ostrava, 2011: 166-173. http://conference. osu. eu/globalization/publ2011/166-173 _ Koutsky-Slach-Boruta. pdf.

[121] Krugman P. The role of geography in development[J]. International Regional Science Review,1999. 22(2):142-161.

[122] Krugman P. Increasing returns and economic geography[J]. Journal of Political Economy,1991,99:483-499.

[123] Krugman P. The lessons of Massachusetts for EMU[C]//Torres F, Giavazzi F(eds. ). Adjustment and Growth in the European Monetary Union. Cambridge: Cambridge University Press,1993:241-269.

[124] Lambooy J G. Locational decisions and regional structure[G]// Paelinck J H P (eds. ). Human Behaviour in Geographical Space. London: Gower,1986:149-165.

[125] Lee J R,Chen J S. Dynamic synergy creation with multiple business activities: toward a competence-based growth model for contract manufacturers [ G ]//Sanchez R, Heene A ( eds. ). Theory Development for Competence-Based Management, Advances in Applied Business Strategy. Stanford: JAI Press,2000:209-228.

[126] Liu W, Yeung H W C. China's dynamic industrial sector: The automobile industry[J]. Eurasian Geography and Economics,2008, 49:523-548.

[127] Liu Weidong, Peter Dicken. Transnational corporations and "obligated embeddedness": Foreign direct investment in China's automobile industry [J]. Environment and Planning A, 2006, 38: 1229-1247.

[128] LIZBETH NAVAS-ALEMAN. The impact of operating in multiple value chains for upgrading: The case of the brazilian furniture and footwear industries[J]. World Development,2011,39(8):1386-1397.

[129] Malmberg A,Maskell P. Towards an explanation of regional specialization and industry agglomeration [J]. European Planning Studies,1997,5(1):25-41.

[130] Markusen A. Sticky places in slippery space: A typology of

industrial districts[J]. Economic Geography,1996(72):293-313.

[131] Markusen A. Profit Cycles, Oligopoly and Regional Development [M]. London: MacMillan,1985.

[132] Marshall A. Elements of Economics of Industry [M]. London: Macmillan,1910:19-48.

[133] Marshall A. Principles of Economics [M]. 8ed. Cambridge: Cambridge University Press,1961:15-20.

[134] Martin R,Sunley P. Paul Krugman's geographical economics and its implication for regional development theory: A critical assessment [J]. Economic Geography,1996,72:259-292.

[135] Martin R,Sunley P. Complexity thinking and evolutionary economic geography[J]. Journal of Economic Geography,2007,7(5):573-601.

[136] Martin R,Sunley P. Conceptualising Cluster Evolution: Beyond the Life-Cycle Model[J]. Regional Studies,2011,45(10):1299-1318.

[137] Martin R,Sunley P. Deconstructing clusters: chaotic concept or policy panacea[J]. Journal of Economic Geography,2003,3:5-35.

[138] Martin R, Sunley P. Path dependence and regional economic evolution[J]. Journal of Economic Geography,2006,6(4):395-437.

[139] Martin R. Institutional approaches in economic geography [M]// Sheppard E, Barnes T J. A Companion to Economic Geography. Oxford: Blackwell,2000:77-94.

[140] Martin R. Rethinking regional path dependence: From lock-in to evolution[J]. Economic Geography,2010,86(1):1-27.

[141] Martin R. The new "geographical turn" in economics: some critical reflections[J]. Journal of Economics,1999,23(1):65-91.

[142] Maskell P,Malmberg A. Explaining the location of economic activity: "Ubiquitification" and the importance of learning [C]. Paper presented at the Annual Meeting of the Association of American Geographers ,Boston (MA),1998:25-29.

[143] Maskell P,Malmberg A. Localised learning and industrial competitiveness[J]. Cambridge Journal of Economics, 1999, 23(2): 167-185.

空间、演化与网络：温州产业区重构

[144] Menzel M, Fornahl D. Cluster life cycles-dimensions and rationales of cluster evolution[J]. Industrial and Corporate Change, 2009, 19 (1):205-238.

[145] Miao Changhong, Wei YeHua, Ma Haitao. Technological learning and innovation in China in the context of globalization[J]. Eurasian Geography and Economics, 2007, 48(6):1-20.

[146] Michael H Best, Hao Xie. DISCOVERING REGIONAL COMPETITIVE ADVANTAGE : ROUTE 128 Vs. SILICON VALLEY. DRUID[C]. Summer Conference on Knowledge, Innovation and Competitiveness: Dynamics of Firms, Networks, Regions and Institutions Copenhagen, Denmark, 2006, 7:18-20.

[147] Moore J F, Predators P. A new ecology of competition[J]. Harvard Business Review, 1993, 3.

[148] Morgan K, Nauwelaers C. A regional perspective on innovation: from theory to strategy[M]//Morgan K, Nauwelaers C. Regional Innovation Strategies: the Challenge for Lessfa-voured Regions (eds.). The Stationery Office and Regional Studies Association, London, 1999:1-18.

[149] Myungrae Cho, Robert Hassink. The limits to locking-out through restructuring: The textile industry in Daegu, South Korea[J]. Regional Studies, 2009, 43(9):1183-1198.

[150] Nairn A. Engines that Move Markets [M]. New York: John Wiley, 2002.

[151] Nelson R. Recent evolutionary theorizing about economic change [J]. Journal of Economic Literature, 1995, 33:48-90.

[152] Nelson R, Winter S. An Evolutionary Theory of Economic Change [M]. Cambridge: Belknap Press, 1982.

[153] Nicolis G, Prigogine I. Exploring Complexity[M]. New York: W. H. Freeman and Co. , 1989.

[154] North D. Institutions, Institutional Change and Economic Performance [M]. Cambridge: Cambridge University Press, 1990.

[155] Norton R D. City life cycles and American Urban Policy[M]. New

York: Academic Press,1979.

[156] OECD. Global Industrial Restructuring[R]. OECD Publications,2002.

[157] Page S E. Path dependence [J]. Quarterly Journal of Political Science,2006,1:87-115.

[158] Park S O,Markusen A. Generalizing new industrial districts: A theoretical agenda and an application from a non-Western economy [J]. Environment and Planning A,1994,27: 81-104.

[159] Pavard B,Dugdale J. An introduction to complexity in social science [J/OL]. GRIC-IRIT, Toulouse, 2002. http://www. irit. fr/COSI/ training/complexity-tutorial/complexity-tutorial. htm.

[160] Pavlinek Petr, Zenka Jan. Upgrading in the automotive industry: Firm-level evidence from Central Europe[J]. Journal of Economic Geography,2011,5(11):559-586.

[161] Pellenbarg P, Wissen L D J. Firm migration [M]//McCann P. Industrial Location Economics. Cheltenham: Edward Elgar, 2002: 110-148.

[162] Pendall R,Foster K A, Cowell M. Resilience and regions: Building understanding of the metaphor [J]. Cambridge Journal Regions, Economy and Society,2010,3(1):71-84.

[163] Perrour F. Note surla notion de pole de brisance [J]. Economic Applique,1955(8).

[164] Piore M, Sabel C. The Second Industrial Divide: Possibilities for Prosperity[M]. New York: Basic Books,1984:1-30.

[165] Platteau J P. Behind the market stage where real societies exist[J]. The Journal of Development Studies,1994,30(3):753-817.

[166] Plummer P,Sheppard E. Geography matters: Agency,structures and dynamics at the intersection of economics and geography[J]. Journal of Economic Geography,2006,6:619-638.

[167] Porter M. On Competition[M]. Boston: Harvard Business School Press,1998.

[168] Porter M. The Competitive Advantage of Nations[M]. New York: The Free Press,1990.

[169] Potter A,Watt H D. Evolutionary agglomeration theory: increasing returns,diminishing returns and the industry life cycle[J]. Journal of Economic Geography,2011,11(3):417-455.

[170] Rabellotti R. Recovery of a Mexican cluster: Devaluation Bonanza or collective efficiency? [J]. World Development, 1999, 27 (9): 1571-1585.

[171] Rabellotti R. How globalization affects Italian industrial districts: The case of Brenta[M]//Schmitz H(eds.). Local Enterprises in the Global Economy: Issues of Governance and Upgrading. UK: Edward Elgar,2004:140-173.

[172] Raghu Garud,Arun Kumaraswamy, Peter Karnøe. Path dependence and path creation? [J]. Journal of Management Studies,2010,4:47.

[173] Rawstron E M. Three principles of industrial location [J]. Transactions of the Institute of British Geographers, 1958, 25: 132-142.

[174] Rees J. Technological change and regional shifts in American manufacturing[J]. Professional Geographer,1979,31:45-54.

[175] Rigby D,Essletzbichler J. Evolution, process variety, and regional trajectories of technological change in U. S. manufacturing[J]. Economic Geography,1997,73:269-284.

[176] Rigby D, Essletzbichler J. Technological variety, technological change and a geography of production techniques[J]. Journal of Economic Geography,2006,6:45-70.

[177] Romer P M. Endogenous technological change [J]. Journal of Political Economy,1990,98(5)part 2:71-102.

[178] Rosenfeld Stuart A. Just Clusters Economic development strategies that reach more people and places [C]. Carrboro: Regional Technology Strategies,2002.

[179] Sammarra A,Belussi F. Evolution and relocation in fashionled Italian districts: Evidence from two case-studies [J]. Entrepreneurship and Regional Development,2006,18(6):543-562.

[180] Saviotti P P. Technological evolution, variety and the economy[J].

The Economic Journal,1998,108(451):1872-1874.

[181] Saxenian, AnnaLee. Regional Advantage: Culture and Competition in Silicon Valley and Route 128[M]. Cambridge: Harvard University Press,1994.

[182] Schamp E W. Decline of the district, renewal of firms: An evolutionary approach to foot-wear production in the Pirmasens area, Germany [J]. Environment and Planning A, 2005, 37 (4): 617-634.

[183] Schienstock Gerd. From path dependency to path creation: Finland on its way to the knowledge-based economy[J]. Current Sociology, 2007,55(1):92-109.

[184] Schmitz H,Knorringa P. Learning from global buyers[J]. Journal of Development Studies,2000,37(2):177-205.

[185] Schmitz H,Musyck B. Industrial districts in Europe: Policy lessons for developing countries [J]. World Development, 1994, 22 (6): 889-910.

[186] Schmitz H,Nadvi K. Clustering and industrialization: Introduction [J]. World Development,1999,27(9):1503-1514.

[187] Schumpeter J A. Business Cycles: A Theoretical, Historical and Statistical Analysis of the Capitalist Process[M]. New York: Ma Graw Hill,1939.

[188] Schwarz H. Down the Wrong Path: Path Dependence, Increasing Returns, and Historical Institutionalism[M]. Mimeo,Department of Politics,University of Virginia,2004.

[189] Scott A J. New Industrial Space[M]. London: Pion,1988:1-28.

[190] Scott A J. Geography and Economy[M]. Oxford: Oxford University Press,2006.

[191] Scott A J. Location process, urbanization, and territorial development[J]. Envirement and Planning A,1985,17(4):479-501.

[192] Scott A J. Economic geography: The great half-century [J]. Cambridge Journal of Economics,2000,24(4):483-504.

[193] Scott A J. Technopolis. High Technology Industry and Regional

Development in Southern California[M]. Berkely: University of California Press,1993.

[194] Scott A J. The shoe industry of Marikina City, Philippines: A developing country cluster in crisis[J]. Philippine Journal of Third World Studies,2005,20(2):76-99.

[195] Sengenberger W. The experiences in emerging and developing countries: introduction[G]//Becattini G, Bellandi M and De Propris L(eds.). A Handbook of Industrial Districts. Cheltenham: Edward Elgar,2009:565-569.

[196] Setterfield M. Rapid Growth and Relative Decline: Modelling Macroeconomic Dynamicswith Hysteresis [ M ]. London: Macmillan,1997.

[197] Simon H A. A behavioural model of rational choice[J]. Quarterly Journal of Economics,1955,69:99-118.

[198] Stefano Ponte, Joachim Ewert. Which way is "up" in upgrading? Trajectories of change in the value chain for South African wine[J]. World Development,2009,37(10):1637-1650.

[199] Steiner M. Old industrial areas: A theoretical approach[J]. Urban Studies,1985,22:387-398.

[200] Storper M, Walker R. The Capitalist Imperative: Territory, Technology and Industrial Growth[M]. New York: Basil Blackwell, 1989.

[201] Storper M. The limits to globalization: Technology districts and industrial growth[J]. Economic Geography,1992,68(1):60-93.

[202] Storper M. The Regional World: Territorial Development in a Global Economy[M]. Cambridge: Harvard University Press,1997.

[203] Storper M, Scott A J. Pathways to Industrialization and Regional Development[M]. London: Routledge,1992.

[204] Storper M. Institutions, Incentives and Communication in Economic Geography[M]. Stuttgart: Franz Steiner Verlag,2004.

[205] Sturgeon T J, et al. Globalisation of the automotive industry: Main features and trends [ J ]. International Journal of Technological

Learning, Innovation and Development, 2009, 2:7-24.

[206] Swann P. Towards a model of clustering in high-technology industries[C]//Swann P, Prevezer M and Stout D(Eds.). Clustering in High-Technology Industries. Oxford: Oxford University Press, 1998:52-76.

[207] Swanstrom T. Regional Resilience: a Critical Examination of the Ecological Framework[R/OL]. University of California, Berkeley, Institute of Urban and Regional Development, Working Paper, 2008. http://escholarship. org/uc/item/9g27m5zg♯page-1.

[208] Taylor M J. Location decisions of small firms[J]. Area, 1970, 2: 51-54.

[209] Ter Wal A, Boschma R. Co-evolution of Firms, Industries and Networks in Space[J]. Regional Studies, 2011, 45(7):919-933.

[210] Tichy G. Clusters, less dispensable and more risky than ever[C]// Steiner M. Clusters and Regional Specialization. London: Pion Limited, 1998:226-236.

[211] United Nations. Social aspects and financing of industrial restructuring[R]. United Nations, Geneva, 2005.

[212] Utterback J, Abernathy N. A dynamical model of process and product innovation[J]. Omega, 1975, 3(6).

[213] Vale J L, Campanella T J. The Resilient City: How Modern Cities Recover from Disaster [M]. New York: Oxford University Press, 2005.

[214] Grunsven L, Smakman F. Industrial restructuring and early industry pathways in the Asian first-generation NICs: The Singapore garment industry[J]. Environment and Planning A, 2005, 37(4):657-680.

[215] Van Klink A, De Langen P. Cycles in industrial clusters: The case of the shipbuilding industry in the Northern Netherlands[J]. Tijdschrift voor Economische en Sociale Geografie, 2001, 92(4):449-463.

[216] Vernon R. International investment and international trade in the product cycle[J]. Quarterly Journal of Economics, 1966, 80:190-207.

[217] Walcott S. Wenzhou and the Third Italy: Entrepreneurial model regions[J]. Journal of Asia-Pacific Business,2007,8(3):23-35.

[218] Walker R. The geography of production[C]//Sheppard E,Barnes T (eds. ). A Companion to Economic Geography. Oxford: Blackwell, 2001:113-132.

[219] Wang Jici,Wang Jixian. An analysis of new-tech agglomeration in Beijing: A new industrial district in the making[J]. Environment and Planning A,1998,31(4):681-701.

[220] Wei Y H D,Li W M, Wang C B. Restructuring industrial districts, scaling up regionnal development: A study of the Wenzhou Model, China[J]. Economic Geography,2007,83(4):421-444.

[221] Wei Y H D. Beyond new regionalism, beyond global production networks: Remaking the Sunan model,china[J]. Environment and Planning C: Government and Policy,2010,28(1):72-96.

[222] Wei Y H D. Beyond The GPN—new regionalism divide in China: Restructuring the clothing industry, remaking the Wenzhou model [J]. Geografiska Annaler: Series B, Human Geography, 2011, 93 (3):237-251.

[223] Wei Y H D. Beyond the Sunan model: Trajectory and underlying factors of developmentin Kunshan, China [J]. Environment and Planning A,2002,34:1725-1747.

[224] Wei Y H D. China's shoe manufacturing and the Wenzhou model: Perspectives on the world's leading producer and exporter of footwear[J]. Eurasian Geography and Econ-omics, 2009, 50 (6): 720-739.

[225] Wei Y H D. Fiscal reforms,investment,and regional development in Jiangsu Province[J]. Issues and Studies,2000,36(2):73-98.

[226] Wei Y H D. Regional Development in China: States, Globalization, and Inequality[M]. New York: Routledge,2000.

[227] Whiteford J. The decline of a model? Challenge and response in the Italian industrial districts[J]. Economy and Society, 2001, 30 (1): 38-65.

[228] Williams A M. Lost in translation：international migration，learning and knowledge［J］. Progress in Human Geography，2006，30：588-607.

[229] Young A. Increasing returns in economic progress［J］. Economic Journal，1928，38（4）：527-542.

[230] Zook M. The Geography of the Internet Industry［M］. Oxford：Blackwell，2005.

[231] R. J. 约翰斯顿. 人文地理学词典［M］. 柴彦威，等，译. 北京：商务印书馆，2005.

[232] 阿夫纳·格雷夫. 历史制度分析：从经济史视角研究制度问题的新进展［J］. 经济社会体制比较，2003（5）.

[233] 安纳利·萨克森宁. 地区优势：硅谷和 128 公路地区的文化与竞争［M］. 上海：上海远东出版社，1999.

[234] 彼得·迪肯. 全球性转变：重塑 21 世纪的全球经济地图［M］. 刘卫东，等，译. 北京：商务印书馆，2007.

[235] 别春静，陈雯. 基于自组织理论探析浙江企业集群的形成和演进［J］. 华东经济管理，2006，4：4-8.

[236] 蔡建娜. 温州模式再研究：新问题与新方法［J］. 上海经济研究，2010（6）：19-26，56.

[237] 陈丽霞. 历史视野下的温州人地关系研究（960—1840）［M］. 杭州：浙江大学出版社，2011.

[238] 陈秀山. 中国区域经济问题研究［M］. 北京：商务印书馆，2005.

[239] 仇保兴. 小企业集群研究［M］. 上海：复旦大学出版社，1999.

[240] 道格拉斯·诺斯. 制度、制度变迁与经济绩效［M］. 杭行，译. 上海：格致出版社，上海人民出版社，2008.

[241] ［德］马克思. 资本论［M］. 第三卷. 北京：人民出版社，1972.

[242] 杜德斌，等. 跨国公司在华研发发展、影响及对策研究［M］. 北京：科学出版社，2009.

[243] 杜德斌. 跨国公司 R&D 全球化的区位模式研究［M］. 上海：复旦大学出版社，2001.

[244] 杜润生. 解读温州经济模式［J］. 理论参考，2002（7）：38-40.

[245] 樊杰，陈东. 珠江三角洲产业结构转型与空间结构调整的战略思考

[J]. 战略与决策研究,2009,24(2):138-144.

[246] 樊新生,李小建.欠发达地区产业集群演化分析——以河南长垣卫生材料产业集群为例[J].经济地理,2009,29(1):113-118.

[247] 樊新生,覃成林.我国欠发达地区企业集群形成与演化过程初步研究——河南省农村地域企业集群的调查与思考[J].经济地理,2005,25(3):321-323.

[248] 菲利普·阿吉翁,彼得·霍依特.内生增长理论[M].陶然,等,译.北京:北京大学出版社,2004.

[249] 费洪平.企业地理研究综述[J].地理研究,1993,12(1):111-119.

[250] 冯兴元.欧盟与德国:解决区域发展不平衡问题的方法与思路[M].北京:中国劳动社会保障出版社,2002.

[251] 傅允生.专业化产业区建设与区域经济发展:以浙江为例[J].财经研究,2003,29(7):51-56.

[252] 高相铎,李诚固.美国五大湖工业区产业结构演变的城市化响应机理辨析[J].世界地理研究,2006(1):71-77.

[253] 辜胜阻,郑凌云,张昭华.区域经济文化对创新模式影响的比较分析:以硅谷和温州为例[J].中国软科学,2006(4):8-14,45.

[254] 郭金喜.传统产业集群升级:路径依赖和蝴蝶效应耦合分析[J].经济学家,2007(3):66-71.

[255] 郭连强.衰退产业调整的国际比较与启示[J].经济纵横,2004(9):53-56.

[256] 洪银兴,陈宝敏.苏南模式的新发展——兼与温州模式比较[J].改革,2001(4):53-58.

[257] 洪振宁.温州改革开放30年[G].杭州:浙江人民出版社,2008.

[258] 胡建绩,陈海滨.促进产业集群企业衍生的关键"软因素"分析——以浙江"块状经济"企业衍生的经验为例[J].中国工业经济,2005(3):51-57.

[259] 胡兆量.温州模式的特征与地理背景[J].经济地理,1987,7(1):19-24.

[260] 黄先海.国际性专业化产业区:目标模式及现实差距——基于温州打火机产业区的分析[J].商业经济与管理,2005(2):43-47.

[261] 贾根良.理解演化经济学[J].中国社会科学,2004(2):33-41.

[262] 姜海宁,谷人旭,朱华友,等.跨国整车企业在华投资的区位选择研究[J].世界地理研究,2012,21(4):90-96.

[263] 金祥荣.浙江经济发展的创新动力结构:企业、市场和分工制度的创新[J].浙江经济,2000(8):10-12.

[264] 金祥荣."浙江模式"的转换与市场创新[J].浙江学刊,1998(1):36-39.

[265] 金祥荣,朱希伟.专业化产业区的起源与演化:一个历史与理论视角的考察[J].经济研究,2002(8):74-82.

[266] 李建,宁越敏.全球生产网络的浮现及其探讨——一个基于全球化的地方发展研究框架[J].上海经济研究,2011(9):20-54.

[267] 李琳.创新集群、合作网络与地区竞争力[J].云南财贸学院学报,2004,20(5):99-103.

[268] 李小建.关于公司地理研究的几个问题[J].经济地理,1991,11(3):42-46.

[269] 李小建.新产业区与经济活动全球化的地理研究[J].地理科学进展,1997,16(3):16-23.

[270] 李永刚.企业衍生研究导论[J].南昌大学学报(人文社会科学版),2012(3):71-76.

[271] 林竞君.网络、社会资本与集群生命周期研究——一个新经济社会学的视角[M].上海:上海人民出版社,2005.

[272] 林培云.温州特色产业区的形成机制和发展潜力[J].浙江经济,2000(7):13-14.

[273] 林毅夫.诱致性制度变迁与强制性制度变迁[J].卡托杂志(美),1989(春季号).

[274] 刘军.整体网分析讲义(UCINET软件实用指南)[M].上海:格致出版社,2009.

[275] 刘卫东,Peter Dicken,杨伟聪.信息技术对企业空间组织的影响——以诺基亚北京星网工业园为例[J].地理研究,2004,23(6):833-844.

[276] 刘志高,尹贻梅,孙静.产业集群形成的演化经济地理学研究评述[J].地理科学进展,2011(6):652-657.

[277] 卢锋.产品内分工[J].经济学,2004,4(1):55-82.

[278] 吕拉昌,魏也华.产业集群理论的争论、困惑与评论[J].人文地理,

2007(4):21-26.

[279] 吕拉昌,魏也华.新产业区的形成、特征及高级化途径[J].经济地理,2006,26(3):359-368.

[280] 罗纳德·伯特.结构洞:竞争的社会结构[M].任敏,等,译.上海:格致出版社,上海人民出版社,2008.

[281] 马津龙.温州发展的复归与超越[J].浙江社会科学,2004(2):27-30.

[282] 马仁锋,吴杨,沈玉芳.产业区演化研究的主要领域与进展——兼论对创意产业区演化研究的启示[J].地理科学进展,2011,30(10):1276-1288.

[283] 马述忠,乔勃.基于全球价值链的温州鞋业自主创新能力研究[J].科学学研究,2010,28(4):612-618.

[284] 迈克尔·德托佐斯,等.美国制造:如何从渐次衰落到重振雄风[M].惠永正,等,译.北京:科学技术出版社,1998.

[285] 苗长虹,艾少伟.学习场结构与空间中的创新[J].经济地理,2009,29(7):1057-1062.

[286] 苗长虹."产业区"研究的主要学派与整合框架:学习型产业区的理论建构[J].人文地理,2006,21(6):97-103.

[287] 苗长虹.马歇尔产业区理论的复兴及其理论意义[J].地域研究与开发,2004,23(1):1-6.

[288] 苗长虹,魏也华.技术学习与创新:经济地理学的视角[J].人文地理,2007,22(5):1-9.

[289] 苗长虹,魏也华,吕拉昌.新经济地理学[M].北京:科学出版社,2011.

[290] 缪尔达尔.经济理论与不发达区域[M].陈瑞,译.北京:北京经济学院出版社,1991.

[291] 宁越敏.从劳动分工到城市形态(一)——评艾伦.斯科特的区位论[J].城市问题,1995(2):18-21.

[292] 宁越敏,石崧.从劳动空间分工到大都市空间组织[M].北京:科学出版社,2011.

[293] 宁越敏,武前波.企业空间组织与城市—区域发展[M].北京:科学出版社,2011:115-116.

[294] 宁越敏.新的国际劳动分工世界城市和我国中心城市的发展[J].城市问题,1991(3):2-7.

[295] 乔治·施蒂格勒.产业组织[M].王永钦,薛锋,译.上海:上海人民出版社,2006.

[296] 秦政强.互惠交易与温州模式的锁定[J].现代经济探讨,2010(4):23-26.

[297] 秦政强.全球价值链下温州家具产业集群发展研究[J].经济论坛,2008(9):22-25.

[298] 任保平.衰退工业区的产业重建与政策选择:德国鲁尔区的案例[M].北京:中国经济出版社,2007.

[299] 任晓.自治与增长——"温州模式"的经验[M].杭州:浙江人民出版社,2011.

[300] 盛洪.分工与交易[M].上海:三联书店,1992.

[301] 盛世豪.从产业集群视角看温州模式[J].浙江社会科学,2004(2):31-35.

[302] 石大力.专业化产业区生成机理研究[M].北京:中国农业科学技术出版社,2007.

[303] 石忠良,何维达.产业兴衰与转化规律[M].经济管理出版社,2004.

[304] 史晋川,等.制度变迁与经济发展:温州模式研究[M].杭州:浙江大学出版社,2002.

[305] 史晋川.温州模式的历史制度分析——从人格化交易与非人格化交易视角的观察[J].浙江社会科学,2004(2):16-20.

[306] 史晋川,朱康对.温州模式研究:回顾与展望[J].浙江社会科学,2002(3):3-15.

[307] 孙斌栋.制度变迁与区域经济增长[M].北京:科学出版社,2007.

[308] 王钢,郭建东.温州产业:从集群走向全球价值链[J].浙江经济,2009(2):48-49.

[309] 王钢.基于全球生产网络的民营企业对外直接投资研究——以温州为例[D].上海:华东师范大学,2013.

[310] 王缉慈.超越集群:中国产业集群的理论探索[M].北京:科学出版社,2010.

[311] 王缉慈.创新的空间——企业集群与区域发展[M].北京:北京大学出版社,2001.

[312] 王缉慈.从意大利产业区模式看浙江专业化产业区发展前景[J].浙江

经济,2000(7):10-12.

[313] 王缉慈.简评关于新产业区的国际学术讨论[J].地理科学进展,1998,
17(3):29-35.

[314] 王缉慈,刘譞.经济危机背景下对我国专业化产业区的反思——重温
意大利式产业区的价值[J].地域研究与开发,2009,28(3):1-6.

[315] 王缉慈.中国产业区的发展概况与经验总结[M]//罗红波,M.巴尔巴
托.产业区直面经济全球化——中意比较研究.北京:社会科学文献出
版社,2008,11-13.

[316] 王缉慈.中国新工业区的形成——开发区现象见解[J].地理译报,
1994(4):1-3.

[317] 王俊,刘东.摆脱代工企业创新困境的社会网络论分析——基于温州
打火机产业的案例研究[J].商业经济与管理.2010(5):55-61,70.

[318] 王周扬.超越"温州模式":乐清低压电器产业区演化研究[D].上海:
华东师范大学,2012.

[319] 王周扬,魏也华.意大利产业区重组:集团化、创新与国际化[J].地理
科学,2011,31(11):1335-1341.

[320] 魏后凯.大都市区新型产业分工与冲突管理:基于产业链分工的视角
[J].中国工业经济,2007(2):28-34.

[321] 魏江,申军.传统产业集群创新系统的结构和运行模式[J].科学学与
科学技术管理,2003:114-117.

[322] 温州市经济建设规划院课题组.温州市产业集群培育研究报告
[R].2008.

[323] 文嫮,曾刚.从地方到全球:全球价值链框架下集群的升级研究[J].
人文地理,2005a(4):21-25,118.

[324] 文嫮,曾刚.全球价值链治理与地方产业网络升级研究——以上海浦
东集成电路产业网络为例[J].中国工业经济,2005b(7):20-27.

[325] 吴逢旭,陈文苞.温州试验:两个人的改革开放史[M].杭州:浙江人民
出版社,2008.

[326] 吴结兵,郭斌.企业适应性行为、网络化与产业集群的共同演化——绍
兴县纺织业集群发展的纵向案例研究[J].管理世界,2010(2):
141-155.

[327] 吴铮争,吴殿廷,袁俊,等.中国汽车产业地理集中及其影响因素研究

[J].中国人口资源与环境,2008,18(1):116-121.

[328] 谢健.产业发展路径依赖与温州模式发展瓶颈[J].经济理论与经济管理,2004(11):70-74.

[329] 熊慧君.由传统到现代——析改革开放以来温州人的心理及其变迁[J].温州论坛,1999(4).

[330] 徐充.东北老工业基地产业集群的转型与发展[J].求是学刊,2005,32(2):56-58.

[331] 徐剑光,王钢.眼视光:温州眼镜行业的借势升级[J].浙江经济,2010(10):48-49.

[332] 徐伟,张永凯.生产网络嵌入与区域产业升级——以长三角汽车生产网络为例[J].中国城市研究(集刊),2013(6):159-172.

[333] 许庆明,盛其红,黄晖.国际化:产业集群发展的正确选择:以大唐袜业集群为例[J].浙江经济,2004(11):38-39.

[334] 杨焕春.温州企业技术创新能力和产出的调查与分析[J].科学学与科学技术管理,2007(9):47-49.

[335] 杨瑞龙.我国制度变迁方式转换的三阶段论:兼论地方政府的制度创新行为[J].经济研究,1998(1):3-10.

[336] [意]马可·福尔蒂斯,[意]莫尼卡·卡尔米纳蒂.产业区:意大利的经济现实与立法框架[M]//罗红波,[意]M.巴尔巴托.产业区直面经济全球化——中意比较研究.北京:社会科学文献出版社,2008:207-242.

[337] 于光远.由温州模式谈到"一制多式"[N].大公报,1992-01-28.

[338] 约翰·斯科特.社会网络分析法[M].刘军,译.重庆:重庆大学出版社,2007.

[339] 臧旭恒,何青松.试论产业集群租金与产业集群演进[J].中国工业经济,2007(3):5-13.

[340] 曾刚,林兰.技术扩散与高新技术企业区位研究[M].北京:科学出版社,2008:124-127.

[341] 曾刚.上海汽车产业集群建设之管见[J].长江流域资源与环境,2008(17):168.

[342] 曾刚,文嫇.上海浦东信息产业集群的建设[J].地理学报,2004(59):59-66.

[343] 张靖龙,等.海洋文化与"温州模式"[M]//史晋川,等.制度变迁与经济发展:温州模式研究.杭州:浙江大学出版社,2002:313-333.

[344] 张苗莹.文化、企业制度与交易成本:温州模式的新视角[M].杭州:浙江大学出版社,2008.

[345] 张仁寿,李红.温州模式研究[M].北京:中国社会科学出版社,1990.

[346] 张仁寿.温州模式:盛名之下,其实难副[J].浙江社会科学,2004(2):20-26.

[347] 张曙光.对温州模式的若干思考[J].浙江经济,2011(1):14-15.

[348] 张伟明,于蔚.产业集群与转型升级——基于浙江纺织业的研究[J].浙江学刊,2013(1):208-214.

[349] 张一力.人力资本结构与区域创新模式——基于温州、西安、深圳的实证比较[J].经济社会体制比较,2006(3):90-92.

[350] 张云伟,曾刚,程进.基于全球通道与本地蜂鸣的张江 IC 产业集群演化[J].地域研究与开发,2013,32(3):38-43.

[351] 张云逸,曾刚.技术权力影响下的产业集群演化研究——以上海汽车产业集群为例[J].人文地理,2010(2):120-124.

[352] 赵伟,秦政强.采购商驱动全球价值链与温州鞋业国际化[J].价格理论与实践,2005(4):52-53.

[353] 赵伟.温州模式何去何从? 兼答对于"温州力量"的质疑[N].经济学消息报,2000-04-07.

[354] 郑亚莉.原发型专业化产业区起源的演化分析[J].浙江社会科学,2003(6):36-41.

[355] 周业安.中国制度变迁的演进论解释[J].经济研究,2000(5):3-11.

[356] 朱华晟,王缉慈,李鹏飞,等.基于多重动力机制的集群企业迁移及区域影响——以温州灯具企业迁移中山古镇为例[J].地理科学进展,2009,28(3):329-336.

[357] 朱华友,潘妩妮,王缉慈.基于共同演化的产业区变迁路径分岔研究——"技术—组织—区域"三位一体的视角[J].人文地理,2013(3):121-147.

[358] 朱华友,王缉慈.去地方化与区域发展:欧美实证与中国启示[J].经济地理,2013(2):8-13,34.

[359] 朱康对.经济转型期的产业群落演进:温州区域经济发展初探[J].中

国农村观察,1999(3):35-41.

[360] 朱康对.温州鞋业:从地方化集群到全球价值链[G].洪振宁.温州民营经济发展 30 年(理论探索卷下).杭州:浙江人民出版社,2008:971-980.

[361] 朱康对,张静蓉.萧江塑编:一个产业群落的演进[J].浙江经济,2001(10):42-43.

[362] 朱卫平.珠江三角洲产业转型问题研究[J].学术研究,2008(10):38-44.

[363] 左培文.汽车产业整零关系发展模式探讨[J].汽车工业研究,2006(5):10-13.

# 索　引

# 后　记

　　本书是以笔者同名的博士学位论文为基础修改而成的,它是我在攻读博士学位期间关注温州产业区重构问题学习和思考的结果。产业区重构是一个多层次、相对复杂的研究领域,温州作为中国工业化先行地区,当前正在经历这样一种重构过程。我试图从空间、演化过程和网络这三个维度来考察温州产业区的重构问题,并将关系、制度、知识与技术学习这些产业区发展的重要因素融入分析。虽然做了大量探索,但受知识结构和个人能力的限制,本书的研究与预期研究目标仍有较大距离。

　　没有比脚更长的路,从来不敢懈怠,走到今天实属不易。在本书付梓之际,我要向诸多师友表达自己诚挚的谢意。首先要感谢我的两位导师:魏也华教授与宁越敏教授。魏老师是国际知名的经济地理与城市区域发展研究专家,理论造诣深厚,也长期关注温州发展。在魏老师指导下,我阅读了大量英文文献,习得本学科发展的前沿理论,接受了规范的研究训练,特别学到了如何通过扎实的野外调查与数据分析来发现隐藏在经济景观背后的道理。宁老师是国内外知名的城市地理、城市经济、城市规划专家,对本书做了大量启发性的指导,作为我的校内导师,宁老师对我完成学业的琐碎事务也付出了许多时间和精力,在此表示由衷的感谢!

　　同时也要感谢华东师范大学的孙斌栋教授、徐伟教授、谷人旭教授、杜德斌教授、曾刚教授、汪明峰副教授等对我学习的指导。感谢王钢博士、黄亮博士、王宝平博士、汤庆园博士、王周杨博士等师兄对本书提出颇多有价值的建议,以及生活上莫大的帮助。还要感谢城市研究中心的陈嘉敏老师、辅导员于川江老师、教务处赵睿老师、王列辉博士、詹军博士等对我学习与生活的帮助。感谢美国博林格林州立大学的叶信岳师兄对我研究方法的有益启发。感谢读博期间认识的所有才华横溢的朋友:李健、武前波、张永凯、李刚、张战仁、赵新正、李仙德、毕秀晶、赵昱、胡晓辉、张凡、范斐、田星星等。与你们相识就是缘分。

感谢温州市发改委、温州市经济建设规划院所有领导和同事对我工作和学习的大力支持。特别感谢温州市统计局、温州市科技局、温州市商务局、温州经济技术开发区管委会、龙湾区政府、瑞安塘下镇政府、平阳水头镇政府、水头皮革商会,以及温州服装、鞋革、眼镜、印刷包装、汽摩配、电气、阀门等行业协会(商会)对我调研的支持,感谢所有配合我认真完成访谈的样本企业负责人。

还要感谢我的硕士导师杨云彦教授,杨老师教我学问也教我做人,让我受益无穷。还有田艳平、何雄、徐映梅、向书坚、陈浩等老师,你们让我对区域经济学产生了浓厚兴趣。

能坚持下来并顺利完成论文,必须感谢我的妻子侯文静女士。考博准备时妻子预产期将至;这些年妻子辞去工作,默默付出,为我做出巨大的牺牲,让我可以安心工作和学习;如今可爱的女儿已满六岁,你们永远是我前进的动力,本书献给你们! 感谢岳父一直以来对我的鼓励和支持;感谢姐姐和姐夫对我这个不懂事的弟弟的宽容和支持。含辛茹苦养育我长大的父母已过古稀之年,这些年在外工作求学,养育之恩仍无法膝前报答,深感愧疚……你们从小教我天道酬勤,这也是我一生奋斗之铭。

最后,特别要感谢对本书书稿作出评论的匿名评审专家,以及为本书出版付出辛勤劳动的温州大学陈宝胜老师、浙江大学出版社樊晓燕编辑等。衷心感谢浙江省哲学社会科学重点研究基地——温州人经济研究中心(温州大学)出版基金对本书的资助。

徐剑光

2015 年 6 月